KB173327

진시황은
열사병으로
죽었다

With the Support of

NATIONAL ARTS COUNCIL
SINGAPORE

황제들의 죽음에 관한 의학적 고찰

진시황은 열사병으로 죽었다

허나이창 지음   강초아 옮김

앨피

◆ 일러두기

− 본문 속〔 〕안은 옮긴이의 주이다.

역사책을 좋아하는 의사의 직업병

어렸을 때부터 이야기 듣는 것을 정말 좋아했다. 부모님이 들려주시는 옛날이야기 외에도 선생님이 전해 주는 역사 이야기나 교훈적인 이야기, 텔레비전에 나오는 이야기까지, 나는 그 모든 이야기들에 푹 빠져 있었다. 조금 자라서는 읽는 것을 좋아하게 됐다. 그런데 문학적이고 아름다운 글보다는 역사 인물의 전기나 역대 제왕의 실록, 궁정의 비밀스러운 이야기, 무협소설 같은 것들을 좋아했다. 그런 책을 손에 쥐면 먹고 자는 것도 잊곤 했다. 하루 종일 방에 처박혀 말 한 마디 하지 않고 책만 읽기도 했다.

옛날에 당 태종이 과로로 죽은 신하 위징을 애도하며 이렇게 말했다.

"청동으로 거울을 삼으면 의관을 단정히 할 수 있고, 역사로 거울을 삼으면 흥망성쇠를 알 수 있으며, 사람으로 거울을 삼으면 득실을 알 수 있다. 짐은 원래 세 개의 거울을 모두 갖고 있어 스스로 경계하였다.

오늘 위징이 돌아갔으니, 거울 하나를 잃었도다."

많은 책을 읽는 것은 역사와 사람으로 거울을 삼는 것과 같지 않을까?

광범위한 분야의 책들을 섭렵한 덕에, 동서고금 여러 인물의 삶과 그들의 행동과 생각, 공적과 과실을 이해하고 그것을 살아가는 데 귀감으로 삼았다. 책을 읽으면서 충신인의忠信仁義의 가치관을 깨달았으며, 정사선악正邪善惡을 분별하는 눈을 길렀다. 삿된 것이 옳은 것을 이기지 못한다는 진리를 배웠고, 선량한 행동에는 상응하는 보답이 따른다는 것도 알았다. 힘써 수련하고 마음을 닦아 사회에 도움이 되는 사람이 되고자 노력했다.

은퇴한 후에도 책 읽기는 여전히 내 최고의 취미이자 생활에 없어서는 안 될 중요한 부분이다. 역사 관련 문헌을 좋아하는 취향도 여전하다. 달라진 것이 있다면, 세월이 흐르고 나이를 먹으면서 전과 다른 깨달음과 견해를 갖게 된 것이다. 같은 책이라도 여러 번 읽으면 그때마다 각기 다른 감상과 관점을 갖게 되듯, 똑같은 중국 역대 왕조 이야기를 읽으면서 더 이상 왕조의 흥망성쇠나 그 원인, 역사 인물을 충신과 간신으로 나누는 데에는 관심이 가지 않았다. 그보다는 고대 황제와 황후가 어떤 병을 앓았는지, 어떻게 사망했는지에 관심을 갖게 됐다. 수십 년간 의사로 일하면서 질병을 알아보는 눈이 민감해지고, 병의 원인을 밝히고 싶은 호기심이 생긴 모양이다. 어찌 보면 직업병의 일종일지 모른다.

의문이 생기면 대담하게 가설을 세워 세심하게 연구하고 고증하였다. 기록 문헌의 부족과 한계에도 불구하고 가능한 한 많은 사료를 참고하려 애썼으며, 현대 의학 서적과 임상 경험을 동원하고 고대 의학 서적을 뒤적이며 정확한 근거를 찾아내려 했다. 답을 찾고자 서점에 갈 때마다 역사 코너에서 두툼한 역사책을 이리저리 뒤적이곤 했다. 그런 나를 위해 옛 친구 천만구이陳滿貴는 상하이에서 귀국하면서 새로 출간된 역사책을 잔뜩 사다 주기도 했다. 《사기를 읽다》 시리즈를 비롯해 《당나라 21황제》, 《송나라 18황제》, 《명나라 16황제》, 《정설 청 왕조》, 《명나라 그때 그 일》 등등.

이런 책들 속에서 내 관심은 늘 등장인물의 질병(신체와 정신 모두)과 태의의 의료 행위, 사망한 나이, 수명의 길고 짧음 등 의학과 관련된 내용이었다. 나는 책갈피를 끼워 두거나 여백에 주석을 달며 의문점을 기록했다. 엄격한 법의학자처럼 고대인들의 사망 원인과 죽음의 진상을 찾아내려 애썼다.

친구들은 나의 이런 특이한 독서 습관을 보고 내가 책을 읽으며 찾아낸 역사 인물에 대한 사실들을 책으로 써서 세상과 나누라고 권했다. 마침 싱가포르 《연합조보聯合早報》의 편집부 셰위민謝裕民 선생이 고대 제왕의 병을 진단하는 칼럼을 써 보라고 권했다. 셰 선생의 격려를 받아 나는 황제, 황후, 비빈, 태의, 조정 대신 등 역사 속 인물들을 현대 의사의 입장에서 바라보고 그들의 질병을 진단하는 작업에 착수했다. 역사적 기록을 근거로 그들이 앓았을 법한 병을 분석하고, 역사서에 기록된 사망 원인을 과학적으로 검증해 보았다. 한편으로는 독자들의 의학 지식을 높이고자 동서고금의 사례를 대조하면서, 이런 질병을 현대에는 어떻게 이해하고 치료하는지도 함께 서술했다.

시작할 때는 이렇게 쓰는 것이 사족이 아닐까, 너무 난삽하지 않을까 걱정했지만, 이런 방식이 역사적 지식 외에 의학적 지식도 얻을 수 있어 좋다는 독자들이 많았다. 그래서 나는 신바람이 나서 역사책을 읽고 진단을 내리고 참고문헌을 찾아가며 역사 의학 에세이를 써 내게 된 것이다. 독자들에게 이 책을 바친다.

제1장

황제는 '고위험' 직업군

1

병에 걸려 죽거나, 살해당하거나

중국 역대 황제 235명의 평균수명은 만 38세였다!

고등학교에 다닐 때 '고위험 직업군'을 주제로 작문을 한 적이 있다. 그때 소방대원·서커스 단원·비행기 조종사 등의 직업을 다루었는데, 역사서를 읽으면서 황제 역시 위해를 당할 가능성이 높은 고위험 직업군에 속한다는 사실을 깨달았다. 황제를 직업이라고 할 수 있다면 말이다.

백발의 황제가 그 몇이런가! ── 황제가 어떤 사람인가? 천하에서 가장 존귀한 존재로서 온 세상에 위세를 떨치며 온갖 부귀영화를 누리고, 손안에는 다른 사람의 생사여탈권을 틀어쥐고 있다. 3궁宮 6원院에 72명의 비빈을 두고 3천 명의 궁녀를 거느리며 밤마다 풍악을 즐긴다.

누구나 부러워할 팔자였다.

그러나 궁궐 안에는 늘 피 냄새와 칼 그림자가 가득했으며, 그 속에서 황제는 매 분 매 초 죽음을 곁에 두고 살았다. 남조 유송劉宋의 전폐제 유자업劉子業이 열 살밖에 되지 않은 이복동생 신안왕 유자란劉子鸞을 죽일 때, 황제의 칙령을 받아든 유자란이 원통해하며 "다음 생에는 제왕 가문에 태어나지 않으리라!" 외친 것도 이해가 된다. 그로부터 20여 년 뒤 유송의 마지막 황제인 순제 유준劉准 역시 살해당하기 직전에 똑같은 말을 했다.

'황제'라는 칭호가 생긴 것은 기원전 200년 즈음이다. 중국을 통일한 진시황이 황제라는 존호를 처음 만들고, 스스로 시황제始皇帝가 된 이후 중국의 최고 통치자는 황제라고 불렸다. 중국 역사에 등장하는 제왕의 수는 대략 559명으로 집계되는데, 그중 '황제'로 칭할 수 있는 군주는 397명(역사상 최초의 황제였던 진시황부터)이고, '왕'은 162명이다.

역대 황제들의 사망 원인을 분석해 보면, 전체의 3분의 2만이 병에 걸려 침상에서 사망했고, 나머지 3분의 1은 '자연스럽지 않은 죽음'을 맞았다. 오늘날이라면 경찰이 나서서 검시를 하고 조사를 벌여 진짜 사망 원인을 밝혀내야 하는 그런 종류의 죽음이었다는 뜻이다. 그뿐인가. 중국 역대 제왕 235명의 사망 연령을 계산한 자료에 따르면, 놀랍게도 황제의 평균수명은 만 38세였다! 청나라 강희제가 "백발의 황제가 그 몇이런가" 하고 탄식할 만하다.

오복五福 중 마지막 복은 '고종명考終命', 곧 천수를 누리고 편안한 죽음을 맞는 것이다. 누구나 마지막 순간에는 고통 없이 세상을 떠나기를 바란다. 그러나 불행히도 중국 황제들 중에는 고종명을 누리지 못한 이들이 많았다. 청나라 역사 전문가인 천화陣樺 교수가 《광서제 죽음의 비밀光緒之死大揭秘》(2008)에서 밝힌 바에 따르면, 청 왕조 끝에서 두 번째 황제인 광서제光緒帝는 급성 비소중독으로 사망했다. 다시 말해, 누군가 그를 독살한 것이다.

독살당한 황제는 광서제가 처음이 아니다. 중국 역대 왕조에서 이런 비극은 끊임없이 반복됐다. 그들은 대부분 황궁의 권력투쟁에 휘말려 독살당했다. 어떻게 죽었는지 명확하게 진상이 밝혀지지 않은 경우도 적잖다. 24사二十四史〔중국 역사상 정사로 인정받는 24종의 역사서〕및 기타 사료에 근거하여, 진시황부터 청나라까지 2천여 년간 독살당한 황제들부터 살펴보자(북조·요·금의 여러 황제들은 포함시키지 않는다).

독살당한 황제들

— 통일 제국을 건설한 지 40년이 못 되어 진나라가 멸망하고, 한나라가 역사의 전면에 등장했다. 한나라는 409년이나 지속됐다. 그중 214년간 유지된 전한前漢의 마지막 황제 평제 유간劉衎(기원전 9~서기 5)은, 권력을 장악하고 있던 자신의 장인이자 대신인 왕망王莽이 납일臘日〔음력 12월 8일〕에 올린 독주를 마시고 숨을 거두었다.

《한서漢書》〈평제기平帝記〉에는 왕망이 어린 황제가 점차 성장하는 것을 두려워하여 선제공격하였다고 기록돼 있다. 왕망이 열네 살에 불과한 어린 황제를 독살해 축출한 것이다.

그 뒤로 후한의 열두 황제가 한나라의 바통을 이어받아 서기 220년까지 왕조를 유지했다. 헌제 유협劉協(181~234)이 한나라의 마지막 황제다. 헌제가 삼국시대 위나라의 문제 조비曹丕에게 황제의 자리를 선양하면서 한나라는 막을 내리는데, 후한 끝 무렵 황제인 질제 유찬劉纘 역시 비명에 죽었다. 당시 질제는 세상물정 모르는 일곱 살의 어린아이였다. 그렇기에 자신을 용상에 앉혀 준 대장군 양기梁冀를 '발호장군跋扈將軍'(제멋대로 날뛰는 장군)이라 불렀을 것이다. 양기는 이 아이가 어른이 되면 권력을 잃을 것을 염려해 질제의 음식에 독을 탔다. 소제 유변劉辯(헌제의 이복형) 역시 열여섯 살에 동탁에게 독살당했다.

155년간 유지된 진晋 왕조 시절에는 지능이 매우 떨어졌던 혜제 사마충司馬衷(259~306)이 있다. 그는 동해왕 사마월司馬越이 준 독이 든 떡을 먹고 죽었다. 떡 속에 독을 넣는 일화는 《자치통감資治通鑑》〈진기晋紀〉 권8에 기록돼 있다. 그 다음으로 169년 만에 사라진 남북조시대에는 528년 2월 북위北魏의 호태후胡太后가 사람을 시켜 열아홉 살 난 자신의 친아들 효명제 원후元詡를 독살했다.

그 뒤를 이은 왕조는 겨우 37년간 존속한, 중국 역사상 가장 단명한 왕조인 수 왕조다. 수나라의 개국 황제인 양견楊堅의 둘째 아들 양광楊廣

이 병상의 아버지를 독살하고 황제가 되었으니, 그가 바로 수 양제다.

당나라 대에는 4대 황제인 중종 이현李顯이 커다란 야심을 가진 위황후韋皇后와 그 딸인 안락공주安樂公主가 권한 독이 든 떡을 먹고 죽었다고 한다.(《당서唐書》와 《자치통감》의 기록이다. 이현이 심뇌혈관 질병으로 사망했다는 학설도 있다.) 당나라의 마지막 황제인 애제 이축李柷은 주전충朱全忠에게 황위를 선양했지만, 열일곱 살의 어린 나이에 '짐독'을 마시고 죽음을 맞았다.

5대五代 시기 남당南唐의 이후주李後主(937~978)는 자신의 생일인 칠석날, 송 태종 조광의가 하사한 견기약牽機藥(마전자)을 먹고 죽었다. 송 왕조의 개국 황제인 조광윤 역시 갑작스런 궁중의 정변으로 밤중에 사망했는데, 전하는 말에 따르면 동생인 태종 조광의가 의관 정덕현程德玄에게 독약을 주고 형을 독살하도록 시켰다고 한다. 송 태종이 독살에 일가견이 있었다는 이야기도 전한다. 《송사宋史》, 《속자치통감장편續資治通鑑長編》 권22, 《속수기문涑水記聞》 등의 문헌에는 조광의가 그전에도 사람을 독살했다는 기록이 남아 있다.

원나라 대에는 23대 황제인 명종 쿠살라(1300~1329)가 재위 8개월 만에 연회에 동생 문종을 초대했다가 동생의 손에 독살당했다. 명 왕조의 마지막에서 세 번째 황제인 광종 주상락朱常洛(1582~1620)은 성행위에 너무 탐닉한 나머지 병을 얻었다고 하는데, 그의 병을 치료한 것은 태의가 아니라 아버지 만력제의 후궁 정귀비鄭貴妃가 보낸 내관 최문승崔文거이었다. 후세 사람들은 정귀비가 병을 치료한다는 명분으로 황위에 오른 지 한 달이 채 안 된 광종을 독살했다고 믿었다.(132쪽 참조)

가장 안전한 곳이 가장 위험한 곳

사료를 읽다 보면 황궁이 절대로 안전한 곳이 아님을 알게 된다. 황궁의 겉모습은 화려하고 아름답지만, 그 속은 살기로 가득 차 있어 언제 황천길로 향할지 알 수 없었다. 호위 군사들에게 둘러싸여 있은들 무슨 소용이 있겠는가.

유명한 무협소설가 고룡古龍은 "가장 위험한 곳이 바로 가장 안전한 곳"이라고 했는데, 반대로 가장 안전한 곳이 바로 가장 위험한 곳이 아닐까? 가장 가깝고 친밀한 사람이 가장 위협적인 살인자일 수도 있다. 부모, 장인, 아내, 자녀, 형제자매, 신하, 내관, 후궁, 심지어 태의 등 황제의 목숨을 노리는 이들은 사방에 있었다. 권력투쟁에서 가족애나 도덕은 아무 소용이 없었다. 태자 자리를 놓고 아버지인 황제의 환심을 사려 다투고, 권력을 빼앗으려 하고, 죽기 살기로 싸웠다. 골육상쟁에서 독을 써서 암살하는 것은 흔하디흔한 일이었다. 이런 사건은 역사에서 끊임없이 벌어졌고 전혀 놀랍지 않은 일이었다.

지난 역사에서 아무런 교훈도 얻지 못하는 것을 보면 이것이 어쩌면 인간 본성 그 자체의 결점일지도 모르겠다. 어쨌든, 황제는 언제든지 비명횡사할 수 있는 '고위험 직업군'이었음이 틀림없다!

2

황제의 목숨을 앗아 간 독약

황제들을 죽이는 데 쓰인 독약은
대부분 비상砒霜, 즉 '비소'라는 중금속이다.

앞서 살펴보았듯, 중국의 역대 왕조 중 독살당한 황제가 없는 왕조가
없다. 그러나 안타깝게도 사료에는 단지 '독주를 마셨다' 혹은 '독약이
든 떡을 먹고 한 호흡 만에 붕어하셨다' 정도로만 기록되어 있고, 무슨
독약을 먹었는지는 거의 기록되어 있지 않다.

비상, 짐주, 학정홍 ─
생물학이나 화학이 발달하지 않았던 과거에
는 독약에 관한 지식도 그다지 광범위하지 못했다. 그러니 과거 중국
의 황제 폐하께서 먹은 독은 인간을 순식간에 죽음에 이르게 하는 치
명적인 독약, 다시 말해 시안화칼륨KCN(일명 '청산가리') · 시안화나트륨

NaCN · 시안화수소HCN · 시안화수소산Hydrocyanic acid 등은 아니었다. 사극이나 영화를 보면 붙잡힌 적을 고문해 정보를 캐내려는 순간 숨겨 둔 (청산가리로 짐작되는) 독약을 꺼내 먹고 죽는 장면이 종종 나오는데, 영화는 영화일 뿐이다. 물론 실수로라도 청산가리를 접하면 곧 죽음에 이르는 것은 사실이다. 시안화 화합물은 적혈구의 헤모글로빈과 긴밀하게 결합하여 산소 운반 기능을 저하시키므로 섭취하게 되면 질식하여 사망한다.

그 옛날에는 오늘날처럼 누군가를 독살할 때 칼륨을 대량 주사해 심장을 정지시키거나, 적정량의 몇 백 배에 달하는 인슐린을 주사해 죽이는 방법은 쓰이지 않았다. 인슐린은 1921년에야 발견되었으니 당연하다. 2006년 폴로늄 중독으로 사망한 것으로 추정되는 전 러시아 첩보원의 경우처럼, 방사성 화학원소로 사람을 죽이는 법도 물론 몰랐다.

그렇다면 고대 중국인들은 어떤 독약을 사용했을까? 황제들을(유럽의 군주들까지 포함하여) 죽이는 데 사용된 독약은 대부분 비상砒霜, 즉 '비소As'라는 중금속이다. 또 다른 중금속인 수은Hg도 그 화합물의 하나인 디메틸수은Dimethyl mercury은 일종의 극독劇毒이어서 0.001밀리리터의 극미량으로도 사람을 죽일 수 있지만, 일반적인 수은은 활성화되지 않은 금속원소이기 때문에 이를 삼켜도 내장에서 화학 변화를 일으키거나 흡수되지 않아 중독 증상이 나타나지 않는다. 대부분 별 탈 없이 지나가며, 소수의 사람만이 증상을 나타낼 뿐이다. 금속 수은은 시간이 지나면 대개 체외로 배출된다.

수은과 함께 자주 거론되는 납Pb은 대부분의 경우 만성중독 상태를 유발한다. 장생불로하면서 1만 년 넘게 살고 싶어 했던 황제들은 도교의 '단약丹藥'이 영생을 가져다줄 거라 믿고 계속 복용하다가 만성 납중독으로 사망하기도 했다.

그렇다면 짐주鴆酒는 어떨까? 이 독약의 이름을 많이 들어 보았을 것이다. '짐鴆'은 새의 이름이다. 짐새의 깃털을 술에 담가 만드는 짐주 역시 이것을 마시면 얼마 지나지 않아 죽음에 이른다고 되어 있다. 내장이 썩어 들어가고 말을 할 수 없게 되지만, 오히려 정신은 말짱한 상태로 고통 없이 죽는다고들 한다. 고대에는 이 짐주를 황궁에서 누군가를 암살하거나 사약을 내려 죽일 때 쓰는 상등품 독극물로 여겼다.

《사기》, 《한서》 등의 고대 사료에 짐주가 종종 등장하지만, 현재 생물학에서는 짐새라고 하는 새를 찾을 길이 없다. 짐새가 정말 존재하는지, 존재했으나 멸종되었는지 등은 앞으로 연구가 필요한 부분이다. 현재는 짐주를 독성이 강한 무언가를 넣은 술 정도로 이해하고 있다. 투구꽃이나 독미나리의 즙 같은 것이 아닐까 생각된다. 이러한 독성물질로 담근 술을 다 '짐주'라고 불렀다면, 특정한 독약이라고 보기는 어렵다. 독이 든 술을 통칭하여 짐주라고 불렀고, 그래서 짐주가 독약의 대명사로 자리 잡게 된 것으로 보인다.

그 외 위대한 문학가 궈모뤄郭沫若(곽말약)가 희곡 《공작담孔雀膽》에서 언급한 '공작담'(실제 공작의 쓸개는 아니다)은 전설 속에 전해지는 독약일 뿐이다.

드라마나 무협소설에는 '학정홍鶴頂紅'이라는 독약이 자주 등장한다. 주로 황제가 신하나 후궁에게 학정홍이 든 술을 내리면서 죽음을 명령하면 마시고 자결하는 식이다. 황제가 하사하신 술이니 마시기 전에 먼저 무릎을 꿇고 세 번 '만세'를 외치면서 은혜에 감사하기까지 한다.

이 독약은 '학정홍'이라는 이름으로 불리지만, 내몽골에서 볼 수 있는 정수리가 빨간 학의 머리 부분(이를 '단정丹頂'이라고 한다)과는 전혀 관계가 없다. 단정에는 아무런 독성도 없다. '학정홍'이란 사실 비상이다. 가공을 거치지 않아 불순물이 섞인 상태의 비상(삼산화이비소As_2O_3)이 붉은색이어서 그런 이름이 붙었다. 비상은 시안화수소산과 독성 작용이 비슷하여 산소 결핍으로 질식사하게 만든다.

고통으로 몸이 활처럼 휘어 죽게 한 마전자

— 대부분의 독성물질은 식물에서 얻어진다. 류훙장劉弘章·류보劉浡 부자가 쓴 《약의 3분의 1은 독이다是藥三分毒》(2007)에 나오는 명나라 태의 유순화劉純和 등이 작성한 약재 분류표에는 급성중독을 일으키는 132종의 약재와 만성중독을 일으키는 911종의 약재가 실려 있다.

그중에는 비석(비소가 함유된 광물)과 섬소(두꺼비의 피부선에서 분비되는 흰 독성 점액) 등을 비롯하여 투구꽃·부자附子 등의 식물도 포함되어 있다. 이 식물들은 심부정맥, 심실세동 혹은 특발성 심실빈맥 등을 유발하며 24시간 이내에 사망에 이르게 한다. '만다라화'라고도 불리는 독말풀(학명 Datura)은 히오스시아민Hyoscyamine·스코폴라민Scopolamine·아트로핀Atropine 등의 알칼로이드를 함유하고 있어 중독을 일으킨다. 협죽 역시 강심제 성분을 많이 포함하고 있어 불규칙한 심박동을 유발하고 순환부전으로 사망에 이르게 한다. 독당근(학명 Conium maculatum)도 맹독성의 코닌Coniine을 함유하고 있어 섭취하면 몇 분 만에 사지가 마비되고 호흡기 마비 증세로 질식사할 수 있다.

이 분류표에 마전자馬錢子도 있다. 이 약재는 5대 시기 남당의 군주 이후주(이욱)를 독살하는 데 쓰였다. 송나라 때 왕질王質이 쓴 사서 《묵기默記》에 따르면, 이후주는 뛰어난 사辭 작품을 남긴 시인이기도 한데, 〈우미인虞美人〉이라는 작품에서 "고국 향해 차마 고개 돌리지 못하는 달 밝은 밤(故國不堪回首月明中)"이라는 구절을 쓴 탓에 죽임을 당했다.

우미인虞美人

봄꽃 가을 달은 어느 때나 지려나,　　　　　　　　春花秋月何時了

지나간 옛일 얼마나 알까.　　　　　　　　　　　往事知多少

간밤 초라한 누각에는 또 동풍이 불고,　　　　　小樓昨夜又東風

고국 향해 차마 고개 돌리지 못하는 달 밝은 밤.   故國不堪回首月明中

고운 난간 옥돌 계단은 그곳에 그대로인데,   雕欄玉砌應猶在

젊었던 얼굴만 변해 버렸네.   只是朱顏改

그대에게 묻나니 시름이 얼마나 되는가?   問君能有幾多愁

마치 동쪽으로 흐르는 봄 강물 같다네!   恰似一江春水向東流

송 태종은 이 구절을 듣고 이후주가 여전히 고국을 그리워하고 있음을 알고 크게 화를 내며 이후주에게 독약을 내려 스스로 목숨을 끊도록 종용했다.

이후주를 독살하는 데 쓰인 마전자의 주요 성분은 스트리키니네Strychnine와 브루신Brucine이다. 마전자를 먹으면 10~20분 후에 독성이 발작하여 얼굴과 목의 근육이 경화되면서 급속히 수축한다. 이로 인해 격심한 통증이 유발되며, 전신 근육이 경련을 일으켜 강직성 실신 상태로 발전한다.

이 독의 무서운 점은 중독된 사람이 정신은 말짱한 채로 극심한 고통을 겪는다는 것이다. 마지막에는 고통을 이기지 못해 몸이 활처럼 구부러져 머리와 발이 마주 닿은 모습으로 죽음을 맞게 된다. 몸이 쇠뇌를 당긴 듯한(牽機) 모양으로 사망하기 때문에 마전자를 '견기약'이라고도 불렀다. 고대의 사료에는 "머리와 발이 마주 닿아, 쇠뇌를 당겨 놓은 모습이다"라고 기록되어 있다. 견기약은 구문鉤吻·Gelsemium, 학정홍과 더불어 중국 역사상 가장 유명한 3대 독약으로 꼽힌다.

스스로 독을 복용한 황제들 ─

다른 사람에게 독살당한 황제들도 있지만, 간혹 자기 스스로 독을 복용하여 중독사한 황제들도 있다. 그들은 중금속 화합물이 함유된 단약을 장기간 복용하다가 만성중독으로 사망했다. 황제의 자리에 앉은 사람은 매일 즐거움을 누리고 장생불로하며 영원히 죽지 않을 것 같지만, 실제로는 그렇지 않기에 수많은 황제들이 불로장생하게 해 준다는 신묘한 영약에 미련을 버리지 못했다.

진시황이 신선을 만나 선약을 얻으려 했던 것이나, 한 무제가 불사의 단약을 제련하려 한 것, 당 태종 이세민李世民이 인도 술법사의 장생약을 복용한 것, 송 태조 조광윤趙匡胤이 양생의 비술을 수소문한 것 등을 봐도 알 수 있다. 황제들은 도교의 선단술에 깊이 빠져들었다. 명나라 때는 다섯 명의 황제가 단약 때문에 목숨을 잃었다. 인종, 세종, 광종, 희종 그리고 남명제다.

역사 기록에 따르면, 청나라 옹정제도 장기간 단약을 복용했고, 이 때문에 수은·납·셀레늄 등의 중금속에 중독된 것으로 보인다. 그는 중국 역사에서 도교의 도사道士들을 깊이 신임하고 단약에 빠졌던 마지막 황제다. 황제들이 먹은 단약, 즉 '선단仙丹'은 도사들이 납·황·수은

등 천연 광물을 선로(솥)에 넣고 제련해서 만든 약이다. 이것은 도교의 수련 방법 중 하나로, 이 단약을 먹으면 장생불로한다고 믿었다.

단약은 사실상 주사朱砂(한의학에서 경련·발작을 진정시키는 데 쓰는 광물질)로서, 화학 성분은 대부분 황화수은HgS이다. 웅황雄黃 역시 황화수은을 많이 함유하고 있다. 이런 광물질은 자연계에서 적갈색을 띠며 진사辰砂, 주사朱砂 혹은 단사丹砂라고 불린다. 나중에는 장생약 혹은 점금약點金藥이라는 이름으로 널리 알려졌다. '금영단金英丹'이라고 불린 단약은 수은과 비상(비소)도 함유하고 있었다.

고대 중국의 전통 의학 문헌에는 수은이 '독성물질'이며, '뼈와 힘줄에 스며들어 양기陽氣를 끊고 뇌를 부식시킨다'고 언급되어 있다. 수은을 과도하게 복용하거나 장기간 수은에 노출되면 수은 중독에 이른다. 수은은 인체의 신경계통을 손상시켜 뇌와 소화기를 무너뜨린다. 심하면 신장을 파괴하고 돌이킬 수 없는 손상을 가져온다. 서양 의학 문헌에도 이에 대한 수많은 실험 결과가 보고되어 있다. 황화수은을 동물에게 먹여 체내로 수은이 흡수되는 과정을 살펴보면, 뇌·간·신장 등 장기에 수은이 축적되기 시작해 장기에 영구적인 손상을 입힌다. 만성 중독 상태가 되면 구강 궤양이 일어나 금속 맛을 느끼게 되며, 잇몸이 비대해지고 출혈이 잦아지거나 타액이 증가하고, 평형감각이 떨어지면서 과도한 흥분을 보이는 등의 증상이 나타난다.

황제를 매료시킨 춘약

당나라 시대는 단약 제련이 가장 성행하여 황제들이 단약의 독성에 가장 큰 피해를 입은 왕조이기도 하다. 《구당서舊唐書》와 《신당서新唐書》에 따르면, 당나라 황제 21명 가운데 적어도 11명의 황제가 단약에 빠졌으며(태종·고종·무측천·현종·헌종·목종·경종·문종·무종·선종·희종), 그중 6명이 단약이 원인이 되어 붕어했다(태종·헌종·목종·경종·무종·선종). 당 태종은 중국 역사에서 '장생약'으로 죽음에 이른 최초의 황제일 것이다.

고대 중국의 춘약春藥(최음제)은 성 기능을 강화시키고 성적 쾌감을 높이는 약물 혹은 처방인데, 이 역시 도교의 연단사煉丹師들에게서 나왔다. 사실 장생단약이라고 하는 것들은 음욕을 부추기는 최음제의 다른 이름에 지나지 않았다. 연단사들은 수많은 춘약을 제조했는데, 주요 원료는 처녀의 월경혈·숫총각의 정액·수은·납, 그리고 몇몇 황화물이었다. 이런 춘약은 생명을 담보로 성적 쾌감을 얻는 것으로, 장점보다 폐단이 훨씬 큰 약물이었으므로 아무나 복용하지는 않았다.

명나라 때 단약 혹은 춘약을 복용한 것으로 가장 이름 높았던 황제는 아마도 세종 주후총朱厚熜(1507~1566)일 것이다. 세종이 복용한 것은 '천단연天丹鉛'으로, 이 약은 원하는 시간만큼 수많은 여인들과 즐길 수 있게 해 주었다. 그 쾌락이 마치 천국과 같아서 세종은 20여 년 동안 조정에 나가지 않았다. 그의 아들인 목종 주재후朱載垕(1537~1572)도 아버지의 나쁜 습관을 이어받아 춘약에 열중했다. 결국 목종은 약물을 과도하게 복용하여 젊은 나이에 붕어하고 말았다.

그들의 조상인 인종·헌종·효종 역시 단약을 복용했고, 만성중독으로 사망했다. 그럼에도 명나라 세종이 춘약으로 가장 이름 높은 이유는, 그가 수많은 처녀를 궁에 모아 두고 그들의 월경혈을 재료로 '원성순홍단元性純紅丹'이라는 단약을 제조하고, 온갖 방중술과 장생불로약 등을 섭취하며 음탕한 쾌락에 빠져 살았기 때문이다.

이로 인해 1542년 역사에 '임인궁변壬寅宮變'으로 기록된 사건이 촉발되기도 했다. 능욕을 참다 못한 궁녀 양금영楊金英 등이 세종이 깊이 잠든 틈을 타 그를 목 졸라 죽이려 한 것이다. 이 일은 실패로 돌아갔고, 양금영을 비롯해 여러 비빈이 죽임을 당했다.

3

아편에 취해, 술에 취해

중독되면 시간 맞춰 섭취하지 않으면 온몸이 망가지고,
복용하면 다시 원래대로 돌아간다.
정신을 소모시키고 이로 인해 죽음에 이른다.

중독된 황제를 이야기할 때 빠질 수 없는 사람이 명나라 제13대 황제
인 신종 만력제萬曆帝(1563~1620)이다. 베이징에 있는 명13릉 중 정릉에
묻힌 만력제는 48년간 황제의 자리에 있었다. 명나라에서 가장 오래
재위한 황제로, 그의 할아버지인 가정제嘉靖帝(1507~1566)의 재위 기간
인 45년보다 3년이 더 길다.

만력제는 아편 중독?

만력제는 논쟁의 여지가 많은 황제다. 역
사가들은 만력제를 칭찬하기보다는 비판하는 경우가 많고, 후세 사람
들도 만력제가 호색하고 재물을 탐하며 정치에 태만했다고 말한다. 만

력제가 죽고 24년 후에 명나라가 멸망했기 때문에 많은 사람들이 만력제에게 명나라 멸망의 원인이 있다고 여긴다.

역사학자 멍썬孟森 역시 《명청 역사 강의明淸史講義》에서 "국사에 태만하고 재물을 수탈하는 데 열을 올렸으며 … 조정과 단절되었다"고 썼다. 《명사明史》〈신종본기神宗本紀〉에는 "명나라의 멸망은 신종에게서 시작되었다"고 씌어 있다. 청나라 건륭제도 〈명장릉신공성덕비明長陵神功聖德碑〉에서 "명나라의 멸망은 도적떼가 아니라 신종의 황당한 행위에서 비롯됐다"고 썼다.

만력제는 최음 작용을 하는 아편을 복용하고 음란한 성애에 탐닉했다는 의심을 받는다. 그가 황궁에서 아편이 포함된 단약을 복용했고, 아편에 '복수고福壽膏'(복을 주고 장수하게 하는 고약)라는 이름을 붙였다는 말도 있다.(자희태후慈禧太后(서태후)가 붙인 이름이라는 설도 있다.) 만력제가 머리가 어지럽고 눈이 침침하다고 핑계를 대며 조정에 나가지 않은 것이 과도한 성관계 탓이고(만력제는 30년간 조정에 나가지 않았다), 그래서 단약을 복용했는데 그 단약이 바로 최음제이며 아편이라는 것이다.

만력제가 묻힌 정릉이 1956년 발굴되고 1958년에 과학자들이 만력제의 시체를 검시했는데, 과연 그의 뼈에서 모르핀Morphine이 검출됐다. 이는 만력제가 아편을 복용했다는 증거다. 하지만 그렇다고 해서 만력제가 아편을 흡입했다거나 혹은 피웠다고 말하기는 어렵다. 그가 장기간 아편을 '피웠다'는 증거는 없기 때문이다.

명나라 역사 전문가인 차오궈칭曹國慶의《만력황제대전萬曆皇帝大傳》에 따르면, 정릉에서 발굴된 만력제의 여러 부장품 중에는 아편을 피우는 데 쓰는 도구가 없다. 만약 만력제가 아편을 '피웠다'면, 그가 사용한 아편 관련 물품도 함께 부장副葬되었을 것이다. 그러나 이 같은 추리에는 결정적인 결함이 있다. 만력제가 살았던 시대에는 아편을 피우거나 가루로 들이마시는 방식을 쓰지 않았기 때문이다. 가장 큰 가능성은 경구 복용(생으로 삼키는 것) 방법이다.

그때는 아직 파이프 담뱃대가 없었다. 담뱃대가 언제 출현했는지, 누가 발명했는지에 대해서는 청나라 말기의 문인 이계원李圭原이 쓰고 주려암周黎庵이 구두점을 찍어 교정한 책《아편사략鴉片事略》이 고증해준다. 아편 담뱃대는 "명나라 말기 소문답석蘇門答臘〔인도네시아 수마트라 지역〕 사람들이 발명해 생으로 먹던 것을 연기로 들이마시는 방식으로 바꾸었다. 생아편을 쪄서 대나무 관에 눌러 담고 불을 붙여서 그 연기를 마셨다." 이것이 아편 담뱃대와 관련한 가장 빠른 기록이다.

타이완의 문필가 쑤퉁빙蘇同炳은 만력제가 22년간이나 궁에 틀어박혀 지냈으니 분명히 그가 즐긴 취미가 있을 것이라고 추측했다. 그렇지 않았다면 지루해서 견디지 못했을 거라는 말이다. 또 다른 역사학자 리둥팡黎東方은 "만력제가 연기와 구름에 빠져 있었다"고 했고, 가오양高陽은 "스스로 황제의 권력을 포기하고 희미한 등잔불 아래서 명예도 책임도 가족 간의 정도 다 내 몸이 아닌 것처럼 여겼다. 절대 몸에서

떼어놓지 못하는 것은 단 하나 연반煙盤이었다"고 썼다. 그렇다면 만력제는 어떤 '연기 대접'을 써서 아편을 피웠을까?

아편은 중국에서 원래 약의 일종이었다. 일찍이 당나라 때부터 오늘날의 쓰촨성 지역에서 양귀비를 재배해 아편을 생산했다. 당시에는 아편을 '아부용阿芙蓉'이라는 이름으로 불렀는데, 아부용을 일정량 이상 복용하면 독이 된다는 것도 이미 알고 있었다. 중국의 전통 약학에서는 아편을 '약을 조제할 때 더불어 사용하는 약초'라고 기록하고 있다. 《의학입문醫學入門》에는 이렇게 기록되어 있다.

성화(1465) 시절에 중국에서 이것(양귀비)을 즙을 내어 얻었다. 가정(가정제) 초기에는 그 방법이 더욱 정교해졌다. 이런 종류의 제련을 통해 얻은 것을 사용하면 잠이 많아지고, 복용 기간이 길어지면 중독된다. 중독되면 시간 맞춰 섭취하지 않으면 온몸이 망가지고, 복용하면 다시 원래대로 돌아간다. 정신을 소모시키고 이로 인해 죽음에 이른다.

《대명회전大明會典》에는 당시 아시아의 다른 나라들이 명 황실에 아편을 조공하기도 했다는 기록이 있다.

많은 사람들이 만력제가 무절제한 성생활을 했다고 말하는데, 만력제는 정말로 성욕을 높이기 위해 아편을 복용했을까? 혹은 병 때문에 치료를 위해 복용했던 걸까? 어의가 만력제에게 아편을 처방해 병을 치료한 것일까? 아니면 황궁의 또 다른 사람이 그에게 아편을 준 것일까? 만력제가 아편을 먹은 것이 사실이라면 언제부터 복용하기 시작했으며, 그는 정말 중독 상태에까지 이르렀을까?

세상에 누가 술을 좋아하지 않겠는가

만력제의 아편 중독에 대해서는 의문스러운 부분이 많다. 사실 중독으로 인한 문제라면 아편보다는 술이 더 심각했다. 만력제가 술을 좋아해서 어떤 문제들이 생겼는지 살펴보자.

만력 14년(1586) 10월, 예부주사 노홍춘盧洪春이 만력제가 밤낮으로 술을 마시고 풍악을 울리는 것을 비판하는 상주문을 올렸다. 만력 17년(1589)에는 대리사 좌평사인 낙우인雒于仁이 만력제가 술·여색·재물을 탐하고 화를 쉽게 내는 점을 비판하며 네 가지 훈계를 내용으로 하는 상주문을 올렸다.

만력제는 일찍부터 술을 좋아했다. 만력 8년(1580), 열일곱 살이던 만력제는 술에 잔뜩 취해 어린 내관 두 명에게 노래를 시켰다. 노래할 줄 몰랐던 내관들은 황제의 명령에 따를 수가 없었다. 만력제는 크게 화를 내며 검을 집어 들고 두 내관의 목을 자르려고 했다. 주변에서 만류하자 내관들의 머리카락을 자르고는, 머리카락으로 머리를 대신한다는 말도 있으니 참수한 셈으로 치겠다고 했다. 이 일이 태후의 귀에 들어 갔다. 만력제는 태후 앞에 무릎을 꿇고 이마를 바닥에 대며 용서를 빌어야 했고, 수보首輔(수석대학사의 다른 이름으로, 어린 만력제를 대신해 국사를 처리함) 장거정張居正이 만력제 대신 〈죄기조罪己詔〉라는 글을 썼다. 말하자면 황제의 반성문을 발표한 것이다. 이 얼마나 부끄러운 일인가!

또 다른 기록에는 만력제가 취하도록 술을 마신 뒤, 주변의 꼬드김에 넘어가 풍보馮保라는 내관의 양아들 두 사람을 때려죽일 뻔한 일도 있었다고 한다. 이 일 때문에 만력제는 친어머니인 자성황태후에 의해 폐위될 위기에 처하기도 했다. 어사 풍종오馮從吾는 만력 20년(1592) 정월에 상소를 올려 말했다.

"폐하께서 매일 밤 반드시 술을 마시고, 술을 마시면 반드시 취하며, 취하면 반드시 화를 내십니다. 조그만 말실수에도 곧장 아래 죽임을 당하니, 조정에서 모르는 자가 없습니다. 천하 후대 사람들이 이를 두고 얼마나 업신여기겠습니까!"

만력 8년부터 만력 20년까지 12년간 만력제는 술을 많이 마셨고, 이성을 잃을 정도로 심하게 술에 취하곤 했다는 것을 알 수 있다. 친어머니인 자성황태후가 만력제를 폐위시키려 했다면 한두 차례 문제를 일으킨 게 아닐 터이다. 만력제는 이미 여러 차례 술에 취해 함부로 행동하며 사람을 다치게 하거나 때려죽인 전례가 있었고, 자성황태후는 사태가 심각하다고 여겼다. 물론 자성황태후가 정말 아들을 폐위할 생각은 아니었을 것이다. 만력제가 황제의 자리에서 물러나면 자신도 더이상 황태후가 아니니 말이다.

사료에 나타난 만력제의 행동은 전형적인 알코올중독자의 모습이다. 술은 그의 건강에도 나쁜 영향을 미쳤다. 만력 11년(1583)에 스무살이었던 만력제가 처음으로 병이 나서 조회에 참석하지 못했다. 그때 만력제는 "갑자기 한기가 느껴지니 조용히 안정을 취할 필요가 있다"고 말했다. 만력제는 그때부터 자주 병을 이유로 조회에 나오지 않았는데, 단순히 게을러서 그런 것만은 아닌 듯하다.

만력 14년(1586)에는 내각에 조서를 내려 한동안 아침 강연과 교외에서 제사 지내는 일과를 거르겠다는 뜻을 밝혔다. "머리가 어지럽고 눈이 침침하며 몸에 힘이 없고 심장과 간에 시시때때로 열이 올라 가슴이 꽉 막힌 듯하다." 이런 증세는 모두 숙취 증상이다. 만력제는 이렇게 자신을 변호했다.

"세상에 누가 술을 좋아하지 않겠는가. 만약 술을 마시고서 칼을 들고 검무를 추는 것이 제왕이 행할 거동이 아니라고 한다면, 그럼 어떤 행동이…."

만력제는 만력 17년(1589)에 "주청하는 횟수가 너무 많으면 피로함을 참을 수가 없다"고 말했다. 이때 이미 조정 일에 대한 싫증을 표현한 것이다.

역사서에는 만력제가 조정에 전혀 관심이 없고 신경도 쓰지 않아 내각의 신료들이 3개월이 지나도록 황제의 얼굴을 한 번도 보지 못한 적도 있다고 기록되어 있다. 수보 왕가병王家屛이 올린 상소문에는 "신이 지난해를 돌이켜 헤아려 보니, 용안을 뵌 것이 겨우 두 번에 지나지 않습니다"라는 말도 있다. 만력제는 "짐이 병이 들어 치료하느라 그런 것일 뿐, 설마 조정에 나가 정사를 돌보기 싫어서 이러겠는가"라고 대꾸했다. 만력 18년(1590) 첫날에는 "허리가 아파 발까지 힘이 없다. 서서 걷기가 불편하다"고 말했는데, 알코올중독이 아니면 과도한 성관계 때문일 것이다.

물론 멀쩡할 때도 있었다. 만력 27년(1599) 3월, 서른여섯이었던 만력제는 관례를 깨고 우문牛門 성루에 모습을 드러내고 왜을 정벌하고 돌아온 총병 마귀麻貴를 접견했다. 당시 만력제의 정신 상태가 어떠했는지는 알 수 없다.

만력제가 모든 일에 다 무관심한 것은 아니었을 것이다. 만력제도 성인이 되어 친정을 시작한 직후에는 활기가 넘쳤고, 나라를 잘 다스릴 방도를 찾으려 애썼다. 만력 13년(1585)에 가뭄이 들자 만력제는 직접 천단天壇까지 걸어서 행차해 기우제를 지냈고, 도성의 백성들은 젊은 황제의 얼굴을 실제로 보는 영광을 누렸다. 친정 직후의 짧은 몇 년간,

만력제는 수고로움을 마다하지 않고 네 번이나 출궁하여 조상의 능에 참배하고 제사를 지냈다.

그때까지만 해도 많은 사람들이 젊은 황제에게 큰 기대를 걸었다. 판원란範文瀾, 차이메이뱌오蔡美彪 등이 집필한 《중국통사中國通史》에는 만력제에 대해 이렇게 씌어 있다.

명 신종은 48년간 재위했다. 처음 10년간은 나라를 부강하게 하려고 노력했다. 그 다음 10년간은 근면함이 태만함으로 바뀌어 갔다. 마지막 30년 가까운 기간 동안에는 아무 일에도 신경 쓰지 않았다. 신종의 특징은 술, 여색, 재물, 그리고 권력을 탐했다는 것이다.

만력제의 알코올중독은 시간이 지날수록 심각해졌을 것이다. 그는 성실하게 국정을 돌보고 싶은 마음이 있어도 그럴 수가 없었다. 이미 몸이 마음을 따르지 못하는 상태였던 것이다. 만력제는 여러 가지 병명을 핑계 대며 아주 드물게 조정에 나갔고, 대신들을 불러 모으지도 않았다. 상소문은 만력제가 직접 열람했으나 거의 그대로 쌓인 채 처리되지 않았다. 만력제가 이렇게 국정을 태만하게 처리한 기간이 30여 년이나 된다. 이러니 타이완의 역사학자 가오양이 만력제를 가리켜 중국 역사상 가장 게으른 황제라고 단언한 것도 이상하지 않다.

개인적으로 만력제가 수십 년간 깊은 궁 안에 처박혀 지낸 것은 허리와 다리가 아프고 몸이 좋지 않아 제대로 서서 걷기 불편했기 때문이라고 생각한다. 그 원인에 대해서는 여러 가지 추측이 분분하다.

만력제가 술을 좋아하게 된 원인은 알 수 없다. 좋은 집안에서 태어났지만 능력은 부족한 사람들이 흔히 그러는 것처럼, 술로 시간을 보내면서 꿈속에서 살았을지도 모른다. 어머니인 자성황태후 이씨와 수보 장거정의 엄격한 가르침을 받으며 성장했으니 심리적으로 압박감이 심하고 고민이 많았을 수도 있다.

만력 원년(1572)과 3년(1575)에는 만력제가 조정에 나왔는데 신료들 중 100여 명이나 조회에 참석하지 않은 적이 있었다. 한 번은 173명이 빠졌고, 또 한 번은 283명이 빠졌다. 그중 한 번은 만력제가 혹한을 뚫고 조회에 일찌감치 나온 날이었다. 그는 이 일에 크게 분노했고, 존중받지 못했다는 좌절감에 휩싸였으리라고 쉽게 짐작할 수 있다. 이런 여러 가지 불쾌감이 쌓여서 술로 울적함을 달래게 되었을 수도 있다.

만력제의 음주 습관은 당시의 사회 환경, 분위기와도 관련이 있다. 명나라 말기 사회는 술을 좋아하는 풍조가 성행했다. 청나라 초의 학자 장리상張履祥은 명 왕조 말기의 모습을 두고 조정 위아래 할 것 없이 술을 좋아하는 습관이 있었다고 기록했다.

조정이 술을 전매하지 않아 민간에서 자유롭게 술을 빚었다. 또한 여럿이 모여 술을 마시지 못하게 금지하지 않았으므로 나쁜 풍습이 극에 달했

진시황은 열사병으로 죽었다

다. … 적게 마시는 자도 몇 되를 마셨고, 잘 마시는 자는 끝을 몰랐다. … 술을 종일토록 마셨으며, 조정 위아래가 항상 춤추고 노래를 불렀다.

만력제는 이런 사회적인 음주 풍습을 따른 데 지나지 않았다.

알코올중독자의 전형

알코올중독은 어떤 문제를 일으킬까? 현대 의학에서는 한 번 마실 때 다섯 병 혹은 그 이상의 맥주를 마시거나 혈중 알코올 농도가 1리터당 0.08밀리그램을 넘으면 '알코올중독'이라고 진단한다.

알코올중독은 크게 '알코올 남용Alcohol abuse'과 '알코올 의존Alcohol dependence'으로 나뉘는데, 일반적으로는 알코올을 과도하게 섭취하여 인지 · 행위 · 신체 기능 · 사회 기능 · 인간관계에서 장애 혹은 손상이 나타나는 것을 가리킨다. 알코올 때문에 문제가 생기는 것을 인지하면서도 자신을 통제하지 못하고 술을 마시는 정도가 되면 이미 알코올 남용의 단계다. 더 악화되면 많은 시간과 노력을 들여서까지 술을 마시거나(끊지 못함), 술을 마셔야만 편안해지고(심리적 의존), 알코올 도수가 높은 술을 마셔야만 취하게 된다(내성). 술을 마시지 않을 때 금단증상이 나타날 정도가 되면 알코올 의존 상태가 된 것이다. 알코올 남용 단계에서는 어느 정도 자제력이 있고 음주량을 통제하려고 하지만, 알코올 의존 단계가 되면 달라진다.

알코올 남용 단계에서 흔히 볼 수 있는 임상 증상은 걸음걸이가 불안정하고, 발음이 분명치 않으며, 환각을 보고, 생각이 혼란스러워져서 지각을 잃는 것이다. 음주는 가정이나 직장에서의 모든 일과 책임을 소홀히 여기게 만들고, 숙취로 인해 업무 효율을 떨어뜨리며 제대로 정신을 차리지 못하게 한다. 그러다 보니 일에 대한 열정이나 흥미도 없어져 무엇에도 관심을 보이지 않고 기억력도 감퇴한다. 피로, 어지러움, 불성실, 수면 시간 증가 외에 수업이나 일과 등을 빼먹거나 약속을 어기게 된다. 우울함과 고민, 공허함, 스트레스를 줄이기 위해 좌절감을 느낄 때마다 술을 마셔서 문제를 회피하려고 한다.

알코올중독은 사회에도 큰 손해다. 폭력, 아동 학대, 가정불화와 이혼, 상해 등 인간관계에서도 심각한 문제가 생긴다. 장기적으로 알코올을 남용하면 건강에도 영향을 미쳐 간경화, 췌장염, 간질, 신경염, 심장병, 치매, 영양불량, 성 기능 장애 등이 생길 수 있다. 심지어 뇌 기능에도 영향을 미쳐 인지능력, 판단능력을 상실하거나 혼란, 초조, 당황, 우울 등의 증상을 보일 수 있다.

만력제가 오랫동안 장거정의 엄격한 감독 아래서 권위에 억눌려 있었던 탓에 그 반발 심리로 나태하고 비상식적인 행동을 했다고 보는 사람도 있다. 하지만 다른 각도로 생각해 보면 만력제의 행동은 의심할 여지 없는 알코올중독자의 모습이다.

장거정은 만력제가 스물한 살 때 죽었는데, 그가 죽은 뒤 2년도 지나지 않아 탄핵을 당했다. 만력제는 장거정이 죽기 9일 전에 내린 태사太師라는 명예를 거두고 문충文忠이라는 시호도 폐했다. 그의 집을 수색하고 재산을 몰수하는 바람에, 나이 들었거나 아직 어렸던 10여 명의 장거정 집안 식구들이 그대로 굶어죽었다. 장거정의 큰아들 장경수는 자진自盡했고, 둘째 아들 장사수는 유배되었다. 만력제가 스승인 장거정의 집안을 이렇게 풍비박산 낸 것은 상식적으로 볼 때 은혜를 원수로 갚는 행위였다.

그런데 장거정을 탄핵하는 상소문을 받았을 때, 만력제의 정신 상태가 온전했을까? 맑은 머리로 분명하게 생각하고 전체적으로 분석하여 판단을 내렸을까? 혹시 흐리멍덩한 상태로 탄핵 상소를 받고 정신없이 떠들어대는 신하들이 귀찮아서 장거정의 봉호와 시호를 거두라는 명령을 내렸던 것은 아닐까? 마치 취한 상태로 운전하는 사람처럼 말이다. 그랬다면 탄핵을 주장했던 대신들은 황제의 명령이라는 핑계를 대면서 자기 손을 더럽히지 않고 원하는 바를 이룬 셈이다. 장거정만 억울함에 죽어서도 눈을 감지 못했을 것이다.

한 나라를 책임지는 지도자는 반드시 맑은 정신을 유지해야 한다. 그래야 올바른 정책을 펼 수 있다. 술 마시기를 좋아하는 사람이 정책 결정자가 되어서는 안 되며, 정책을 결정하는 자리에 있는 사람은 마땅히 술을 멀리해야 한다. 민주국가에서는 직책을 수행하지 못하는 지도

자를 파면할 수 있지만, 봉건 왕조에서는 제위를 선양하는 것 외에 황제를 바꿀 방법이 없었다.

　"명나라는 도적떼의 손에 멸망한 것이 아니라 신종의 황당한 통치에 멸망했다"는 말은 "명나라는 신종의 알코올중독으로 멸망했다"고 바꿔야 정확할 것이다.

진시황은 열사병으로 죽었다

4

스스로 목숨을 끊은 황제들

목을 매는 것은 중국인들이 가장 흔하게 선택하는 자살 방식일 것이다.
좀 더 문명화되고 조용한 죽음이라고 할 수 있을까?

황위에 올라 천하의 주인이 되면 바람을 일으키고 비를 부르며 불로장
생하여 영원히 세상의 온갖 행복을 누릴 것 같지만, 역사를 살펴보면
삶을 거부하고 스스로 죽음을 선택한 황제가 여럿 있다. 물론 어쩔 수
없이 죽음을 선택한 경우도 많다. 권력투쟁의 와중에 대세가 기울어
투항해도 살아남기 힘들다는 판단이 선 경우이다. 황제의 자살 방법은
스스로 목을 베는 것과 목을 매는 것 두 가지 경우로 나뉜다.

제 목을 찌르다 ── 스스로 목을 벤 사례로는 최초의 황제인 진시황
의 아들 호해胡亥를 들 수 있다. 진시황이 죽자, 환관 조고趙高가 진나라

국정을 농단했다. 호해는 조고에게 불만을 품었고, 그렇잖아도 황위를 찬탈할 셈이었던 조고는 선수를 치기로 결심했다. 조고의 사위 염락閻樂이 1천여 명의 부하들을 거느리고 호해의 행궁에 침입했다. 궁궐에 든 도둑을 잡는다는 명분이었다. 궁지에 몰린 호해는 결국 칼을 빼 자신의 목을 찔렀다. 사실 호해의 참혹한 결말은 자업자득에 가까웠다. 그는 잔학하고 폭정을 일삼으며 신하들을 마구잡이로 죽였다. 호해의 폭정으로 나라가 어지러워지자 진승과 오광이 반란을 일으켰고, 결국 항우·유방 등의 초한쟁패로 이어졌다.

역발산기개세力拔山氣蓋世〔힘은 산을 뽑을 만하고 기운은 세상을 덮을 만함〕라던 초패왕楚霸王 항우項羽(기원전 232~기원전 203)도 스스로 목을 베어 죽었다. 그때 항우의 군대는 천하의 패권을 놓고 싸우던 유방劉邦(기원전 247?~기원전 195)에게 크게 패해 해하垓下까지 밀려나 있었다. 유방이 이끄는 한나라 군대가 해하를 겹겹이 포위하고 사방에서 초나라 노래를 연주해 항우군의 마음을 뒤흔들었다.(여기서 '사면초가'라는 고사성어가 유래했다.) 항우의 애첩 우희는 궁지에 빠진 항우가 자기 때문에 결단을 내리지 못하는 것을 눈치 채고 그의 승리를 기원하며 자결했다.

항우는 겨우 포위를 뚫고 오강정烏江亭에 이르렀다. 오강정의 정장亭長이 항우에게 회하淮河를 건너 강동으로 돌아가 다시 시작하라고 권했지만, 항우는 "하늘이 나를 버렸으니 어찌 강을 건너가겠는가? 강동의 부모형제들이 나를 안타깝게 여길 것인데 무슨 면목으로 그들을 보겠는가?"라며 칼을 빼 스스로 목을 베었다. 당시 항우의 나이 겨우 서른 하나였다. 이 일은 사마천司馬遷(기원전 145~기원전 87)의 《사기史記》 〈항우본기〉에 기록돼 있다.

서양에도 스스로 목을 베어 자살한 황제가 있다. 로마제국의 황제 네로(37~68)다. 64년 로마에 대화재가 발생했다. 로마 사람들은 사치가 극에 달한 황제가 더 화려한 황궁을 짓고자 군대를 보내 불을 질렀다고 믿었다. 이 화재로 반란이 일어나 네로는 황제 자리에서 끌어내려졌고, 결국 자살하고 만다. 이 사건을 소재로 한 소설이 유명한 《쿠오바디스Quo Vadis》(1895)이다.

초패왕 항우와 비교하면 네로 황제의 죽음은 무능하기 짝이 없다. 그는 원로원이 자신을 로마 시민의 적으로 규정한 것을 전해 듣고, 곧 군중에게 살해당하리라 예상하고 자살을 선택했다. 하지만 겁이 많고 죽음을 두려워했던 네로는 몇 번이나 비수를 치켜들었다가도 가슴을 찌르지 못하고 내려놓길 반복했다. 결국 수행원이 네로의 손을 쥐고 목에 비수를 꽂아 넣었다. 네로의 죽음에서 영웅적인 기개라고는 찾아볼 수 없다. 네로는 죽음을 앞두고 다음과 같이 말했다고 한다. "이 예술가가 어떻게 죽는지 보아라(Qualis artifex pereo)!" 아큐阿Q의 '정신승리' 같지 않은가?

목을 맨 황제들

목을 매다는 방식으로 삶을 끝낸 제왕으로는 춘추전국시대 초성왕楚成王(?~기원전 626)이 있다. 그는 평생 많은 업적을 쌓았지만 태자 책봉 문제로 목매어 자결하는 지경에 몰렸다.

초성왕은 만년에 영윤令尹 자상子上의 권고를 듣지 않고 성격이 흉폭한 아들 상신商臣을 태자로 삼았다가 나중에 뜻을 바꾸어 상신을 폐하고 공자 직職을 태자로 올렸다. 이에 상신이 앙심을 품고 초성왕을 포위 공격했고, 빠져나갈 길이 없음을 안 초성왕은 죽기 전 마지막 소원으로 곰발바닥 요리를 먹고 싶다고 했다. 상신은 소원을 들어주지 않았고(곰발바닥 요리는 익히는 데 시간이 많이 걸리므로 초성왕이 다른 계획을 꾸밀까 걱정했기 때문이다), 결국 초성왕은 스스로 목매달아 죽었다. 그보다 46년 전에 초성왕도 친형 도오堵敖를 살해하고 왕위에 올랐으니, 초성왕의 최후는 인과응보일지도 모르겠다.

명나라 마지막 황제인 숭정제 주유검朱由檢(1610~1644) 역시 목을 매어 자살했다. 숭정제는 형인 희종 주유교朱由校나 아버지 광종 주상락朱常洛, 할아버지 신종 주익균朱翊鈞보다 훨씬 좋은 황제라고 평가받는 황제다. 그는 스러져 가는 명나라의 국운을 되살리려는 큰 뜻을 품고 있었다. 많은 역사학자들이 숭정제의 기개와 절박한 심정에 감동하고 또 그를 동정했다. 숭정제는 열일곱에 황제의 자리에 올라 18년간 재위했다. 원대한 포부를 지녔으나 34년의 짧은 삶 속에서 실현시키지 못하고 명나라의 마지막 황제가 되고 말았다.

이자성李自成이 반란군을 이끌고 북경 근처까지 진격해 왔을 때, 숭정제는 조회를 열고 직접 북을 치며 대신들을 불러 모았다. 그러나 아무도 조회에 나와 대응책을 상의하려 하지 않았다. 숭정제는 명나라의 운이 끝났음을 직감하고 선대 황제들을 뵐 낯이 없다며 자결로써 순국하기로 결심했다. 그는 자신의 옷에 유서를 남기고 매산媒山(지금의 베이징 징산景山)에서 목매 자결했다.

"짐은 덕이 부족하고 몸도 약하여 하늘을 노하게 하였으나, 이는 모두 여러 대신들이 짐을 잘못 이끈 탓이다. 죽어 조상을 뵐 면목이 없으니 관을 벗고 머리카락으로 얼굴을 가리려 한다. 짐의 시체는 찢어발겨도 상관없으나, 백성은 단 한 명도 해치지 않길 바란다."

어떤 기록에 의하면 숭정제가 매산에서 죽은 지 며칠이 지나도록 아무도 그의 시신을 거두지 않았는데, 다행히 조일계趙一桂라는 사람이 나서서 그의 시신을 수습해 먼저 죽은 황비의 묘에 합장했다고 한다.

숭정제의 죽음은 그의 나라를 빼앗은 만주족조차 감동시켰다. 그가 목을 맨 늙은 나무는 '죄수罪樹'라는 이름이 붙여졌고 쇠사슬에 묶여 형벌을 받았다. 또한 청나라 조정은 숭정제를 이장하여 능호를 사릉思陵, 시호를 장렬민황제莊烈愍皇帝라 하고 모든 관료에게 3일간 상복을 입게 했다. 물론 이런 조치가 민심을 수습하기 위한 미끼였다는 평도 있다.

목을 매는 것은 중국인들이 가장 흔하게 선택하는 자살 방식일 것이다. 스스로 목을 베는 것에 비해 피웅덩이 같은 끔찍한 장면이 연출되지 않기 때문이다. 좀 더 문명화되고 조용한 죽음이라고 할 수 있을까? 유가사상의 영향으로 죽음 뒤에도 시체를 온전히 보전해야 다음 생에 장애 없는 신체를 갖고 태어난다고 여겼기 때문일지 모른다. 그래서 중국에서는 민간에서든 황실에서든 자살할 때 주로 목을 매는 방식을 선택하곤 했다.

진짜 사인은 질식이 아니다?

스스로 목을 벤다는 것은 칼로 목줄기를 가로로 그어 생명을 끊는다는 의미다. 목구멍 혹은 기도가 잘려 호흡을 할 수 없게 되어 사망한다고 생각하기 쉽지만, 진정한 사인은 기도 옆의 경동맥이 잘리면서 발생하는 과다 출혈이다. 혈액이 부족해지면 뇌가 혈액을 통한 산소 공급을 받을 수 없게 되고, 뇌에 산소가 부족해지면 5분 안에 사망한다.

그렇다면 목을 매는 자살 방식의 사망 원인은 무엇일까? 목에 밧줄을 건 상태에서 몸이 아래로 축 늘어지면 몸무게 때문에 경추가 부러진다. 혹은 제2경추와 제3경추가 아탈구Subluxation[뼈가 제 위치를 벗어나는 증상]를 일으켜 척추가 경추 골수를 압박하게 된다. 혈압은 1~2초 만에 급속하게 하강하고, 감각 상실로 이어진다. 그러면 큰 고통도 느끼지 않고 뇌사로 사망한다. 밧줄이 목을 압박해 경동맥 폐색이 발생하거나 경동맥구가 눌리면서 경동맥동반사Carotid sinus reflex〔혈압이 상승할 때 이를 정상화시키기 위한 감압반사〕가 일어나 심장이 멈출 수도 있다.

또 다른 사망 원인으로는 경정맥이 밧줄에 꽉 죄이면서 혈액이 뇌에서 빠져나오지 못해 뇌수종Cerebral oedema을 일으키고, 이어서 뇌허혈증Cerebralischemia으로 진행돼 뇌에 산소가 부족해지는 것이 있다. 어쨌든 목매어 자살하는 경우, 진짜 사인은 질식이 아니다.

5

익사한 황제들

식사하기 전에 배가 아파 대변을 보려 했는데,
급한 나머지 발을 헛디뎌 뒷간에 빠져 죽었다.

물에 빠져 죽은 황제라니! 천하의 지존인 황제는 수많은 사람들의 수
행을 받고 호위들이 언제나 주변을 지킬 텐데 황제가 물에 빠져 목숨을
잃는다는 것이 도대체 말이 되는 일인가. 하지만 실제로 물에 빠져 죽
은 황제들이 있다.

주나라 소왕과 소명왕 한림아 —— 《좌전左傳》 등의 사서에는 주周 소
왕 희하姬瑕가 물에 빠져 죽었다고 기록돼 있다. 주나라(서주)는 기원전
11세기부터 기원전 771년까지 이어진 왕조다. 소왕은 주나라 제4대 왕
으로, 생몰년은 미상이다. 소왕의 아버지는 강왕 희소姬釗인데, 강왕이

죽은 뒤 소왕 희하가 뒤를 이어 즉위해 19년간 주나라를 다스렸다. 소왕은 재위 19년째인 기원전 972년 친히 여섯 부대를 통솔하여 남쪽의 초나라를 정벌하러 떠났다. 결과만 말하자면, 주나라 군대는 크게 패했고 군사들은 배가 침몰하여 모두 수장됐다.

당시 소왕이 이끄는 주나라 군대는 가는 곳마다 살육과 약탈을 자행하여 백성들의 원한이 골수에 사무쳤다. 결국 백성들이 주나라 군대가 강을 건널 때 배를 침몰시켰다. 소왕이 물에 익숙할 리가 없으니 그대로 한수漢水에서 군대와 함께 수장되고 말았다. 주 소왕은 하남성 소실산少室山에 묻혔다.

'소명왕小明王'이라고 불리는 한림아韓林兒도 주 소왕과 비슷한 운명을 맞았다. 원나라 말기, 명 태조 주원장이 아직 황제의 보좌에 오르기 전의 일이다. 1351년 홍건군이 봉기하여 원나라에 대항했다. 홍건군의 우두머리 중 한산동韓山童이라는 자가 있었는데, 그가 살해되자 부하인 유복통劉福通 등이 한산동의 아들 한림아를 데리고 박주亳州(지금의 보저우)에 와서 황제로 옹립하고 소명왕이라고 불렀다. 나라 이름은 대송大宋, 연호를 용풍龍鳳이라 하고, 박주를 수도로 삼았다. 한림아를 황제로 내세웠지만 실권은 유복통이 장악하고 있었다.

1366년 주원장이 사람을 보내 저주滁州에 있는 한림아를 영접하여 응천應天(오늘날의 장쑤성 난징)으로 데려오도록 했다. 도중에 장강을 건너게 되었는데 누군가 한림아가 탄 배에 구멍을 내어 가라앉혔다. 한림아는 그렇게 물에 빠져 죽었다. 이 일은 《명사》〈한림아전〉에 기록 돼 있다. 기록에 따르면 한림아가 익사한 것은 주원장의 음모라고 하는데, 대부분의 사람들이 인정하는 정설이다. 주원장이 황제로 향하는 길에 방해가 되는 한림아를 계책을 꾸며 없애 버렸으니, 한림아의 진짜 사망 원인은 주원장인 셈이다. 다만, 《명사》〈요영충전廖永忠傳〉에서는 한림아의 이야기를 다음과 같이 기록하고 있다.

한림아가 저주에 있으니, 태조(주원장)께서 영충을 보내 응천으로 데려오도록 했다. 도중에 배가 침몰하여 죽으니, 태조께서 영충을 나무라셨다.

남송 최후의 황제 조병

一 남송의 마지막 황제 조병趙昺(1272~1279)은 바다에 빠져 죽었다. 남송의 제9대 황제로 '말제末帝'라 불리는 조병은, 여섯 살에 황제로 즉위하여 일곱 살에 바다에 빠져 죽었다. 겨우 2년 동안 재위했을 뿐이다. 어쩌면 조병은 자신이 황제라는 사실도 알지 못했을 것이다.

남송 말제를 이야기할 때, 곧바로 떠오르는 사람이 말제와 함께 죽은 육수부陸秀夫(1236~1279)다. 당시 남송은 이미 1276년 원나라에 멸망하여 319년 역사에 종지부를 찍은 상태였다. 대신 육수부는 임안臨安(오늘날 저장성 항저우)에서 복주福州로 퇴각해 장세걸張世傑 등과 함께 조하趙昰

를 황제로 옹립했다. 바로 단종이다. 단종이 죽자 남송의 남은 신하들은 다시 단종의 동생 조병을 황제로 올렸다. 육수부 등은 애산崖山에 망명 조정을 세우고, 육수부가 좌상을 맡아 원나라에 대항했다. 그러나 남송의 국운은 이미 다하여 1279년 결국 원나라 군대에 패하고 말았다.

육수부는 대세가 기울었음을 알고 치욕을 당하느니 죽음을 택하기로 마음먹었다. 그는 송나라의 황제가 포로가 되어 갖은 수모를 당하는 것을 차마 볼 수 없어서, 비장한 결심을 하고 말제에게 이렇게 말했다.

"일이 이렇게 되었으니 폐하께서 나라를 위해 목숨을 바치는 수밖에 없겠습니다. 덕우황제(말제의 형인 공제 조현趙㬎)께서 겪은 치욕이 이미 깊은데 폐하까지 또 치욕을 받으셔야 되겠습니까?"

그러고는 용포를 입고 가슴에 옥새를 매단 어린 황제를 덥석 안고 애산 절벽에서 바다로 뛰어내렸다. 며칠 뒤 육수부의 시체가 바다 위로 떠오르자, 애산 지역 사람들이 시체를 거둬 묻어 주었다. 이후 원나라 군대가 애산에 들어와 전쟁터를 정리하다가 노란 옷을 입은 어린아이의 시신을 발견했는데, 그 아이가 '조서지보詔書之寶'라고 새겨진 황금 도장을 갖고 있었다고 한다.

똥통에 빠져 죽은 왕 — 2천 년 전으로 돌아가 진晉 경공景公의 죽음을 살펴보자. 경공은 중국 춘추 시대 제후 중 한 사람으로 생몰년은 불분명하다. 알려진 것은 그가 기원전 599년부터 기원전 582년까지 재위했다는 것뿐이다. 진 경공을 익사한 제왕의 명단에 넣는 이들도 있지만, 나는 그의 사인이 익사라고 생각하지 않는다. 진 경공의 죽음은 《좌전》에 딱 한 구절로 묘사되어 있다.

식사하기 전에 배가 아파 대변을 보려 했는데, 급한 나머지 발을 헛디뎌 뒷간에 빠져 죽었다.

똥통에 떨어져 분뇨에 파묻혀 질식사했을 것이므로, 후대에 이를 익사로 본 것이다. 그러나 진 경공의 진짜 사망 원인을 찾으려면 몇 가지 질문을 해야 한다. 정말로 익사한 것인가? 아니면 단지 화장실에서 사망했을 뿐인가?

가장 가능성이 큰 것은 경공이 화장실에서 기절했고, 그후 분뇨 구덩이에 추락해 질식사했다는 것이다. '빠졌다'는 《좌전》의 표현은 여러 가지 함의를 갖는다. '빠졌다'는 말의 진짜 의미는 무엇일까? 진 경공은 화장실에서 기절하여 구덩이로 떨어진 것인가, 아니면 단순히 넘어져서 분뇨 더미에 빠진 것인가? 제후나 군왕이 사용하는 화장실 시설이 그렇게 허술했단 말인가?

진 경공은 나이가 많았고 병을 앓고 있었다. 경공은 가슴 어름의 통증을 호소했는데, 진秦의 태의 고완高緩이 경공을 진맥한 기록이 남아 있다. 태의는 경공의 병이 심장과 횡격막 사이에 침투해 침이나 뜸, 약, 그 어느 것으로도 효과를 볼 수 없다고 진단했다. 가슴 어름의 통증이란 관상동맥이 좁아졌거나 막혀서 심장근육에 혈액이 부족하여 발생하는 협심증Angina pectoris이었을 가능성이 높다. 심각한 관상동맥 질환Coronary heart disease의 증상이다. 아마도 경공은 심장병 발작으로 화장실에서 사망했을 것이다.

화장실에서 쓰러져 사망한 것이 우습게 여겨질지도 모른다. 그런데 화장실에서 죽는 것은 그렇게 드문 일이 아니다. 배변할 때 사람은 숨을 참고 힘을 쓰기 마련이다. 심각한 심장병을 앓고 있는 사람들은 이런 행동 때문에 심장에서 혈액이 과도하게 분출되기도 한다. 혈액의 동력이 바뀌면 혈압이 상승하고, 이는 병리적 변화를 일으킨 혈관에 충격을 주어 혈관 내벽에 굳어 있던 혈전(핏덩이)을 떨어지게 만들 수 있다. 혈전이 심장 혈관이나 뇌혈관을 막으면 갑자기 심장병 혹은 뇌일혈(중풍) 발작이 일어날 가능성이 있다.

물론 기원전 시대에는 심전도 측정기도 관상동맥(심장 동맥) 조영술도 그 밖의 여러 과학적 진단 방법도 없었고, 동맥 혈관 이식술 혹은 관상동맥 스텐트Stent 삽입술 같은 치료법도 없었으니, 관상동맥 경화증이 발병하면 하늘의 뜻에 따라 죽음을 기다릴 뿐이었다. 물론 진 경공이 뇌일혈 혹은 중풍으로 사망했을 가능성도 있지만, 안타깝게도 그때는 시체를 해부할 수 없었으니 진 경공의 사망 원인은 미결로 남게 되었다.

물에 빠져 죽지는 않았으나…

물에 빠져 익사할 뻔했던 황제들도 있다. 우선 용어를 명확하게 정의해야겠다. 중국어로 '익수溺水'는 '물에 빠져 죽다'라는 뜻이다. 영어의 'drowning'에 해당한다. 물에 빠졌거나 혹은 수면 아래에 잠겼지만 구조되어 사망에 이르지 않았다면, 의학적 임상 진단으로 'near drowning', 즉 익사할 뻔했다고 표현한다. 고대 중국에서는 이를 '몰수沒水'라고 표현했다.

역사적으로 몰수 사건은 가끔, 아주 우연하게 발생했다. 명나라 때는 두 명의 황제가 물에 빠져 거의 죽을 뻔했다가 다행히 목숨을 구했으나, 결국 한창때 요절하고 말았다. 명나라 제10대 황제인 무종 주후조朱厚照(1491~1521)와 제15대 황제 희종 주유교朱由校(1605~1627)가 그 주인공이다.

《명사明史》〈본기本紀〉에 의하면, 무종은 1520년 9월 15일에 "남쪽 지방을 순시하던 도중 청강포淸江浦에서 낚시를 했는데, 잘못하여 물에 빠졌고 한기가 들었다. … 어의가 치료했으나 건강이 호전되지 않고 상태가 점점 심해졌다"고 한다. 6개월 후인 다음 해 3월, 무종은 병으로 자신이 특별히 지은 건물 표방豹房(미녀들과 환락을 즐기던 곳이라고도 하고 정사를 돌보던 곳이라고도 한다)에서 30세를 일기로 숨을 거둔다.

《명무종외기明武宗外紀》에는 그때의 상황이 자세히 기록돼 있다. 배가 뒤집혀 무종이 물에 빠졌고, 좌중이 놀라 분분히 물에 뛰어들어 건져냈지만 그 이후로 무종은 몸이 좋지 않았다고 한다. 나중에 지방관이 그곳을 약룡지躍龍池(용이 뛰어오른 연못)라고 이름 붙이고, 문 바깥의 다리는 '약룡교躍龍橋'라고 불렀다. 지금은 관광 명소인 장쑤성 후이안淮安시 의 추수위안楚秀園 공원이 되었다.

한편, 희종은 1625년 8월에 "물이 깊은 곳으로 작은 배를 타고 갔다가 갑자기 거센 바람에 배가 뒤집혀 익사할 뻔했다. 그때 너무 놀란 탓에 몸이 점점 좋지 않아졌다. 2년 후인 천계 7년 8월에 붕어했다." 희종 사건은《갑신조사소기甲申朝事小記》에 기록돼 있다.

희종 5년 5월 18일, 방택단方澤壇(땅의 신에게 제사 지내던 장소로 나중에 지단地壇으로 개명함)에서 제사를 올리고 돌아오던 길에 마침 서원西苑을 지나가게 되자 객씨客氏와 배를 타고 술을 마시며 즐겼다. 황제가 직접 노를 젓고 내관 두 명이 함께 있었다. 배는 물결을 따라 흘러가다가 … 갑자기 큰 바람이 일어 배가 뒤집혔다. 황제와 내관 두 명이 물에 빠졌다. 물가에 있던 사람들이 놀라 소리를 질렀고 다들 새파랗게 질렸다. 내관들이 황급히 물에 뛰어들어 황제를 건져 냈다. 함께 빠졌던 내관 두 명은 빠져 죽었다.

희종은 물에 빠졌다 겨우 살아난 뒤 건강이 하루가 다르게 나빠졌다.

백방으로 치료하려 애썼지만 효과가 없었다. 나중에 대신이 신선의 약이라고 불리는 영로靈露를 바쳐서 그것을 마셨다. 희종은 매일 영로를 마셨고 몇 달이 지나자 고창병臌脹病(배가 북처럼 부풀어 오르는 병)이 들었다. 온몸이 퉁퉁 붓고 침상에서 일어나지 못했다. 결국 8월에 병으로 죽었다.

서원에서 배가 뒤집혔다가 구사일생으로 살아난 뒤 24개월 만에 사망한 것이다. 희종의 재위 기간은 7년이다. 《명사》는 희종을 다음과 같이 평가했다.

"궁인에게 권세를 주고 함부로 상을 내리며 음란한 짓을 일삼았다. 조정의 충신은 참화를 입고 억조창생의 마음이 떠나갔으니, 망하지 않으려한들 무슨 방법이 있겠는가?"

어쨌든, 무종과 희종은 물에 빠지고도 익사하지는 않았으나, 천수를 누리지는 못했다. 중국 사람들은 "재난을 만나서도 죽지 않았으니 필시 복을 받을 것이다"라고 말하는데, 이 경우는 해당되지 않는다 하겠다.

물에 빠진 뒤 겪는 후유증 — 그럼 물에 빠졌다가 구조된 후 왜 몸에 문제가 생기는 걸까? 상태가 갈수록 나빠져 결국 죽음에 이르렀다면 그 원인은 무엇일까? 물 혹은 어떤 액체에 잠긴 상태에서 시간이 흐르면 생리적·병리적 변화가 일어나 급성 질식, 산소 부족으로 사망

진시황은 열사병으로 죽었다

한다. 다행히 구조되더라도 물에 잠겨 있던 시간이 길면 후유증이 생긴다. 뇌·심장·폐 등의 신체기관이 심각한 손상을 입어 뇌수종에 걸리거나, 산소 부족으로 인한 뇌질환(뇌 손상), 반신불수, 흡인성 폐렴Aspiration pneumonia, 폐 손상, 폐포가 계면활성물질(표면활성물질)을 분비하지 못하는 상황 등이 생길 수 있다. 폐의 계면활성물질은 폐를 확장해 산소를 흡입하는 작용을 한다. 계면활성물질이 분비되지 않으면 폐는 마치 바람 빠진 풍선처럼 충분히 부풀지 못하고, 그러면 폐가 제대로 활동하지 못해 심호흡을 할 수 없는 무기폐Lung atelectasis 등 여러 만성 폐질병이 유발된다. 결국 호흡기 계통의 장기 부전으로 목숨을 잃는다.

사료에는 무종과 희종이 물에 빠진 후 어떤 후유증을 앓았는지 자세한 기록이 없다. 두 사람은 그 후 조정에 나와 정무를 보았을까? 위에 언급한 사료에 의하면, 무종은 구조되었지만 몸 상태가 좋지 않았고, 희종도 백방으로 치료하려 애썼지만 효과가 없었다. 제때 구조되지 못해 폐가 손상을 입었을 가능성이 크며, 결국 심각한 폐 손상으로 호흡부전Respiratory failure을 일으켜 사망한 것으로 보인다. 다만 "물에 빠져 한기가 들었다"는 기록이, 합병증으로 폐질환이 유발된 것을 포함한 표현인지는 명확히 알 수 없다.

강이든 바다든, 물에 빠진 후 빠르게 구조하지 않으면 결국 사망하게 된다. 물에 빠져 익사하는 것과 구조된 후 후유증으로 사망하는 것의 차이를 연구한 바에 따르면, 익사자 중 약 20퍼센트가 건성 익사Dry drowning라고 한다. 건성 익사자를 해부해 보면 폐에 물이 차 있지 않다. 건성 익사의 사인은 물에 빠졌을 때 호흡기가 물에 자극을 받아 반사적으로 급속한 반응을 보여 인후부 근육이 급격히 수축하면서 발생하는 후두 경련Laryngeal spasm이다. 후두 경련으로 호흡이 어려워져 산소 부족으로 사망하는 것이다. 이것은 일종의 생리적 반응이다.

나머지 80퍼센트인 흡인성 익사는 폐부에 물이 흡입되어 사망하는 것인데, 담수일 때와 해수일 때 삼투압 차이가 있다. 담수는 흡입 속도가 빨라 금방 순환계에 침투한다. 혈액량이 급증하고 심장의 부하도 가중된다. 급성 심부전 및 폐부종, 혈액 내 전해질 이상 및 심실세동, 적혈구 파열로 인한 용혈 현상(혈구 밖으로 헤모글로빈이 나오는 것)이 생길 수 있다. 해수는 정반대다. 해수의 압력이 더 높아서 오히려 순환계의 혈액이 폐포 안으로 들어간다. 심각한 폐부종 및 혈액 농축, 혈액량 저하가 나타날 수 있고, 산소 부족, 혈압 하강 및 심부전으로 사망한다.

물에 빠졌다가 구조된 뒤 후유증이 있느냐 없느냐는 물속에 얼마나 오래 있었는지에 달렸다. 신체에 산소 부족 등의 생리 변화가 일어나기 전에 구조됐다면 아무 문제가 없다. 하지만 발견이 늦었거나 구조가 늦어 신체에 생리 변화 혹은 병리 변화가 일어난 다음에는 후유증이 생길 수밖에 없다. 그때는 손상의 정도가 얼마나 심각한지에 달린 문제이다. 그러니 물에 빠져 구사일생으로 구조되었다고 해서 복을 받았다고 할 수는 없는 것이다.

6

평생 고되게 일한 왕, 홍타이지

화를 잘 내고 감정이 격했으며 분노를 참지 못했다.
이런 성정이 몸을 상하게 하여 일찍 사망했다.

오늘날 중국 랴오닝성 선양沈陽시 북단에 있는 베이링北陵 공원의
다른 이름은 소릉昭陵이다. 소릉은 청나라 제2대 황제인 홍타이지
(1592~1643)의 능침으로, 한 시대를 지배한 군주의 역사와 생애가 잠들
어 있는 곳이다. 홍타이지는 청나라 개국황제인 누르하치(1559~1626)
의 여덟 번째 아들로 17년간 재위했다. 그가 일생 동안 세운 정치적 업
적을 《청사고淸史稿》〈태종본기太宗本紀〉에서는 이렇게 평가하고 있다.

문무 모두 뛰어났고, 안으로는 정치를 안정시키고 밖으로는 토벌에 힘
썼다. 용병술이 신과 같아 많은 공적을 세웠다.

단정히 앉은 자세로 붕어했다?

— 그는 업적이 과실보다 훨씬 크고 문무를 겸비한 걸출한 제왕이었다. 높다란 봉황루鳳凰樓의 누각을 지나면 청녕궁淸寧宮이 보인다. 어느 날 밤 홍타이지는 궁중의 동난각東暖閣 온돌 위에 앉아서 정무를 처리하고 있었다. 그는 해시, 즉 밤 아홉시가 넘은 시각에 숨진 채 발견됐다. 홍타이지는 사망하기 전에 몸이 좋지 않다는 말도 없었고, 그날 낮에는 '숭정전崇政殿에 나가서' 정무를 돌보기도 했다. 이런 점으로 볼 때, 홍타이지는 중병을 앓고 있지 않았으며 급사했다는 것을 알 수 있다. 살해당한 흔적 역시 전혀 없었다. 《청사고》에 따르면 "단정히 앉은 자세로 붕어했다"고 하며, 아무런 질병도 없었다.

현대 의학의 시각으로 홍타이지의 갑작스런 사망 원인을 생각해 보자. 사망진단서에는 '돌연사 증후군Sudden death syndrome'이라고 써야 할 것이다. 돌연사의 정의는, 사망자가 사망 6시간 전까지도 정상 상태였다가 돌연히 심장이 정지하여 사망하는 것이다. 사망 전에 폭력이나 상해 등 어떠한 일도 겪지 않아야 한다.

돌연사의 원인은 아주 많다. 주로 청년, 장년층에서 발생한다. 사망자의 대다수는 심혈관 질병 혹은 심장병(관상동맥 경화증, 급성 심근경색), 비후성 심근증Hypertrophic cardiomyopathy〔비대심근병증〕, 심장판막증Diseases of the heart valves, 심실세동Ventricular fibrillation, 심장부정맥Cardiac arrhythmia 등을 앓거나, 심근염Myocarditis, 뇌혈관 질환 혹은 뇌일혈, 뇌혈관 경색 등을 앓는 경우가 많다. 이는 유전적 요인을 포함하는데, 선천적인 동맥류Aneurysm〔동맥벽이 혹처럼 부풀어 오른 것〕 등의 혈관 기형 역시 이에 포함된다.

청나라 역사 전문가인 옌충녠閻崇年은 "홍타이지는 성격이 불같고 제멋대로였다", "고혈압과 심뇌혈관 질병을 앓았다", "화를 잘 내고 감정이 격했으며 분노를 참지 못했다. 이런 성정이 몸을 상하게 하여 일찍 사망했다"고 했다. 나는 이 의견에 동의한다. 홍타이지의 사인은 심혈관이나 뇌혈관 등의 질병이 틀림없다. 갑작스런 심장 발작이나 중풍이었을 것이다.

그러나 돌연사한 사람이 성격이 급하고 참을성이 약해서 심혈관 질병에 걸렸다는 논리에는 동의하기 어렵다. 심장 발작이나 중풍이 발병한 사람 중에도 성격이 온화하고 사람들과 잘 지내는 이들이 아주 많기 때문이다. 《청사고》〈태종본기〉에서 "풍채가 웅대했다"고 했으니 홍타이지가 살집이 있었음을 알 수 있는데, 뚱뚱한 사람들이 심혈관 질병을 많이 앓는 것은 확실한 사실이다.

실제로 랴오닝사회과학원 역사연구소의 천위안陳浣 여사는 홍타이지가 사망하기 전 몇 년간의 건강 상태에 관련한 기록을 열람한 적이 있는데, 이에 따르면 홍타이지는 여러 차례 병을 앓았다고 한다. 숭덕 5년(1640) '건강이 나빠져서' 안산의 온천에 가서 요양했고, 숭덕 6년에는 코피가 나는 병을 앓았다. 숭덕 7년 1월에 다시 건강이 나빠지자 대사면을 실시했다. 홍타이지의 병세가 심상치 않았음을 짐작할 수 있다. 같은 해 12월 다시 건강이 나빠졌고, 이 때문에 사냥을 중지하고 황궁으로 되돌아갔다. 그런 다음 숭덕 8년 1월, 3월, 4월 연속적으로 병이 났다고 기록돼 있다. 그 4개월 뒤에 사망한 것을 보면 '아무런 질병도 없었다'고 볼 수 없다. 여기에 홍타이지가 당시 조선에까지 의원을 청했던 것이나 죽력竹瀝(대나무를 불에 쬐어 받아 낸 즙) 같은 약재를 구했다는 사실을 더해 보면, 숭덕 5년인 1640년부터 홍타이지는 빈번히 병을 앓았고 건강 상태에 문제가 있었다고 보아야 한다.

고되게 일한 대가, 과로사

청나라 역대 황제들은 한 가지 공통점이 있다. 바로 근면성실하게 정무를 돌봤다는 점이다. 그들은 명나라가 멸망한 원인이 '황제의 게으름' 때문이라고 믿었다. 그도 그럴 것이 명나라에는 30년 가까이 조회에 나가지 않은 만력제 주익균이나 희종 주유교, 역시 20년간 정무를 돌보지 않은 세종 주후총 등이 있었다. 이들을 반면교사로 삼은 청나라 황제들은 나라를 망하게 한 용렬한 황제의 전철을 밟지 않으려고 노력했던 것이다.

홍타이지도 '평생 고되게 일했다'는 말로 그의 삶을 묘사한다 해도 전혀 지나치지 않다. 그는 매일 신하들의 상주문을 읽었고 밤늦도록 쉬지 않았다고 한다. 역대 황제들 가운데서도 보기 드물게 열심히 일한 황제였다. 홍타이지의 정신은 긴장 상태의 연속이었을 것이다. 밖으로는 이곳저곳에 군대를 보내 정복과 토벌을 하고, 안으로는 황궁의 권력투쟁에 맞서야 했다. 이런 생활은 그의 건강을 심각하게 해쳤고, 피로가 쌓여 질병이 되었다. 홍타이지가 돌연사한 것은 이런 여러 상황이 겹친 탓이다.

홍타이지의 사망은 현대사회에서도 쉽게 볼 수 있는 '과로사'의 일종이라고 생각할 수 있다. 과로사는 1969년 새롭게 등장한 의학 용어로, 과도한 업무 등 신체가 견딜 수 있는 한계를 넘는 장기적 피로에 의한 돌연사를 가리킨다. 주요 원인은 심장병, 중풍(뇌일혈) 및 심각한 스트레스 등이다. 사망자는 매일 계속되는 야근, 휴식 부족 등으로 기력이 고갈되어 사망한다. 일본에서는 과도한 업무량으로 인한 과로사를 이유로 회사로부터 손해배상을 받아 내는 판례가 점점 늘어나고 있다.

스트레스를 받으면 우리의 뇌신경계에는 곧바로 일련의 생리적 반응이 나타난다. 체내의 부신에서 부신피질 스테로이드 등의 호르몬을 분비하는데, 이는 몸 전체의 생리적 반응을 불러일으킨다. 마치 싸움을 준비하는 것처럼 몸이 고난에 대비하여 채비를 갖추는 것이다. 장기적인 스트레스는 신체를 생리적 긴장 상태로 만든다. 생리적으로 긴장된 상태가 길어지면, 신체의 적응력은 낮아지고 건강에 심각한 영향을 끼친다. 특히 면역 체계에 영향을 주어 스트레스에 대한 적절한 반응이 어려워진다. 결국은 기진맥진한 상태로 몸과 마음에 여러 문제점이 발생한다. 우울함과 초조함을 느끼고 불면증에 시달리며, 소화기 궤양 등이 생기는 것이다. 이런 정신적 문제, 소화기 문제와 더불어 심혈관 계통의 문제(고혈압, 동맥경화) 등도 생길 수 있다.

홍타이지의 사인은 고대인의 특수한 질병이 아니라, 오늘날 우리가 자주 이야기하는 과로였다. 오랜 스트레스와 부적절한 식습관으로 심혈관 질병을 앓았는데, 생활 방식을 조절하거나 적절한 치료를 받는 등의 조치가 없었기에 몸이 더 견디지 못하고 갑작스런 사망에 이르렀다고 볼 수 있다.

사실 역사적으로 피로 누적으로 일하다 사망한 사례는 부지기수일 것이다. 현대사회에도 하루 10시간씩 일하거나 주말에도 쉬지 못하는 등 과도한 업무에 시달리는 사람이 많다. 한밤중에도 이메일을 확인하며 일에 몰두한다. 성격상 워커홀릭인 사람도 있고, 경쟁이 치열한 직장 생활에서 상사에게 좋은 인상을 남기기 위해 분투하는 사람도 있을 것이다. 하지만 이런 행동은 너무 비싼 대가를 치르게 한다.

제2장

중국 황실의 주치의, 태의

1

험난한 태의의 삶

황제나 후궁들의 병을 고치지 못하면
바로 군주를 기만한 죄로 다스렸다.
태의는 아무런 항변도 해명도 할 수 없었다.

천하의 지존인 황제는 '만세萬歲 만만세萬萬歲'라거나 '만수무강萬壽無疆' 하시라는 말을 매일 들었지만, 정말 1만 년을 살 수는 없었다. 황제 역시 생물학적으로는 피와 살로 이뤄진 인간인지라 옥체가 늘 평안할 수는 없다. 물론 귀하디귀한 황제의 몸이라 온 나라에서 가장 뛰어난 의원들이 주변을 둘러싸고 옥체를 돌봐 주었으니, 그들이 바로 '태의太醫'다.

고대 중국의 사전인《사원辭源》에 따르면, 황제를 돌보는 의원을 '태의' 혹은 '어의禦醫'라고 하며, 의원을 높여 부를 때도 이렇게 불렀다. 이들의 직책명은 각 왕조마다 조금씩 다르며 그 구분도 명확하지 않다. 선진시대, 주 왕조, 북조시대의 북주 등에서는 수많은 명목을 들어 황제를 돌보는 의원들을 여러 등급과 직책으로 나눴다. 예를 들어 식의食

醫(식사 담당), 질의疾醫(질병 담당), 양의瘍醫(종기 담당), 수의獸醫(동물 담당) 등이다. 그러나 엄밀히 말해서 이들의 직무는 그저 황제와 그 권력에 봉사하는 것이었다.

태의와 어의의 차이

베이징위옌대학 저우쓰위안周思源 교수가 중국 CCTV 강연 프로그램인 '백가강단百家講壇'에서 태의와 어의의 직책명 및 신분을 집중적으로 논증한 적이 있다. 그에 따르면 청나라 사람들은 의원을 높여 부를 때 '태의'라고 불렀으며, 태의가 모두 황제를 진맥하는 의원은 아니었다고 한다.

태의는 황궁을 드나드는 의원으로, 주요 업무는 황제와 황실 가족의 건강을 돌보고 병을 치료하는 것이었다. 황제의 병만 전담하는 의원은 '어의'라고 불렀다. 황제가 병에 걸리면 어의가 진맥을 하고 치료하였다. 어의가 민간의 의원과 함께 황제를 치료했다는 기록은 거의 찾아보기 힘들다. 청나라 광서제가 여러 병에 시달려 오랫동안 치료했으나 차도가 없고 태의가 속수무책이라 어쩔 수 없이 민간의 명의를 불러 모아 태의와 함께 치료하도록 했다는 기록이 있기는 하지만, 실제로는 아주 드문 일이었다. 사실 진짜 어의는 매우 적었으며, 그들은 단 한 사람만 치료하기 때문에 업무량이 많지 않았다. 오히려 업무량이 적어서 지루했을 법하다. 그래서 대부분의 어의가 겸업을 했는데, 황실의 주치의이므로 황제와 비빈들, 황자 등 황실 가족의 병을 돌보는 것 외에 왕공 대신들의 부탁을 받고 병을 치료하는 정도였다.

통상 어의와 태의는 모두 뛰어난 의술을 지녔고, 그랬기에 황궁에 들어가 의술을 펼쳤다. 그러나 어의와 태의의 신분과 지위는 크게 달랐다. 어의는 조정의 관직을 받아 품계가 있는 고위 관료였다. 어의는 여러 태의 중 한 명이며, 황궁에서 일하는 의원을 태의라는 존칭으로 불렀지만 모든 태의가 반드시 어의였던 것은 아니다.

태의 역시 맡는 환자가 많지 않았으며, 주로 다루는 병 역시 제한적이었다. 그들은 활동에 제약이 큰 황궁에서 일했기 때문에 다양한 유형의 질병을 치료할 기회가 많지 않았다. 환자 수도 적어 그들의 임상 경험은 나날이 늘어나기는커녕 몇 년이 지나면 의술이 정체되거나 심지어 퇴보할 수도 있었다. 현대 의학의 의료 준칙에 따라 태의를 평가한다면, 의사라면 매년 의무적으로 참여해야 하는 연수교육Continuous Medical Education(CME) 성적표를 제출하라고 요구했을 때 이를 순조롭게 통과하여 의사 면허증을 갱신할 수 있는 사람이 많지 않을 것이다.

의사 연수교육은 조건이 엄격하다. 의학 논문과 잡지를 읽고, 학회나 포럼 · 세미나 등에 참여하고, 환자 진료, 출강, 저작 등의 다양한 활동을 통해 매년 충분한 점수를 쌓아야 한다. 그렇지 않으면 의사 자격증을 갱신하지 못하고 더 이상 의료 행위도 할 수 없게 된다.

물론 봉건사회에도 이와 비슷하게 엄격한 태의 선발 절차와 제도가 있었다. 통상적으로 민간의 의원은 먼저 지방관리의 추천을 받아야만 의관醫官이 될 수 있었다. 이때 아버지, 어머니, 아내의 친족, 보증인까지 그 이름과 거주지를 기록하는 상세한 개인정보 자료를 작성해야 했다. 이렇게 한 이유는 태의가 어떤 잘못을 저질렀을 때, 이 자료를 바탕으로 추적하여 그 친족까지 전부 처벌하기 위함이었다. 약하게는 면직부터 태형, 일가족 유배, 삼족을 멸하거나 심하게는 구족을 멸하기도 했다. 보증인도 책임을 벗어날 수 없었다. 황제나 후궁들의 병을 고치지 못하면 바로 군주를 기만한 죄로 다스렸다. 태의는 아무런 항변도 해명도 할 수 없었다. 치료 시기가 늦었다거나 병이 깊어져 손쓸 수 없는 상태였다는 사실도 감안되지 않았다. 선조에게 물려받은 유전병, 급성질환, 약물 반응 등도 전혀 참작 사항이 아니었다.

죽임을 당하거나 겁먹고 놀라 죽거나

어의나 태의가 된 의원들은 이미 의술이 고명하다고 두루 인정받고 의원들 사이에서 명성이 높은 사람이었다. '황제 곁으로 불려 가면' 품계에 따라 관복을 입고 다른 사람들의 선망 어린 시선을 받았다. 하지만 태의가 되는 것이 정말 복이었을까? 아니면 재앙이었을까?

얼핏 보면 태의는 한가하고 일하기 좋은 직업 같다. 먹고 입는 데 걱정이 없고 생활은 안락하며 일은 심심풀이였을 것 같지만, 태의라는 직업은 언제나 생명의 위험을 안고 살았다. 태의가 아무리 뛰어난 의술을 가진 자라고 해도, 황제와 그가 아끼는 사람들의 병을 다 치료할 수는 없었기 때문이다. 또한 환자가 너무 귀한 몸이다 보니 태의는 환자를 치료할 때 온갖 것을 고려해야 했고, 전전긍긍하며 살얼음을 걷듯 조심스러울 수밖에 없었다. 그러다 보니 종종 비극이 발생했다.

황제는 태의를 만능으로 여겼다. 환자를 기사회생시킬 능력이 있다고 여겨 무슨 병이든 반드시 완치시키라고 요구했다. 만약 태의가 약과 침을 썼는데도 황제가 아끼는 사람의 병이 차도를 보이지 않으면 곧바로 무능하다는 성토가 시작되었다. 그리하여 태의는 직책을 잃거나 심지어 죽임을 당하기까지 했다.

1382년, 명 태조 주원장朱元璋의 부인 마황후가 큰 병에 걸렸다. 태의가 불려와 진맥하고 치료를 하는데, 마황후가 약을 먹지 않겠다고 고집을 부렸다. 자신의 병세가 가볍지 않다는 것을 안 황후가, 약을 먹어도 효과가 없으면 태의들에게 죄를 물을까 걱정했기 때문이다. 마음이 여린 마황후는 자신의 죽음 때문에 다른 사람들의 목숨이 위험해지는 것을 원치 않았다.

태의는 죽임을 당하거나, 죽임을 당할까 봐 겁먹고 놀라서 죽거나 둘 중 하나였다. 태의란 매우 위험한 직업이었다. 황제의 병이 위독해지면 온 나라에 방을 붙여 의술이 고명한 사람을 찾았지만, 누가 생명의 위협을 무릅쓰고 부름에 응하겠는가?

2

태의는 믿을 수 없다!

어의가 황제를 진료할 때 종종 태후나 황후가 주렴 뒤에서 감시하면서
시시때때로 질문을 하거나 심지어는 자기 의견을 강하게 주장하기도 했다.

현대 의학에서는 '의사−환자 관계Doctor patient relationship'를 중요하게 여
긴다. 환자가 의료진을 신뢰하지 못하면 치료는 아무 효과도 거둘 수
없기 때문이다. 환자는 의료진의 한 구성원으로 보아야 하며, 치료 과
정에 공동으로 참여할 권리가 있다. 의사−환자 관계는 평등하고 상호
존중하는 관계다.

　반면에 동양의 전통사회에서 의원은 가장家長과 같았다. 의원은 권
위를 가졌고, 환자의 생사와 관련된 결정을 내렸다. 반면 태의들은 사
실상 황실의 고용인으로서 다른 사람의 부림을 받고 지시에 따라야 했
다. 그들은 황실에 예속되어 복종해야 하는 신하, 혹은 노예와 같은 처
지였다. 진정 의술에 뜻이 있는 사람이었다면 종종 환자를 치료하는

데 거치적거리는 것이 많다고 느낄 터였다. 자신의 실력을 펼칠 여지가 없다는 것은 우울하고 갑갑한 일이다. 그러나 태의의 자존, 인격, 직업적 권리 등은 황실에서 전혀 고려의 대상이 아니었다.

존귀한 환자를 치료하는 일의 어려움

황실 사람들이 '사람을 쓸 때는 의심하지 않고, 의심스러운 사람은 쓰지 않는다'는 성현의 말씀을 따랐을 것이라거나, 현대사회에서처럼 의사의 전문적인 의견을 신뢰했을 거라고 생각하면 큰 오산이다.

《예기禮記》에 임금이 약을 마실 때는 신하가 먼저 맛을 본다고 기록된 것을 보면, 고대 황궁의 의원들은 약을 먼저 마셔 보는 책임도 맡고 있었음을 알 수 있다. 위魏나라 때는 심지어 조정에 '상약감嘗藥監'(전문적으로 약을 맛보는 곳)이라는 기관까지 설치했다. 명 인종 주고치朱高熾(1378~1425)는 태자 시절, 태의 성인盛寅의 치료를 믿지 못해 그가 처방한 약이 태자비를 죽일지도 모른다며 미리 감옥에 가둬 두고 약이 효과를 보이는지 확인한 뒤 처우를 결정하기로 했다. 이 얼마나 불가사의한 일인가!

청나라 때는 태의가 황제의 탕약을 달이는 것을 태의원 관리와 환관이 감시했고, 그들이 모두 약을 마셔 문제가 없는지 확인했다. 약이 다 달여지면 두 그릇으로 나눈 뒤 그중 한 그릇을 주치의인 태의가 먼저 맛

보았다. 그런 다음에 태의원 관리가 마시고, 다시 환관이 마셨다. 그렇게 해서 안전하다는 확신이 들면, 그제야 다른 그릇의 약을 황제에게 올렸다. 만약 약의 맛이 조금이라도 이상하거나, 기존의 처방을 따르지 않았거나, 약을 밀봉한 모양이 잘못되면 '불경하다'는 논란을 피할 수 없었다. 만약 황제가 병에 걸린 후 약을 써도 차도가 없다가 결국 붕어하면, 태의원의 의원과 관리들은 모두 각각의 처분을 받았다. 한나라 화제(79~105) 때의 태의 곽옥증郭玉曾은 화제에게 이렇게 말하기도 했다.

"의원은 주변이 다 어려움인데, 특히 존귀한 환자를 치료하는 일이 특별히 어렵습니다."

의원이 심리적인 위협 속에서 두렵고 황송한 마음으로 치료를 하면, 환자의 병을 고치는 데 정신을 집중하기 힘들다. 당연히 치료 효과는 떨어질 수밖에 없다. 환자들이 고압적인 태도로 대하면서 치료 과정을 신뢰하지 않고 심리적으로 압박하면, 의원이 판단하는 데 영향을 받을 수밖에 있다. 어의가 황제를 진료할 때 종종 태후나 황후가 주렴 뒤에서 감시하면서 시시때때로 질문을 하거나 심지어는 자기 의견을 강하게 주장하기도 했다.

당 고종 이치李治(628~683)가 심각한 두통을 호소해 어의 장문중張文仲

과 진명학秦鳴鶴을 불러 진맥하게 했다. 그들이 황제의 머리에 침을 놓아 치료해야 한다고 아뢰자, 황후 무측천武則天이 주렴 뒤에 있다가 황제의 머리를 찔러 피를 낸다는 말을 듣고 진노했다. "저놈 목을 쳐라! 어찌 옥체를 찔러 피를 낸단 말이냐?" 어의는 급히 고개를 조아리며 살려달라고 빌었다. 고종은 머리가 어지러워 괴로웠다. "어의는 병을 치료하는 것뿐인데 무슨 죄가 있겠나? 머리가 너무 어지러워 견디지 못하겠으니 어서 치료를 하게 하라!" 어의가 그제서야 고종의 머리에 침을 놓을 수 있었다.

무측천은 주렴 뒤에서 어의 진명학을 감시했다. 다행히 고종의 병세가 나아져 진명학은 벌벌 떨며 무측천이 내리는 상을 받았다. 하지만 그는 무측천의 냉정한 눈빛 속에 의심이 담겨 있다고 느꼈다. 무측천은 은침 하나로 고종을 극통에서 구해 낼 수 있다고 믿지 않았다. 무측천는 어의를 전혀 믿지 않고, 단지 자기 자신만 믿었다. 침 치료가 성공적이었으니 망정이지 그렇지 않았다면 어의는 죽음을 면하기 어려웠을 것이다.

이 멍청한 의원들은 아는 게 뭔가!

송나라 영종(1168~1224)이 이질痢疾을 앓았을 때에도, 어의가 진맥한 후 상세한 병증을 아뢰고 처방을 말하기도 전에 황제의 침대 뒤에 있던 양황후가 끼어들었다.

"감응환感應丸을 복용하셔야 하는 것 아니오?"

문헌 기록에 따르면, 감응환은 정향丁香, 말린 생강, 파두巴豆, 살구 등으로 만든 설사를 멎게 하는 약이다. 어의는 감히 다른 말을 하지 못하고 무조건 그렇다고 대답할 수밖에 없었다. 양황후가 이어서 말했다.

"반드시 폐하께서 많이 드시게끔 하시오."

의학에 대해 아무것도 모르는 황후가 어의에게 환자가 복용할 약의 용량까지 정해 준 것이다! 그러니 의술이나 약에 대해 조금이라도 지식을 갖고 있는 황제들은 자기 생각만 믿고 어의의 처방을 믿지 않았다. 청나라 강희제(1654~1722)는 태의원 책임자 황운黃運과 어의 곽계방霍桂芳을 이렇게 질책하기도 했다.

"이 멍청한 의원들은 아는 게 뭔가!"

후대의 광서제도 어의에게 자신이 처방한 대로 약을 지으라고 지시했다. 어의가 감히 황제의 명령을 따르지 않을 리 있겠는가.

이런 상황에서 황제가 어의에게 최고의 치료와 건강 관리를 받았다고 말할 수 있을까? 어의는 완벽하게 확인된 약 외에는 처방하지 않았다. 책임질 일을 피하기 위해서다. 황제를 진맥했을 때 병세가 아주 위험해도 감히 진실을 말하지 못하는 경우도 있었다. 임시변통으로 먹어도 죽지 않지만 병을 치료할 수도 없는 약을 처방하는 식이었다. 만약 황제가 뜻밖의 변고라도 당할라치면, 조정에서는 어의가 약을 잘못 써서 황제를 죽음에 이르게 했다고 몰아 갔다. 어의는 의술이 모자랐다거나 치료에 전력을 다하지 않았다는 죄목으로 처벌받기 십상이었다. 목숨을 부지하고 멸족의 화를 피하려면 치료를 적게 하는 게 바람직했고, 그럴수록 당연히 실수도 적어졌다. 어의가 이렇게 명철보신明哲保身하려는 심리로 신중하고 조심스럽게 치료하다 보니, 수많은 황제가 치료 기회를 놓치고 더 빨리 사망하는 역설적인 상황이 벌어졌다.

태의 입장에서는 귀족들이 병에 걸리는 것도 두려운 일이었다. 그들은 '높은 분'들을 진맥하고 약을 써서 치료하는 것이 좋은 방법이 아니라는 사실을 깨달았다. '올바른 약도 3푼은 독이다'라는 말처럼, 약에 예상치 못한 부작용이 없으리라고 보장할 수 없기 때문이다. 가장 좋은 방법은 그들이 병에 걸리지 않도록 하는 것이었다. 병의 예방이 치료보다 더 중요했다. 그래서 태의들은 질병 예방, 양생養生을 강조하고 식이요법과 면역력 제고에 힘을 기울였다. 약은 가능한 한 적게 쓰고 병을 치료하려 한 것이다. 그렇게 해서 여러 '양생 요법'이 만들어졌다.

이처럼 약을 적게 쓰는 것은 태의의 치료법이었고, 민간의 의원들은 빠른 효과를 보기 위해 수많은 약물을 사용했다. 약을 쓰지 않는 경우가 오히려 드물었다. 마치 오늘날 말하는 '모든 질병에 쓰이는 약A pill for every ill'처럼 말이다.

황제로 사는 것도 쉽지 않았지만, 병에 걸린 황제로 사는 것은 더 쉽지 않았다. 병에 걸리면 적극적인 치료를 받지 못하여 목숨이 위험해졌다. 황제는 환자로서는 손해를 보는 사람이었던 셈이다.

3

운 나쁜 태의

영락제가 총애하는 왕귀비가 태의의 치료를 받다가 사망하자,
가장 먼저 주치의인 태의가 화를 입었다.
태의는 태형 80대를 맞은 뒤 즉결 처형으로 목이 떨어졌다.

명나라의 조정 대신은 등청할 때마다 가족들과 마지막 작별 인사를 하
고 집을 나섰다고 한다. 황궁에 들어가면 살아 돌아올지 알 수 없었기
때문에 매일같이 아내와 아이들에게 뒷일을 당부한 것이다. 태의도 다
르지 않았다. 그들은 매일 공포 속에서 지냈다. 치료하기 어려운 중병
을 맞닥뜨린 어의는 그야말로 '한 손으로는 황제의 맥을 짚고, 다른 손
으로는 자신의 머리통이 떨어지지 않도록 붙잡고' 있어야 했다.

희생양이 된 태의들 —— 당나라 의종(833~873)은 아끼던 딸 동창공

주同昌公主의 죽음을 어의가 약을 잘못 쓴 탓으로 돌렸다. 주치의였던

한림의관 한종소韓宗紹와 강중은康仲殷을 죽였을 뿐 아니라 그 일가를 전부 감옥에 가두고, 태의를 보좌한 사람 20여 명을 처형했으며, 그것으로도 모자라 두 태의 집안 사람들을 노인, 아이 가릴 것 없이 300여 명이나 주살했다. 그들을 살려 달라고 호소한 재상 유첨劉瞻도 파직당했으며, 수많은 관원들이 오령五嶺 이남 지방으로 좌천되었다.

송나라 영종 때 증曾씨 성을 가진 어의는, 왕이 몸이 좋지 않아 부르자 간담이 서늘해졌다. 그는 황제를 진맥한 후 흐느껴 울었으며, 집에 돌아온 다음 너무 놀란 탓인지 정신적 스트레스 때문인지 몰라도 심장 발작을 일으켜 영종이 붕어하기 하루 전에 먼저 죽고 말았다. 한 마디로 겁에 질려서 죽은 것이다.

황제의 병을 완치시키더라도, 감정 기복이 심한 황제를 만나면 역시 죽음을 피하기 어려웠다. 전국시대 명의인 문지文摯는 우울증을 앓던 제나라 민왕을 완치시켰다. 문지는 치료에 앞서 태자에게 치료 방법과 과정을 상세히 설명했다. 민왕을 일부러 격노하게 만들어 구토를 하도록 유도해야 한다는 것이었다. 문지의 방법은 효과적이었다. 그러나 민왕은 문지가 병을 낫게 해 준 것을 고마워하기는커녕 오히려 그의 방법이 대역무도하고 왕의 권위를 훼손했다고 여겼다. 민왕은 목숨을 구해 준 은인을 커다란 세발솥에 산 채로 넣고 삶아 죽였다. 문지는 정말 운이 나쁜 의원이었다.

명 태조 주원장이 천하를 얻은 뒤 공신들을 숙청할 때의 일이다. 주원장과 생사를 함께하며 천하를 공략했던 개국공신 서달徐達도 화를 피해 가지 못했다. 병이 난 서달에게 주원장이 사람을 시켜 음식을 보냈다. 서달은 주원장이 보낸 음식을 보고 눈물을 흘리더니, 자신을 치료하던 태의에게 얼른 도망치라고 말한 뒤 음식을 삼키고 죽음을 맞았다. 서달은 주원장이 보낸 음식에 독이 들어 있음을 알았던 것이다. 태의가 달아나지 않았다면, 주원장은 병을 치료하지 못했다거나 약을 잘못 썼다고 억지를 부리며 자신이 '아끼는' 신하를 죽인 책임을 태의에게 물었을 게 뻔하다. 태의를 희생양으로 삼아 흔적을 남기지 않는 '차도살인지계借刀殺人之計'(남의 칼을 빌려 적을 제압함)로 공신을 처리하려 한 것이다.

태의라는 지위에 있으면서도 토사구팽의 정치 음모에 휘말려 목숨을 보전하기 위해 도망쳐야 하는 신세라니, 얼마나 가련한 운명인가!

명나라 헌종(1447~1487)의 후궁 유씨가 유산을 했을 때도 태의는 크게 당황했다. 유산된 아이가 아들이었고, 황제가 아이를 잃고 상심했으니 여간 큰일이 아니었다. 스스로 죽은 목숨이라고 여긴 태의는 급히 헌종 앞에 무릎을 꿇고 눈물을 줄줄 흘리며 자신의 무능함을 빌면서 죽음을 내려 달라고 했다. 태의란 결코 쉽지 않은 직업이었다.

명나라 효종(1470~1505)은 오래 앓아 병세가 깊어 낫기 어려운 지경에 이르렀는데, 마침 태의가 올린 약을 먹고 코피를 흘리다가 피가 멎지 않아 붕어했다. 뒤를 이어 왕위에 오른 무종 주후조朱厚照

(1491~1521)가 즉위한 뒤 맨 처음 한 일은, 아버지 효종의 죽음에 책임이 있는 자를 찾아내는 것이었다. 그 결과 "장유張瑜ㆍ유문태劉文泰ㆍ고정화高廷和는 처형하고, 시흠施欽ㆍ방숙화方叔和는 파면하며, 서호혁徐昊革은 평민으로 강등시켜 고향으로 돌려보내고, 탈리옥脫裏玉ㆍ이종주李宗周ㆍ장륜張倫ㆍ전강錢降 등은 좌천하라"는 명령이 내려졌다.

3천 명의 목숨 앗아 간 의료사고

중국 역사상 가장 유명한 의료사고는 명나라 영락제, 즉 성조 주체朱棣(1360~1424)의 '이여참안二呂慘案'이다. 이 사건은 1421년에 발생했다. 영락제가 총애하는 왕귀비가 태의의 치료를 받다가 사망하자, 가장 먼저 주치의인 태의가 화를 입었다. 태의는 태형 80대를 맞은 뒤 즉결 처형으로 목이 떨어졌다.

영락제는 이것으로는 분이 풀리지 않아 수백 명에 이르는 태의의 삼족을 하나도 남김없이 목을 베었으며, 태의를 추천한 관리는 전부 파면시켰다. 광기에 휩싸인 영락제는 후궁에서 누군가 독을 쓴 게 아닌지 의심했고, 여비呂妃와 여미인呂美人을 범인으로 지목했다. 의심이 많은 그는 자신도 암살당할지 모른다는 생각에 사로잡혀 '3천 명을 죽여서라도 단 한 명을 놓치지 않겠다'는 마음으로 대규모 처형을 결정했다. 그는 두 명의 여씨 여인 외에 궁녀, 환관, 관리 및 그들의 가족까지 3천 명이 넘는 사람을 죽였다.

이렇듯 무고한 사람들이 수없이 죽임을 당한 비극적인 사건이 바로 '이여참안'이다. 애초의 빌미는 태의가 왕귀비를 잘못 치료해서, 곧 독성이 있는 세신細辛(아리스톨로크산Aristolochic acid이라고도 하며 휘발유 등 유독 성분이 들어 있고 뇌신경 손상, 호흡 기능 억제를 유발한다)과 부자附子(심장을 손상시키는 유독 성분 아코니틴Aconitine 함유) 등의 약재를 잘못 사용했다는 것이었다.

영락제는 그 9년 전인 1412년에도 태의를 죽인 적이 있다. 당시 그가 총애하던 또 다른 후궁 권귀비가 황제를 따라 행군하던 중 병사했다. 그 운 나쁜 태의 역시 태형 80대를 맞은 뒤 목이 잘렸고, 삼족을 멸하는 처벌을 받았다.

명나라 세종 가정제의 태의 허신許紳은 환자를 구하려다 자기가 목졸려 죽을 뻔한 일을 당하기도 했는데, 사후에 황제가 관직을 추증하여 태자태보, 예부상서 등의 1품 관리가 되었다. 하지만 그런다고 해서 살아 생전 그가 겪은 고초가 보상됐을까? 허신은 환자를 치료하는 과정에서 너무 심한 정신적 압박을 받은 나머지 긴장이 풀리자마자 큰 병을 얻어 다시 일어나지 못했다. 허신은 임종하며 가족들에게 이렇게 말했다.

"불안으로 가슴이 두근거리는 증상에는 약도 없구나."

그래도 청나라 태의들은 비교적 운이 좋았다. 사료에 따르면 청나라 동치제同治帝(1856~1874)가 천연두로 붕어했을 때, 자안황태후와 자희

황태후는 태의원 좌원판左院判 이덕립李德立과 우원판右院判 장수화莊守和가 황제를 보호하려는 노력을 다하지 않았다고 질책했으나, 그들의 관직을 떼고 죄인의 신분으로 일하게 했을 뿐 목을 자르거나 멸족시키지는 않았다. 그 후 광서제가 붕어했을 때도 태의원 원사 장중원張仲元, 어의 전순全順, 의원 충훈忠勳 등이 마찬가지의 처분을 받았다.

봉건왕조 시대의 태의란 얼마나 불행한 사람들이었는지 미루어 짐작할 수 있다.

4

태의와 정치

태의는 높은 지위를 누리고 사람들의 선망을 받았지만,
권력 게임에 쓰이는 장기짝 하나에 불과했다.

고대 태의들은 황궁을 출입하는 특권을 누렸으며, 황제 외에 황족이나
대신들을 만날 기회도 많았다. 눈에 보이지 않는 칼이 오가는 음모와
암투의 한복판에 있었던 셈이다. 일개 의원이 정치에 휘말리는 것이
복이었을까 재앙이었을까? 의원의 본업과 충돌이 있지는 않았을까?

출세가도를 달렸으나 ―

역사서를 보면, 의술이 고명해 높은 관직
에 오른 사례가 몇몇 있다. 북송시대 소아과 전문 의원이었던 근호斬豪,
남송의 어의였던 왕계선王繼先, 원나라 때의 허국정許國楨 등이 황제의
총애를 받았던 태의들이다. 이들은 심지어 국정에도 참여했다.

북송의 근호는 "의술이 높아 어린아이의 병을 여러 차례 고쳐 이름을 날렸고, 순조롭게 태의가 되었다." 황제는 "특별히 관직을 세 품계나 올려 주고 〈백자도百子圖〉 그림을 상으로 내렸다. 이로 인해 그가 사는 골목을 '백자도항百子圖巷'이라고 불렀다." 산서성 강주絳州의 명의 허국정은 원 세조 쿠빌라이의 어머니 장성태후의 병을 말끔히 고쳐, 쿠빌라이의 신뢰를 한 몸에 받는 어의가 되어 출세가도를 달렸다. 그는 국정에 참여하고 관직이 이부상서에 이르렀으며, 광록대부를 제수받았다.

이런 사례는 평범한 의원들이 황족의 병을 치료한 뒤 상을 받거나 관직에 오르는 이야기들과 비슷해 보이지만, 그 이면의 실상은 조금 다르다. 태의는 높은 지위를 누리고 사람들의 선망을 받았지만, 본질적으로는 권력 게임에 쓰이는 장기짝 하나에 불과해 사람들에게 이용당하기 일쑤였다. 다른 사람에게 이용당한 태의의 이야기는 꽤 많이 전한다.

한 무제의 아들 소제 유불릉劉弗陵(기원전 94~기원전 74)이 곽광霍光의 외손녀를 황후로 맞이하자, 외손녀가 아들을 낳아 황위를 잇기를 바란 곽광이 어의를 불러 황제가 다른 후궁들과 잠자리를 하지 못하게 하라고 몰래 지시했다. 황후보다 후궁이 먼저 회임하는 것을 막기 위해서였는데, 곽광의 바람은 엉뚱한 결과를 낳았다. 소제가 대를 이을 자식 없이 요절하고 만 것이다.

이후 선제(기원전 91~기원전 49)가 즉위한 뒤에는, 곽광의 부인 현顯이 선제의 황후 허평군許平君을 미워하며 자신의 딸 성군成君을 황후로 만들려고 남편을 꼬드겨 어의 순우연淳于衍을 이용했다. 여성 어의 순우연은 본래 행림杏林(의료계를 일컫는 말, 삼국시대 오나라 의사 동봉董奉이 치료비 대신 살구나무를 심으라고 하여 숲을 이뤘다는 이야기에서 유래됨)에서 명성을 떨쳤을 사람인데, 한순간의 잘못된 선택으로 목숨도 명예도 잃고 만다.

곽광의 부인은 순우연으로 하여금 허황후가 복용하는 보약에 독성이 강한 부자附子를 넣도록 사주했다. 결국 황후는 목숨을 잃었고 곽성군이 다음 황후로 책봉됐다. 나중에 이 음모가 나중에 밝혀져 순우연은 목이 베였으니, 인과응보라고 할 수 있겠다.

남송의 어의 왕계선은 송 고종의 총애와 신임을 한 몸에 받아 '짐의 사명司命'(인간의 자손과 생사를 관장하는 신)이라고 불렸고, 영주방어사榮洲防禦使를 제수받기도 했다. 그는 직위도 높고 승상 진회秦檜와도 교분이 두터워서 거만하게 횡포를 부리며 다른 사람들을 괴롭히고도 전혀 두려워하지 않았다. 의술을 행하는 사람이 반드시 가져야 할 겸손함의 미덕을 잃어버린 것이다. 결국 왕계선은 나중에 열 가지 죄상으로 탄핵당했다.

사실 진회가 그와 교분을 나눈 것은 정치적 목적이 있어서였다. 진회는 권력을 유지하기 위해 어의 왕계선의 특권을 이용해 황제의 마음을 얻었고, 자신의 아내와 왕계선이 의남매를 맺도록 주선한 다음 왕계선을 통해 황궁의 은밀한 비밀을 캐내고 고종의 모든 행동을 감시하고 통제했다.

의료인의 윤리를 저버린 태의들

태의는 결코 좋은 직업이 아니었다. 그들은 황제와 그 측근들에게 쉽게 접근할 수 있었으며, 그들의 건강 상태와 관련된 기밀 정보를 많이 갖고 있었다. 그러다 보니 권력과 이익을 놓고 아귀다툼을 벌이는 황궁에서, 태의는 권력투쟁에 뛰어들기를 원하지 않아도 다른 사람들이 먼저 그들을 찾아 나서게 된다.

황제가 태의들을 신임했는지는 알 수 없다. 하지만 병에 걸리면 그들을 불러 치료를 받아야 했다. 그러니 한번 믿어 보자는 태도를 가질 수밖에 없었을 것이다. 황제들도 운 나쁘게 '입이 가벼운' 태의를 만날까 두려워하지 않았을까? 태의가 자신의 병세를 누설하면 황궁에서 권력 암투가 촉발될 수도 있었으니 말이다.

현대 의사들은 모두 '의학 윤리' 수업을 받는다. 의료인으로 일을 시작하기 전에 의사가 지켜야 할 행위 준칙을 선서하는 과정도 거친다. 그중에는 환자의 비밀을 지키고 외부로 발설해서는 안 된다는 의무도 포함되어 있다. 이 원칙을 어기면 의료 행위를 전문적으로 감독하는 기구의 처벌을 받게 된다. 그러나 고대의 의원들에게는 이런 규정이 없었다. 그래서 황제는 병이 나은 뒤 태의를 죽여 병과 관련한 비밀이 새어 나가지 못하게 만들기도 했다. 죽은 사람은 절대 입을 열 수 없으니 말이다. 많지는 않지만 이러한 '살인멸구殺人滅口' 사례도 역사에 기록되어 있다.

《삼국지연의》를 읽다 보면, 한 헌제(181~234)의 태의 길평吉平도 정치 투쟁에 뛰어들지 말았어야 했다는 안타까움이 든다. 그는 의원으로서 해서는 안 될 일을 했다. 길평은 한 헌제의 조조 암살 계획을 도왔다. 의원이라는 직권과 의술을 이용해 조조가 먹을 약에 몰래 독약을 타서 그를 죽이려 했다. 그러나 계획이 미리 누설되어 조조가 '주군이 약을 먹을 때는 신하가 먼저 맛을 본다'는 규칙을 들먹이며 길평에게 먼저 약을 마시라고 강요했다. 결국 길평은 감옥에 갇혀 고문을 당하면서도 암살 계획의 주모자나 참여자를 밝히지 않았다. 길평은 혀와 손가락이 잘린 뒤 스스로 돌계단에 머리를 찧어 목숨을 끊었다. 조조는 이 사건에 헌제의 충신들을 여럿 엮어 넣어 숙청했다.

길평의 이런 행동은 황제에 대한 충심과 의협심의 발로였다. 주군에 대한 충성과 나라에 대한 사랑을 동일시했기 때문일지도 모른다. 황제의 말이라면 살인을 하라는 명령도 받들었던 것이다. 순우연과 길평의 행동은 의료인으로서 용납할 수 없는 행위다. 어떤 이유에서든 전문 지식을 이용해 환자를 살해하는 것은 의료윤리에 위배되는 행위다.

사료에는 고대의 의사들이 명예나 사사로운 이익을 추구했던 일들이 기록되어 있다. 강소성의 명의 두중준杜仲駿은 광서제를 진료하기 위해 황궁으로 불려갔다. 그러나 황제의 병세가 심상치 않았고 치료할 방도가 없었다. 황제가 붕어하면 자신의 생명이 위험해질 수도 있다. 두중준은 황제를 진맥한 뒤 이부상서 육윤양陸潤癢에게 말했다.

"제가 이번에 수도로 올라온 것은 황제의 병을 치료하면 이름을 날리게 될 거라고 생각했기 때문이었습니다. 오늘 와서 보니 공연히 헛수고를 했군요. 공을 세우는 것은 바라지도 않고, 그저 아무 문제도 일어나지 않았으면 좋겠습니다."

"이익을 얻고자 의학을 배우는 것은 불가하다"

— 청나라 때의 명의 서대춘徐大椿(1693~1771)은 두 번이나 황명을 받아 수도로 올라왔다. 건륭제乾隆帝는 그에게 관직을 제수하고 수도에 머무르게 하려 했지만, 태의가 될 생각이 없었던 그는 강경하게 고향으로 돌아가기를 원했다.

청나라 함풍제咸豊帝, 동치제의 통치 기간에는 명의 비백웅費伯雄(1800~1879)이 아편을 불살라 버린 민족 영웅 임칙서林則徐의 병을 고쳐 그 후로 두 번 황궁으로 불려갔다. 처음에는 황태후의 폐옹肺癰(폐에 농양이 생긴 병증)을 치료했고, 그 다음에는 도광제道光帝의 실어증을 고쳐 이름을 떨쳤다. 그러나 비백웅은 명예나 권력에는 관심이 없는 사람이

어서 벼슬에 그다지 가치를 두지 않았다. 그저 의술 연구에 매진하고 싶어 했다. 그는 "사람을 구하고자 의학을 배우는 것은 괜찮지만, 이익을 얻고자 의학을 배우는 것은 불가하다(欲救人學醫則可, 欲謀利學醫則不可)"는 말을 남기기도 했다.

청나라 때의 또 다른 명의인 범문보範文甫는 의관醫館 바깥에 이런 글귀를 써 붙이기도 했다.

"세상 사람들이 건강하기만을 바라니, 나 자신이 가난한 것이 무슨 상관이겠는가?"

돈에 구애되지 않고 환자를 치료하는 데 온 힘을 다하겠다는 뜻이다. 고상한 의료인의 미덕을 엿볼 수 있다. 중국 역사상 최고의 명의로 칭송받는 삼국시대의 화타華佗 역시 "환자 치료를 단지 직업으로만 여기는 것은 부끄러운 일이다"라고 말하기도 했다. 화타는 당시 위나라의 승상과 태위가 어의가 되어 달라고 요청한 것을 거절하기도 했다.

어쨌든 태의가 되는 것은 관직이 올라가고 봉록이 많아져 부귀영화를 누리게 되는 좋은 일만은 아니었다. 사실 태의라는 직책은 모든 의원들이 바라는 인생의 목표가 아니라 수치스럽고 힘겨운 자리일 때가 많았다. 절개 있고 인격적으로 올바른 의원이야말로 의료인의 본보기라고 할 것이다.

5

치료를 거부한 태의

《위지魏志》〈화타전〉을 보면, 화타는 병을 고칠 능력이 있음에도 불구하고
치료하려 하지 않고, 또한 "그 일을 부끄러워했다"고 되어 있다.

'의사-환자 관계'는 의료 행위를 바탕으로 치료 과정에서 형성되고 발
전하는 일종의 인간관계다. 말하자면 서로 신뢰하고 존중하며 의지하
는 관계다. 이 관계에서 의사와 환자는 각각 권리와 의무를 갖는다. 환
자는 자신을 치료할 의사를 선택할 수 있고, 특정 의사에게 진료받는
것을 거부할 권리가 있다. 촉진, 신체검사, 채혈, 주사, 수술, 삽관을
통한 검사 및 음식물 투여, 내시경 검사 등도 환자의 동의가 있어야 할
수 있다.

의사도 환자를 거부할 권리가 있을까? ─ 의사 동료가 이런 질문

을 한 적이 있다. 의사도 특정한 환자의 치료를 거부할 권리가 있는가? 치료를 거부하면 법적으로 처벌 받는가? 동료들과 이 문제를 놓고 토론을 벌였다. 그들 중 몇몇은 실제로 불공평하거나 억울하다고 여겨지는 일을 겪었다. 적잖은 의사들이 오만불손한 환자를 만나는 불쾌한 경험을 한다. 흉흉한 기세로 말도 안 되는 불평을 해대고, 심지어 무슨 일만 있으면 무조건 변호사를 부르겠다며 엄포를 놓는 사람도 있다.

미국에서는 이런 일도 있었다. 한 여성 변호사가 출산이 임박했는데 분만을 도와 줄 주치의를 찾지 못하여 어쩔 수 없이 그 도시의 다른 의사에게 전화를 걸어 와 달라고 부탁했다. 그런데 의사는 그 여성과 한 번도 '의사−환자 관계'를 맺은 적이 없다는 이유로 거절했다.

그 의사도 아픈 사람을 도와야 한다는 의료인의 책임을 모르지 않았을 테지만, 만에 하나라도 예측할 수 없는 잘못이 벌어질까 두려웠을 것이다. 임산부의 상처에 염증이 생기거나 출혈이 멎지 않거나 세균 감염이 발생하거나 주사로 인해 피부가 부어오르는 등의 이상 상황이 발생하면, 그 임산부는 의사를 실력 부족 혹은 부주의로 고소하여 거액의 배상금을 요구할 수도 있다. 소송이 잘 해결되더라도 정신적 고통과 명예훼손을 피할 수 없다.

당시 그 여성은 소송을 하지 않겠다는 내용을 문서화해서 보장하겠다고 자발적으로 제의했지만, 의사는 받아들이지 않았다. 얼른 구급차를 불러 병원에 가라고 권유할 뿐이었다. 걸핏하면 의사를 고소하는

진시황은 열사병으로 죽었다

풍조는 의사의 의료 행위를 소극적으로 만든다. 하지만 서구 사회에서는 이미 보편적인 현상이다.

한 문제와 순우의의 미담 —

고대에도 진료를 거부한 사례가 있을까? 사마천의 《사기》〈편작열전扁鵲列傳〉에는 전국시대의 명의 편작(기원전 407~기원전 311)이 자신이 치료하지 않는 환자의 유형을 여섯 가지로 정리한 내용이 나온다. 행동이 거만하고 난폭한 사람, 생명보다 재물을 중요시하는 사람, 폭음폭식하고 의사의 말을 듣지 않는 사람, 병이 깊은데도 일찍 의사를 찾지 않는 사람, 몸이 약해 약을 쓸 수 없는 사람 혹은 의술을 조금 안다고 해서 자기 의견만 내세우는 사람, 미신을 믿으면서 의사의 말을 듣지 않는 사람이다.

나는 여기에 백화점이나 슈퍼마켓에서 물건을 사듯이 쉽게 의사를 바꾸는 환자도 포함시켜야 한다고 생각한다. 2천 년이 흘렀지만 환자들의 행동은 크게 달라지지 않았다. 오늘날에도 위에 열거한 유형의 환자를 쉽게 찾아볼 수 있다.

고대 중국에서 진료를 거부한 의원들은 어떻게 되었을까? 당시에는 환자를 거절한 의원에 대한 법률적인 제재가 명확하게 정해져 있지 않았다. 관아에 고발을 하면 사안에 따라 의원을 잡아다가 태형 50대를 때릴 수도 있었다. 그렇다면 신분이 높은 사람의 진료 요청을 거절하거나 황궁에 들어가 황제를 진맥하는 것을 기피하면 어떤 일을 겪었을까?

《사기》〈창공열전倉公列傳〉에는 이런 대목이 있다. 진한 시대의 명의 창공 순우의淳于意(기원전 216~기원전 150)는 "의술을 널리 펼쳐 신분의 고하를 가리지 않고 병을 치료했다. 여러 차례 관아의 의원으로 부르거나 존귀한 사람의 시의侍醫로 삼으려고 했지만 모두 거절했다. 순우의는 곳곳을 돌아다니며 의술을 행하다가 모습을 감추고 은거했다." 그러나 왕공 귀족에게 밉보인 탓에 모함을 받았고, 관부에서는 순우의를 장안성으로 압송해 처벌하려고 했다.

나이든 아버지가 혹독한 형벌을 받지 않도록 하려고 순우의의 딸 제영緹縈은 장안성까지 달려와 황제에게 탄원서를 올렸다. 자신이 노비가 되어 죄를 갚겠으니 아버지를 용서해 달라는 내용이었다. 제영의 효심은 한나라 문제 유항劉恒(기원전 202~기원전 157)을 감동시켰다. 문제는 순우의를 석방했을 뿐 아니라 조서를 내려 얼굴에 글씨를 새기거나 코나 발가락을 자르는 등의 잔혹한 형벌을 금지하도록 했다. 이것이 바로 '이십사효二十四孝' 이야기 속에 나오는 '상서구부上書救父'(상소문을 올려 아버지를 구하다)다. 얼마나 아름다운 결말인가! 제영은 이십사효 중의 한 명으로 영원히 이름을 남겼고, 한 문제의 덕치德治 역시 역사에 길이 남았다.

화타와 조조 ── 가장 운 나쁘고 억울한 의원은 후한 시대의 명의

화타華佗(111?~207)다. 그는 고향 사람인 위왕 조조도 치료해 주지 않으려 했다. 조조는 두통을 앓았는데, 화타가 침을 놓자 말끔히 사라졌다. 그러나 고고한 성격의 화타는 노비나 다름없는 시의侍醫가 될 생각은 없었다.(당시 조조는 승상이었기 때문에 화타가 조조를 치료한다고 해도 어의는 아니다. 다만, 화타가 왕이나 대신의 병을 봐 주기도 했으므로 태의라고 칭할 수는 있다.) 그는 '돌아가서 생각해 보겠다'는 말로 시의 자리를 거절했다. 그러고는 약초를 찾겠다며 고향으로 돌아가 버렸다.

조조는 오래 앓아 온 두통이 재발하자 여러 차례 서신을 보내 화타에게 돌아오라고 재촉했고, 관리를 보내기도 했다. 화타는 아내의 병이 깊어 돌아갈 수 없다고 버텼다. 화타가 대담하게 거짓말을 하자 조조도 크게 분노했다. 그는 화타의 고향으로 사람을 보내 그의 말이 사실인지 조사한 다음, 화타를 붙잡아 왔다. 화타는 확실히 '주군을 기만한 죄'와 '소환 명령에 불복종한 죄'를 지었다. 조조는 화를 못 이겨 화타를 감옥에 가두고 죽이라는 명령을 내렸다. 천자를 끼고 천하를 호령한다는 권신 조조의 병을 치료한 태의가 하루아침에 목숨을 잃게 된 것이다. 화타가 조조의 머리를 수술해 병을 고치려 했지만, 조조는 화타가 자신을 죽이려 한다고 의심해서 처형했다는 것은《삼국지연의》에 나오는 이야기일 뿐이다.

《위지魏志》〈화타전華佗傳〉을 보면, 화타는 병을 고칠 능력이 있음에도 불구하고 치료하려 하지 않고, 또한 그 일을 "부끄러워했다(恥以醫見

業)"고 되어 있다. '의원으로서 의술을 펼치는 것을 부끄러워했다'는 것인지 '시의가 되어 일하는 것을 부끄러워했다'는 것인지는 의견이 분분하다. 깊이 생각해 볼 부분이다.

운이 좋은 태의나 어의도 많았다. 낙향해 은거한다고 해서 벌을 받지도 않았고, 오히려 관직과 봉록을 하사받기도 했다. 예를 들면 남조시대 양 무제 소연蕭衍의 어의 도홍경陶弘景(456~536)은 황제가 여러 차례 예를 표하며 부르는 것도 거절하고 은거했다. 무제는 그것을 불쾌해하기는커녕 조정에 큰일이 있으면 도홍경에게 자문을 구하기까지 해서 당시 사람들이 그를 '산 중의 재상'이라고 부르기도 했다.

침구가針灸家 황보밀皇甫謐(215~282) 역시 병을 핑계로 진晉 무제가 내린 관직을 사양했다. 무제는 황보밀을 처벌하지 않고 오히려 책을 빌려 달라는 부탁을 들어주었다. 황보밀은 황제가 내린 책을 바탕으로 침식을 잊은 채 노력하여 의학 저작을 완성했다. 당나라 때의 '약왕藥王' 손사막孫思邈(682?~581)도 왕실의 일로 여러 가지 사건을 겪은 탓에 태백산에 들어가 은거했다. 그는 수·당 두 왕조가 여러 차례 관직을 제수하며 불러도 꼼짝 않고 나아가지 않았다.

일부러 환자를 고르는 의사는 없을 것이다. 위급한 상황을 맞닥뜨린 의사라면 누구라도 기꺼이 발벗고 나서서 환자를 구하기 위해 모든 노력을 다할 것이다. 그로 인해 어떤 곤경을 겪더라도 그것이 의사의 직분이자 본성이다.

6

화타를 위한 변명

사실 시의는 종과 다를 바 없었다. 항상 고용주 주변에 있어야 했다.
조조는 화타를 늘 곁에 머무르게 하고
아무 때나 불러서 시키는 대로 치료하라고 했을 것이다.

후한의 명의 화타를 태의로 알고 있는 사람이 많은데, 사실 화타는 진정한 의미의 어의 혹은 태의라고 할 수 없다. 엄밀히 말해서, 화타는 조조曹操(155~220)의 병을 치료한 개인 주치의이므로 '시의侍醫'라고 불러야 한다. 당시 조조의 직위는 승상으로, 군왕이나 황제가 아니었다. 조조는 216년 후한의 헌제 유협劉協에 의해 위왕魏王으로 책봉됐다. 그러나 화타는 그보다 이른 208년에 이미 사망했다. 그러므로 화타는 어의가 아니다. 그는 한 번도 어의인 적이 없었다.

화타는 의롭지 못한 사람인가? ─── 역사에는 화타가 신기에 가깝게

병을 치료한 이야기들, 특히 그가 사용한 마취약과 외과 수술 방법에 대한 이야기가 많이 전한다. 이 이야기들이 민간설화, 소설, 지방지地方誌(그 지역의 역사, 지리, 특산, 풍속 등을 기록한 책) 등에 실리면서 화타는 의학의 신으로 추앙됐다. 의술이 뛰어난 의원을 '화타의 환생'이라고 지칭하는 경우가 많다. 일반 대중과 의료업계 종사자 모두 화타가 실력과 품격을 두루 갖춘 의원일 거라고 생각하며 존경한다. 명예와 이익을 좇지 않는 화타의 고상한 품격은 진수陳壽가 쓴《삼국지三國志》〈위서 · 방기전魏書 · 方技傳〉에 다음과 같이 기록돼 있다.

"패국의 상相인 진규陳珪가 화타를 효렴으로 추천해 태위 황완黃琬이 그를 관리로 불렀으나 받아들이지 않았다."

그러나 허베이민족사범학교의 린쩐칭林振清 선생과 난징회계감사대학 쉬샤오진徐少錦 교수는 각각《도덕과 문명》(2004),《역사교학》(1996)에 발표한 논문에서, 조조가 화타를 죽인 일에 대해 "화타가 죽음에 이른 원인을 살펴보면 꼭 조조의 잘못이라고는 할 수 없다"고 주장하고 있다. 두 사람은 논문 발표 후에도 '불량한 신의神醫, 화타'라는 제목의 화타를 폄하하는 글로 세간에서 꽤 화제가 되었다. 그들에게 온갖 욕설과 거친 말로 인신공격을 하는 사람도 있었다. 화타의 이미지가 고결하고 절개 있는 의원으로 굳어져 있음을 알 수 있다.

논문의 저자들은 진수의《삼국지》〈위서 · 방기전〉과 범엽範曄(398~445)의《후한서後漢書》〈방술열전方術列傳〉 기록을 토대로 했다. "화타는 성격이 거만해 의술을 업으로 삼는 것을 수치스럽게 여겼다"는 기록, "고향을 떠난 지 오래되어 그리움이 깊고 아내가 병들었다는 것을 이유로 낙향했다. 조조가 사람을 보내 돌아오라고 했으나, 화타는 자신의 능력을 믿고서 일하는 것을 싫어하여 돌아가지 않았다"는 기록 등이다. 린쩐칭은 이렇게 주장한다.

화타는 재능이 뛰어나고 자부심이 강해 추천된 관직이 낮다고 여겼다. 그래서 받아들이지 않은 것이다. … 그런 보잘것없는 관리가 되려고 좋아하는 의학을 포기하기를 원치 않았다.

린쩐칭은 또한 화타가 조조의 병을 치료한 것을 기회로, 즉 의술을 수단으로 관직을 얻을 셈이었다고 주장한다. 쉬샤오진도 당시 대부분의 지식인이 그랬던 것처럼 화타도 조정에 나아가 관리가 되는 것을 인생의 목표로 삼았고, 의학을 공부하는 것은 그의 '취미 생활'일 뿐이었다고 말한다.

두 사람이 내린 결론은 확실히 좀 과한 면이 있다. 죽은 지 1,800년이 된 화타를 불의한 사람으로 만들면서 폄하했다는 생각이 든다. 화타가 벼슬을 원해서 늘 관리가 될 기회를 찾았다고? 정말 그럴까?

조조를 치료하지 않은 진짜 이유

먼저 화타의 나이를 생각해 보자. 그는 건안 18년(208)에 조조에게 죽임을 당했다. 《후한서》〈화타전〉의 기록을 따른다면, 화타는 "나이가 백세에 이르렀지만 건장한 외모를 유지하여 사람들이 신선이라고 여겼다." 당시 화타는 이미 80~90세의 백발노인이었다. 이런 고령을 감안하면 고향으로 돌아가 은거하는 것도 당연하다. 그가 여전히 관리가 되는 데 열의를 갖고 있었다는 주장을 의심해 볼 만하다.

그러나 화타의 생년이 미상이라, 그의 나이가 정확히 몇 살이었는지는 알 수 없다. 145년 전후에 태어났을 것이라는 설에 따르면, 죽임을 당했을 때 화타의 나이는 63세이다. 이는 "나이가 백세에 이르렀다"는 기록과 상충된다. 다른 가설에 근거하여 계산해 보면, 56세에서 76세로 다양한 추정이 가능하다.

나는 "고향에 돌아간 뒤 조조가 불렀으나, 아내가 병들었다고 하며 여러 차례나 거절했다"는 기록을 볼 때, 화타가 핑계를 대면서까지 떠난 것은 조조를 피해 벗어나려 했던 것으로 생각된다. 화타는 조조에게 돌아갈 생각이 없었으며, 그의 병을 치료하기를 원하지 않았던 것이다.

범엽의 〈화타전〉에 나온 "성격이 거만해 의술을 업으로 삼는 것을 수치스럽게 여겼다"는 기록은 그 앞 구절 "조조가 (화타의 명성을) 듣고 불러들여 항상 곁에 두었다"는 내용과 함께 해석해야 한다. 다시 진수의

〈화타전〉에 기록된 "본래는 사인士人이었던 사람이 의술을 업으로 삼았기에 항상 이를 후회하였다"를 이 구절과 대조해 보자.

"태조(조조)께서 (화타의 명성을) 듣고 불러들여 항상 곁에 두었다"는 기록은 전후의 인과관계를 잘 보여 준다. 화타가 느낀 '수치스러움'이란 조조의 부림을 받는다는 것과 관계가 있다. 화타는 조조의 곁에 남아 시의가 되어 일하는 것을 부끄럽게 여긴 것이지 의술을 부끄럽게 여긴 것이 아니다. 화타가 "의술을 업으로 삼은 것을 싫어하였다"는 말도, 어쩔 수 없이 존엄을 잃고 성취감을 느끼지 못한다면 대부분의 사람들이 자연히 그 일을 하지 않으려 한다는 것을 생각하면 이해할 만하다. 조조 또한 자신의 병을 치료해 준 사람을 존중하거나 신뢰하지 않았다. 오히려 "화타가 일부러 그의 두통을 완치시키지 않았다"고 의심하면서 "두통 치료를 빌미로 높은 직위를 얻으려 한다"고 말했다.

사실 시의는 종과 다를 바 없었다. 항상 고용주 주변에 있어야 했다. 조조는 화타를 늘 곁에 머무르게 하고 아무 때나 불러서 시키는 대로 치료하라고 했을 것이다. 본인이 원하지 않는 데도 어쩔 수 없이 한 사람만을 위한 주치의가 되어야 한다면, 그래서 많은 사람들 틈에서 다양한 환자를 접하지 못한다면, 그 의원의 임상 경험은 더 이상 발전하지 못하고 정체되거나 심지어 퇴보할 것이 분명하다. 그런 상황에 처한 의원이 낙담하고 후회할 것을 쉽게 짐작할 수 있다. 그래서 화타도 시의로 일하는 것을 수치스럽게 여기고 불만을 가졌을 것이다.

이는 오늘날의 의사들도 마찬가지다. 의술을 펼치는 일은 분명 힘든 가운데서도 보람이 있는 일이지만, 어떤 일을 하면서 동시에 불평하고 그 일을 싫어하는 마음을 품는 것은 매우 일반적이다.

쉬샤오진은 화타가 조조의 병을 치료하면서 한 말을 이렇게 해석했다. "이 병은 완전히 치료하기 어려운 편이나, 끊임없이 치료를 계속한다면 목숨을 연장할 수 있습니다." 사실 많은 사람들이 화타의 말을 '조조가 죽을 때가 가까웠다'는 뜻으로 생각하며, 일부러 무서운 말을 해서 조조를 위협했다고 여긴다.

화타가 의술을 업으로 삼은 것을 수치스럽게 여겼다는 말은 그가 죽기 직전 옥졸에게 책 한 권을 건네주면서 "이것은 사람을 살릴 수도 있는 책이다"라고 말한 사실을 통해 반박할 수 있다. 목숨이 경각에 달린 상황에서도 자신의 의학 지식을 전수하려는 마음을 먹었다는 것은, 그만큼 의학에 열정이 있다는 뜻이다. 그런 사람이 의학을 수치스럽게 여겼을까? 옥졸은 화타의 책을 받는 것이 법을 어기는 것이 될까 두려워 결국 받지 않았다. 화타도 강요할 수 없어서 결국 책을 태워 없애고 말았다. 화타의 의술이 그렇게 실전失傳되어 버렸으니, 얼마나 안타까운 일인가!

7

동서고금의 진료 기록

서태후는 태의에게 가짜 진맥 기록을 작성하고
황제의 병이 위중한 것처럼 꾸미게 했다.

수많은 학자들이 몇 십 년 동안 청나라 광서제의 사망 원인을 밝히기 위해 다양한 문헌을 뒤적이며 그의 건강 상태를 기록한 의안醫案(혹은 맥안脈案) 등을 살펴보았다. 청나라 마지막 황제인 푸이의 자서전《나의 전반생我的前半生》에 나오는 늙은 내관 리창안李長安이 한 말,《방가원잡영기사方家園雜詠紀事》와 청나라 때 명의 굴계정屈桂庭이 쓴《진치광서황제비기診治光緒皇帝秘記》를 서로 비교·대조하면 커다란 차이와 모순을 발견할 수 있다.

어떤 기록이 맞고 어떤 기록이 틀렸을까? 누구의 기록을 기준으로 삼아야 할까?

믿을 수 없는 청나라의 의료 기록

— 어의가 쓴 의안, 맥안 등은 실록에 포함된다. 게다가 청나라 때의 어의제도는 상당히 엄격했다. 우선 황궁에 들어가 진맥을 하는 어의는 태의원에서 선정하는데, 진맥부터 약방문을 쓰고 약을 조제하고 달이는 단계는 물론, 관리가 먼저 시음한 뒤 봉투를 밀봉하여 약을 들여가는 전 과정을 감독한다. 그리고 처방전의 약효, 치료법 등을 상세히 기록했다. 그래서 광서제 이전의 황제인 동치제가 천연두를 앓았다는 것도 의안에 다 기록돼 있다.

또한 어의가 치료 후에 의안을 기록하면, 그것을 반드시 매일 필사해서 따로 보관했다. 《황상진약저부皇上進藥底簿》, 《황후진약저부皇后進藥底簿》 등이 바로 그런 기록을 모은 것이다. 이렇게 치료 과정을 기록한 것은 외부로 유출할 수 없었다. 오늘날의 의료 원칙처럼 환자의 비밀을 발설하지 못하도록 했던 것이다.

청 왕조의 궁정의안宮廷醫案 중에는 황궁에서 신분 높은 사람이 위독할 때의 모든 상황을 기록한 '임종맥안臨終脈案'도 있었다. 현재 건륭제, 가경제, 동치제의 임종맥안이 남아 있다. 이런 문헌은 후대의 연구자들에게 매우 가치 있는 자료이다.

자희태후(1835~1908)[서태후]는 태의에게 자신이 시키는 대로 광서제를 치료하라고 명령했으며, 가짜 진맥 기록을 작성하고 황제의 병이 위중한 것처럼 꾸미게 했다. 서태후는 광서제가 정변을 일으켜 유신변법을 시행하고 자신의 권력을 빼앗은 것을 증오하고, 늘 광서제를 폐할 마음을 품고 있었다. 광서제의 병이 위중해 황제의 직무를 수행할 수 없다며 황제를 바꾸려 한 것이다. 그렇다면 의안이나 맥안도 완전히 믿기 힘들다는 뜻이 아닌가? 진위를 가리기 힘든 이런 기록에서 광서제의 진짜 건강 상태를 어떻게 알 수 있을까?

오늘날 의사가 의료 기록에 거짓을 기재하거나 내용을 삭제·수정·첨가하는 등의 행위를 하면, 당장 의사협회에 신고당하고 의사 면허가 일정 기간 정지될 것이다. 혹은 의료계에서 영원히 제명되어 다시는 의료 행위를 하지 못하게 될 수도 있다. 그러나 청나라 때는 어의의 의료 행위를 감독하는 제도가 없었던 데다, 서태후는 지고무상의 권력을 휘두르고 있었다. 사는 게 지겨워진 사람이 아니라면 누가 감히 서태후가 하는 일이 정당한지 정당하지 않은지 따지겠는가.

청나라 때는 조정 대신이 어의에게 "이 병에 걸린 후 나흘 안에 치료하지 못하면 반드시 목숨이 위험해진다"라는 부분을 의안에서 삭제하도록 종용한 적도 있었다. 황제가 의안을 읽고 놀랄까 봐 그랬다고 한다. 어의 두종준杜鍾駿이 직접 쓴 《덕종청맥기德宗請脈記》에 나오는 이야기다. 이런 식으로 의안을 수정하거나 삭제했으니 오늘날 어떻게 당시의 정확한 질병과 치료 상황을 알아낼 수 있겠는가?

청나라의 궁정의안 외에도 역사적으로 전하는 병력 기록 혹은 환자 기록들도 있다. 하지만 일찍이 남북조시대 의서에서 임상 처치 사례를 기록한 것 외에, 대부분의 의료 기록은 일화나 전설로 치부할 만한 신기하고 황당무계한 이야기가 많다. 예를 들어 남북조의 명의 저징楮澄이 5년간 냉증을 앓은 환자를 치료한 이야기를 살펴보자. 환자는 약을 먹은 후 병아리 열세 마리를 토해 내고는 바로 건강해졌다고 한다. 병아리가 사람의 위장에서 위산에 녹지 않고 그렇게 오래 살아남았을 리 없지 않은가.

중국 의학사를 보면 셀 수 없이 많은 의학 저서가 씌어졌고 지금까지 전해지는데, 개별적인 병력 기록을 한 권의 저작으로 수집한 최초의 저서는 《창공진적倉公診籍》이다. 창공은 전한 문제 때의 명의 순우의淳于意를 가리킨다. 그의 딸 제영이 아버지를 구하러 장안까지 먼 길을 달려간 이야기로도 잘 알려진 인물이다. 《창공진적》은 황제, 제후 및 그가솔, 조정 대신 등의 치료 사례를 담았다. 개인 자료, 병세와 진맥 결과, 치료 방법, 사용 약물, 치료 결과(완치 혹은 사망) 등을 포함한 기록으로, 치료에 실패한 경우에는 원인도 분석했다. 그 뒤로 남북조시대에 이수李修, 왕현王顯 등의 어의가 각각 '약방藥方'이라는 제목으로 여러 권의 의료 기록서를 저술했다. 《송건평왕전술宋建平王典術》이 120권, 북위의 이수가 쓴 《약방》이 110권, 왕현이 쓴 《약방》이 35권이다.

병력 기록의 중요성 ─── 오늘날의 의료 기록Medical records, 병례 및 병력 기록Case notes은 어떨까? 병원은 병력 기록을 엄격하게 관리한다. 의사, 의대생, 의료 및 간호 업무 종사자는 모두 다음과 같은 원칙을 준수하도록 요구받는다.

주치의는 환자를 진료한 뒤 가능한 한 빨리 진단 결과를 환자에게 알려야 하고, 병의 진행 혹은 변화, 검사 결과, 앞으로의 치료 계획 등을 명확하게 기록으로 남겨야 한다. 수기로 기록할 때는 글씨를 단정하고 알아보기 쉽게 써야 한다. 또한 가능한 한 부정적인 표현을 피해 기록하고, 환자를 업신여기는 태도로 서술해서는 안 된다. 진료한 날짜와 시간도 정확하게 기록하고, 불만스러운 감정을 기록에 남겨서는 절대 안 된다. 동료 의사에게 환자의 험담을 하거나 암암리에 환자를 헐뜯는 것도 의료인의 직업윤리를 저버리는 행위다.

병력 기록은 법률적 책임 및 구속력이 있는 문건으로, 의료 분쟁이 발생했을 때 법정에서 증거로 채택될 수 있다. 예를 들어 환자 쪽이 의사가 전문적인 부분에서 소홀했거나 실수했다고 주장한다면 병력 기록의 내용이 유력한 증거가 된다. 병력 기록을 바탕으로 환자의 억울함을 풀거나 의사의 결백을 밝힐 수 있는 것이다. 그 밖에도 환자가 다른 병원으로 옮길 경우, 병력 기록을 통해 과거의 치료 상황을 바로 알 수 있으므로 중복 검사를 피하고 시간 낭비도 줄일 수 있다. 환자가 어떤 약물에 민감한지 알려 주는 자료로도 유용하다. 혹은 보험회사나 의료복지 단체 등에서 건강검진을 필요로 하는 경우, 환자의 동의를 얻어 과거 병력 기록을 열람할 수도 있다.

병력 기록은 기밀 문건이다. 의료 및 간호 업무 종사자는 환자의 비밀을 엄수할 의무가 있다. 또한 병력 기록은 잘 보관해야 하고 폐기, 소각하지 않는다. 환자의 동의를 얻은 경우가 아니면 병력 기록은 절대 바깥으로 유출되어서는 안 된다. 그렇지 않으면 의료 원칙에 위배된다.

주치의가 진료 상황을 상세히 기록하지 않는 것에 대하여 환자 쪽에서 불만을 가지는 경우도 있다. 대여섯 번이나 진료하고도 엽서 크기의 병력 카드조차 채우지 못했다면, 소송이 제기되었을 때 의사 쪽이 불리하다.

자신의 주치의가 맥 좀 짚고 혀를 좀 살피고 안색을 관찰하고는 곧바로 약을 지어 준다며 불평한 환자를 본 적이 있다. 주치의가 단 한 번도 병력 기록을 작성한 적이 없다고 했다. 그렇게 많은 환자를 진료하면서 병력 기록을 쓰지 않으면 나중에 치료 상황을 다 기억할 수 있을까? 나중에 어떤 문제가 생겼을 때 병력 기록이 없으면 무엇을 근거로 의사와 논의할 수 있겠는가? 환자의 의료 기록이 얼마나 중요한지는 더 말할 필요도 없다.

제3장

역대 황실의 의문사

암살과 열사병, 진시황의 사인死因

진시황은 무척 화려한 옷을 입었고,
암살에 대비한 폐쇄된 마차를 탔다. 여기에 청동제 마차였다면…

산둥성 동북쪽 끝에 위치한 성산두成山頭는 중국 대륙에서 해상 일출 풍경을 가장 먼저 볼 수 있는 곳이다. '아시아의 태양이 떠오르는 곳'이라고도 불리며, 그곳의 광장에는 '중국의 첫 번째 태양을 보다'라고 적힌 석비도 세워져 있다. 그리고 그곳은 전 중국을 통틀어 유일하게 '최초의 황제' 진시황秦始皇(기원전 259~기원전 210)을 기념하는 사당의 소재지이기도 하다.

최후의 여정

사서의 기록에 따르면, 진시황은 즉위 37년째인 기원전 210년 10월 막내아들 호해, 좌승상 이사, 상경 몽의 등 문무백관을 거느리고 수도 함양에서 출발하여 생애 다섯 번째 전국 순시를 시작했다. 9개월에 달하는 긴 여정이었다. 당시 진시황의 행렬이 성산두에 도착했을 때, 진시황은 이곳을 일러 '선경仙境'과 같다고 말하며 "천진두天盡頭(하늘의 끝)"라고 불렀다.

진시황이 다섯 번째 순시에서 천진두를 찾은 이유는 장생불로의 묘약을 찾기 위함이었다. 그는 이곳에서 자신의 꿈이 사라지게 되리라고는 전혀 예상치 못했다. 하늘의 끝인 천진두에 도착하면서 진시황의 생명 역시 끝에 도달하게 된 셈이다.

진시황 최후의 여정

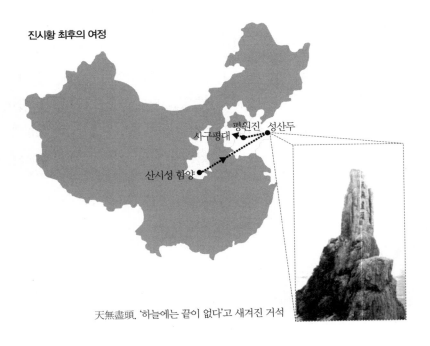

天無盡頭. '하늘에는 끝이 없다'고 새겨진 거석

진시황은 함양으로 돌아가는 길에 죽었다. 행렬이 성산두를 떠나 서쪽으로 움직이다가 평원진平原津(현재의 산동성 핑위안)에 이르렀을 때 병세가 심해져 다시 일어나지 못했다. 그러나 어가는 계속 전진했고, 7월 병인날에 진시황은 사구평대沙丘平台(지금의 허베이성 광쫑)에서 붕어했다. 향년 49세였다. 《사기》의 기록은 단 열두 글자로 간결하다.

칠월 병인날, 시황제가 사구평대에서 붕어했다(七月丙寅, 始皇崩于沙丘平台).

진시황이 어떻게 죽었는지, 허난대학의 왕리췬王立群 교수가 2009년 저서 《사기를 읽다讀史記》 '진시황편'에서 상세히 분석한 바 있다. 첫 번째 가설은 암살이고, 두 번째 가설은 병사病死다.

황제의 죽음을 놓고 암살당했을 거라는 의심이 종종 제기된다. 역사상 어느 왕조, 어느 시대나 속고 속이는 권력 암투가 치열했기 때문일 것이다. 암살이 아니라면, 수많은 후궁들에게 밤마다 시달린 탓에 기력이 쇠해 수명이 단축됐다는 가설도 흔히 제기된다.

진시황이 암살됐다는 설은 대부분 총애했던 신하 조고趙高에 의해 살해됐다는 억측이 많다. 조고는 기밀 업무를 주관하던 중차부령中車府令과 행부새사行符璽事를 겸임하고 있었다. 다시 말해 황제의 명령을 전달하는 일과 군사권을 행사하는 명령패와 도장을 관리하는 일을 한 것이다. 그러나 암살설의 근거는 매우 빈약하다.

중국 근대 극작가, 역사학자, 소설가인 궈모뤄가 역사소설《진시황의 죽음秦始皇之死》에서 묘사한 것은 일종의 추측에 불과하며, 문헌 혹은 물증이 없다. 어쨌든 궈모뤄가 쓴 것은 소설일 뿐이니 역사적 사실로 받아들이면 안 된다. 또한 궈모뤄는 "(진시황이) 간질병이 발작하여 후두부를 청동으로 만든 빙감冰鑒(얼음을 넣어 음식을 차게 유지하던 곳)에 부딪혔고, 이것이 뇌막염이 되면서 혼수상태에 빠졌다"고 서술하기도 했는데, 이 역시 사서에 기록된 바가 없어 완전히 믿기 어렵다.

　뇌막염 발병에 대해서 말하자면, 2천 년 전에 뇌막염이라는 병명이 있을 리 없으니 "정무가 과중한 탓에 뇌막염과 간질 등의 병증이 나타나…"라는 대목은 더욱 비논리적이다. 궈모뤄는 진시황 사후에 "오른쪽 귀에서 검은 피가 흘러나왔고 귓구멍 속에서 1촌 길이의 쇠못이 발견됐다"고도 했는데, 역시 믿기 어렵다. 도대체 어디서 난 쇠못이며, 누가 그것을 귀에 넣었단 말인가? 궈모뤄는 남송 시대 법의학자인 송자宋慈(1186~1249)가 편찬한《세원집록洗冤集錄》의 내용 중 "체내를 자세히 검시해야 하며, 쇠못 혹은 기타 이물질이 있지 않은지…"라고 한 부분을 보고 영향을 받아 그런 추측을 한 것이 아닌가 싶다.

　그 외 민간에 전하는 이야기도 대부분 소문이 부풀려진 것으로서 믿기 어려운 내용뿐이다. 나는 왕리췬 교수와 마찬가지로 진시황이 병사했다는 설을 지지한다.《사기》에도 '병病'이라는 글자가 기록되어 있다. "병이 들었는데 증세가 깊어(上病甚益)"(《사기》〈진시황본기〉)라는 대목과 "시황제는 사구에서 병이 심해져(始皇帝至沙丘, 病甚)"(《사기》〈이사열전〉)라는 대목이다. 왕리췬의 해석에 의하면, 중국 고대 문헌에 기록된 '병'은 현대 중국어에서의 '병'과 다른 개념이라고 한다. 일반적이고 가벼운 병은 고대 문헌에서 '질疾' 자를 쓰고, 증세가 심각한 중병이어야 비로소 '병' 자를 쓴다는 것이다.

이러한 기록으로 미뤄 볼 때 진시황은 병으로 사망에 이르렀음이 분명하다. 진시황은 암살당한 것이 아니다. 그렇다면 진시황은 무슨 병으로 사망했을까? 이 문제가 새로운 수수께끼로 남는다. 사료에는 그의 병증이나 치료 과정이 상세히 기록되어 있지 않다. 그렇다면 우리의 의학, 과학 상식을 바탕으로 역사 기록 및 야사의 내용을 분석하고, 진시황의 사망 원인을 추측해 보아도 좋을 것이다.

진시황은 더위를 먹어서 죽었다

나의 의학적 소견으로는, 진시황은 심각한 열사병으로 인해 근육 경련과 의식불명을 일으켰을 것으로 보인다. 다시 말해 '더위를 먹어서' 죽은 것이다.

열사병은 영국의 리처드 1세가 12세기의 십자군 전쟁에서 패배한 원인으로 지목되기도 한다. 현대에도 1967년 이스라엘과 이집트의 6일 전쟁에서 이집트 병사 중 2만 명이 열사병에 걸린 적이 있다. 이렇듯 행군이나 긴 여행에서는 열사병에 걸릴 위험이 높다.

2천 년 전에는 비행기도 자동차도 없고, 아스팔트로 된 고속도로도 없었다. 진시황은 여행 내내 평평하지 않은 길 위에서 흔들렸을 테니 분명히 그 피로를 감당하기 힘들었을 것이다. 진시황이 병에 걸렸을 때는 무더위가 기승을 부리는 한여름이었다. 당연히 기온이 무척 높았을 것이다. 비록 황제가 마차 안에 앉아서 여행을 했더라도 2천 년 전의 마차에는 에어컨 등의 냉방 시설이 전혀 되어 있지 않았으니, 몇 개월에 달하는 긴 여정 동안 그저 더위를 참고 견디는 수밖에 없었다. 길 위에서 고생스런 여행을 하며 제대로 휴식을 취하지 못하니 병이 날 수밖에.

그렇다면 진시황이 '더위를 먹었다'고 추측하는 이유는 무엇인가? 우선 인체의 체온 조절 시스템에 대해 이야기해 보자. 인간 및 기타 포유동물은 항온동물에 속한다. 인간의 체온은 섭씨 37도 정도로 유지된다. 인간의 뇌 중 한 부분이 인체의 체온을 조절하는 일을 맡고 있는데, 체온 변화 상황을 통제하고 체온을 항상 일정하게 유지한다. 이 체온 조절중추는 피부에서 땀을 내어 열기를 배출하도록 하는데, 땀이 증발하면서 체내에 생성된 열기가 끊임없이 피부를 통해 바깥으로 발산된다. 그렇지 않으면 체온을 일정하게 유지할 수가 없다. 만약 체열이 발산되지 않으면 체내에 급속도로 집적되고, 체온은 계속 상승하여 일사병(열탈진)에 이르게 된다. 항온동물은 주변 기온의 영향을 받아 체온이 변화하는 뱀, 도마뱀, 양서류 동물과 다르다.

높은 기온 외에도 진시황이 열사병에 걸릴 수 있는 원인은 아주 많다. 첫째, 진시황은 무척 화려한 옷을 입었다. 사용된 옷감이 두껍고 통기성이 낮았을 가능성이 높다. 혹은 열을 잘 배출하지 못하는 옷감이었을지도 모른다. 둘째, 암살에 대비한 마차를 탔다.

진시황은 기원전 227년 연나라 태자 단이 보낸 자객 형가에게 죽을 뻔했고, 기원전 218년에는 한나라 재상 장량이 보낸 암살자의 공격에 가슴을 쓸어내려야 했다. 진시황은 다른 사람들이 자신을 볼 수 없도록, 암살자의 공격 목표가 되는 자신의 마차를 폐쇄적으로 설계했을 게 분명하다. 창문이 있었더라도 자주 열지 않았을 것이다. 가까운 신하가 아니면 황제의 얼굴을 볼 수 없도록 했고, 똑같은 모양의 마차를 여러 대 만들어서 매번 다른 마차를 탔으니 그럴 수밖에 없다. 그런 까닭에 암살자가 진시황이 아니라 대역을 죽이는 경우도 있었다.

바람이 통하지 않는 마차 안에 앉아서 환기도 부족하고 열기도 발산되기 어려운 상황이었으니, 마차 안의 온도가 계속 높아졌을 게 틀림없다.

진시황의 순시 행렬은 매우 호화롭고 위풍당당했다고 한다. 그렇다면 마차의 장식과 외형은 어땠을까? 1979년 중국 고고학 발굴단이 진시황릉 서쪽 20미터 부근에서 청동으로 된 마차를 발견했다. 진시황의 마차도 청동으로 만들었을 가능성을 생각해 볼 수 있다. 청동은 매우 견고한 성질이 있어서 외부의 공격에 대비한 마차를 만드는 데 가장 좋은 재료다. 그러나 열전도율이 높은 금속이기도 하다. 그렇다면 통풍 설비가 부족한 마차 안의 온도가 얼마나 높았을지 짐작된다. 진시황이 "더워 죽겠다!"라고 호소했을지도 모르는 일이다.

땀을 흘리는 것은 매우 효율적인 열 발산 방식이다. 땀이 증발하는 것은 액체가 기체로 변하는 것이기 때문에 에너지 소모가 발생하고, 이로 인해 체온이 내려간다. 과학적으로 계산해 보면 1그램의 물이 증발할 때 2.43킬로줄(kJ)의 열량(약 0.58킬로칼로리)이 소모된다. 그러나 땀이 흐르자마자 바로 증발되는 것은 아니다. 땀이 효과적으로 증발하려면 주변 공기의 습도가 중요하다. 습도가 75퍼센트보다 높으면, 땀은 제대로 증발되지 못한다. 이외에도 유동하는 공기(바람)가 증발된 열량을 날려 보낼 수 있어야 한다. 만약 주변의 습도가 매우 높고 바람도 불지 않는다면, 게다가 강렬한 햇빛이 직접적으로 신체에 오랫동안 내리쬐고 있다면, 체열이 발산되지 못해 신체의 열 발산 기능과 조절 반응에 문제가 생기게 된다. 이것이 '더위를 먹는다'고 흔히 표현되는 열사병이다.

열사병의 단계 —— 응급처치나 간호학을 공부한 사람이라면 열 관련 질환의 경중을 어떻게 구분하는지 잘 알 것이다.

열로 인해 발생하는 질환은 대략 다음과 같은 네 단계로 구분된다.

첫 번째가 열실신Heat Syncope, 두 번째가 열탈진Heat Exhaustion, 세 번째가 열경련Heat Cramps, 네 번째가 열사병Heat Stroke이다.

현재 전 세계적으로 '더위를 먹어' 발생하는 증세에 대한 공통된 정의는 아직 없다. 또한 경미한 열 질환인 열실신이나 열경련 등을 치료하지 않았을 때 심각한 결과를 초래한다는 증거도 없다. 다만 열탈진은 열사병으로 발전할 수 있다. 일반적으로 가볍게 더위를 먹었을 때는 서늘하고 바람이 잘 통하는 곳(냉방 시설이 된 곳이 가장 좋다)에서 조이는 옷을 풀고 잠시 휴식을 취하면 나아진다. 차가운 음료(소금을 함유한 것이 좋고, 알코올은 들어 있지 않아야 한다)를 마시고 나면 인체는 금방 정상을 회복한다. 더위 먹은 증상은 땀이 많이 나고 초조함과 불안을 느끼며, 호흡이 짧고 얕아지고, 심장박동이 빨라진다. 그 밖에 두통, 어지럼증, 피로, 무기력함, 근육 경련, 메스꺼움, 구토 등이 유발된다.

더위를 먹었을 때, 제때에 치료하지 않으면 심각한 후유증을 겪을 수 있다. 이때 신체의 조절 중추에 장애가 발생하는데, 몸에서 더 이상 땀이 나지 않고 피부가 건조해지고 뜨거워진다. 체온은 10여 분 사이에 급속히 상승하는데, 섭씨 40도가 넘거나 심지어 섭씨 41도에 이르기도 한다. 이때 환자는 정신이 혼미해지고 근육 경련이 일어나며 인사불성이 될 수도 있다. 이것이 의학적으로 '열사병Heat stroke'이라고 부르는 상태다.

이 상태에서 적절한 치료를 받지 못하면 상황은 더욱 악화되어 범발성혈관내응고증Disseminated Intravascular Coagulation까지 발생할 수 있다. 그렇게 되면 내장 기관이 손상을 입어 급성 신부전, 호흡부전, 장기 기능 쇠약, 내장 빈혈 등의 증상이 나타난다. 임상학에서는 이를 '다발성 장기 부전Multiple Organ Dysfunction Syndrome'이라 부르며 사망에까지 이를 수 있다.

'범발성혈관내응고증'이란 세포가 고열로 손상을 입어 어떤 병증을 일으키는 것으로, 혈액응고 인자 혹은 혈소판이 활성화되어 혈액응고 촉진 물질을 대량으로 혈액 속에 분비한다. 이로 인해 발생하는 혈액응고 과정의 이상 상태가 주요 병리 사항이다. 임상적인 증상은 출혈, 쇼크, 장기 기능 저하, 용혈성 빈혈 등이다. 이는 수많은 질병의 악화 과정에서 나타나는 심각한 병리 상태로, 출혈성 합병증의 일종이다.

진시황은 심각한 열사병 증세로 인한 범발성혈관내응고증 발생 후, 여러 장기의 부전증이 합병증으로 나타나 갑작스레 사망했을 가능성이 크다. 범발성혈관내응고증의 예후나 후유증은 무척 심각하다. 증상이 발생하면 즉시 병원으로 옮기고 적절한 치료를 받아야 한다. 심장과 호흡 기능을 검사하고 수혈을 받아야 하며 지혈 치료도 병행해야 한다.

그렇다면 경미한 열 질환일 때는 어떻게 해야 할까? 만약 열사병 증상이 나타난다면 즉시 구급차를 불러 병원으로 이송해야 한다. 동시에 환자를 서늘한 곳으로 옮기고, 즉시 체온을 떨어뜨릴 수 있는 조치를 취한다. 예를 들면 환자에게 차가운 물을 뿌리거나 물에 적신 수건 등으로 몸을 문질러 주는 것이다. 다만, 너무 차가운 물을 써서는 안 된다. 물이 너무 차가워서 환자의 몸이 떨릴 정도가 되면, 오히려 한기에 대항하기 위해 몸에서 더욱 열을 내기 때문이다.

환자에게 수분과 전해질을 보충시키고, 혈액순환과 혈압이 정상 수치로 회복되면 신장에서도 충분한 혈액순환이 진행되어 신장이 빈혈로 인한 손상, 즉 신부전 상태가 되는 것을 방지할 수 있다. 그러나 너무 많은 수액을 투여하면 오히려 심장에 과부하가 일어나 심부전 및 급성 폐부종으로 진행될 수 있다.

약물 복용으로 체온을 내리는 것은 일반적인 해열제를 포함해 갑작스런 체온 하강 작용을 일으키는 것만 아니라면 모두 사용할 수 있다.

치료보다는 예방이 중요하다. 더운 날씨에는 열사병을 예방할 수 있는 조치를 취하는 것이 좋다. 평소 물을 많이 마시고(목이 마를 때만 마시는 것이 아니라), 운동량을 줄이며, 옷을 가볍게 입고, 햇빛을 직접 쬐지 않도록 해야 한다. 야외 활동을 할 때에는 자외선 차단제 등을 바른다. 주변 온도가 체온에 가까워지면 선풍기 등으로는 열사병을 예방하기 어렵다. 그럴 때는 가능한 한 에어컨 등으로 냉기를 쐬는 것이 좋다.

아무리 '최초의 황제'라도 더위는 이길 수 없었으니, 어쩌면 불사不死에 대한 욕망이 진시황의 진짜 사인일지도 모르겠다.

2

홍환안의 비밀

과도한 성생활이 설사를 유발한다는 말은 듣도 보도 못했다.

1620년 7월 21일 명의 제13대 황제 만력제가 재위 48년 만에 병으로 사망하자, 그와 공비 사이에서 태어난 아들 황태자 주상락이 뒤를 이어 광종 태창제泰昌帝로 즉위했다. 주상락은 정말로 운이 없는 황제였다. 그는 8월 초에 즉위하여 9월 초에 곧 사망했다. 부자 두 사람이 한 해에 죽은 것이다. 그는 겨우 20여 일간 황제의 자리에 있었다. 향년 38세, 묘호는 광종이다.

즉위 닷새 만에 쓰러지다 — 짧은 치세에도 불구하고 주상락은 역사적으로 잘 알려져 있는 편인데, 명 왕조 3대 미결 사건으로 꼽히는 홍환안紅丸案, 정격안挺擊案, 이궁안移宮案 등과 관련되어 있기 때문이다.

역사 기록에 따르면, 태창제는 즉위 닷새 만에 병에 걸렸다《《명사》, 〈양련전楊漣傳〉). 즉위식 후 열흘째에 병에 걸렸다고도 한다. 이틀 뒤 태창제는 "일상생활에도 피로가 심하고 갑자기 병이 심해져 크게 야위었다." 이에 어의 진새陳璽가 불려들어 갔다. 다시 나흘 뒤에는 만수절 경축대전이 예정되어 있었으나 병세가 나아지지 않아 취소할 수밖에 없었다.

태창제는 왜 병이 났을까? 한번 검토해 볼 만하다. 기록에는 즉위식 날 걸음걸이가 평온하고 태도도 평소와 다르지 않아 전혀 병을 앓고 있는 징조가 없었다고 한다.

태창제의 죽음은 역사서에서 명 왕조 3대 괴이한 사건으로 꼽히는 '홍환안'에 관련되어 있다. 태창제가 붉은 단약(홍환紅丸)을 두 번 복용한 후 갑작스럽게 붕어한 것이다. 당시 조정은 발칵 뒤집혔고, 황제가 붉은 단약 때문에 죽었다는 주장이 힘을 얻었다.

태창제의 즉위에서 붕어까지 단지 29일이 흘렀을 뿐이다. 모든 일이 너무 빨리 일어났기 때문에 그의 사망 원인에 대해 여전히 많은 의문점이 남아 있다.

시작은 태창제의 아버지 만력제가 사랑했던 정귀비였다. 정귀비는 새로 황제가 된 그의 환심을 사기 위해서 기예가 뛰어나고 아름다운 여인 여덟 명을 태창제에게 바친다(《명사기사본말明史紀事本末》 및 《죄유록罪惟

錄》에서는 네 명이라고도 한다). 태창제는 8월 초하루에 즉위했는데, 정귀비는 그와 동시에 미녀를 바쳤다. 《명사》〈최문승전崔文昇傳〉에서는 "등극하자마자 귀비가 미녀 넷을 데리고 가서 황제를 시중들게 했다"고 되어 있다. 문병文秉의 《선발지시先撥志始》에는 이렇게도 기록되어 있다. "밤에 여자 악사를 불러들여 … 한 명은 서생 역할을 시키고 다른 두 명은 여자 역할을 시키고는 즐겼다." 그렇게 열흘이 못 되어 태창제는 병이 들었다.

많은 이야기들이 떠돈다. 태창제가 매일 밤 전쟁을 치르느라 몸이 피로해졌다고도 한다. 역사학자 쑤퉁빙은 태창제가 "일상생활만으로도 피로를 느낀다"고 한 것에 대해 여색에 너무 빠져서 절제 없이 성관계를 한 탓에 원기가 상했다고 보았다. 하지만 즉위 후에 수많은 일을 처리하느라 마음과 몸이 지칠 대로 지쳐 과로사했을지도 모른다. 알 수 없는 일이다.

역사 기록에는 태창제가 아버지인 만력제의 죽음 후에 매우 바빴으며, 많은 일을 했다고 되어 있다. "유조遺詔[임금의 유언]로 은 200만 냥을 내어 요동 등의 변경에서 군대를 정비하게 하고, 광세鑛稅와 각세榷稅를 폐지했다. 광세사鑛稅使를 없애고 내각의 각신閣臣을 보충하여 조정 운영의 중추를 세워 조야가 모두 감동했다"고 한다. 또한, 효자를 자처하며 이를 자랑스럽게 여겼던 태창제는 만력제가 죽은 후 그의 묘호를 입안하는 등의 일도 바로 처리했다.

《명사》〈양련전〉에는 태창제가 즉위 5일 후인 8월 5일에 병이 들었다고 기록돼 있다. 역사학자 리둥팡은 설사병이라고 여겼다. 그러나 많은 사람들이(명나라 말기 정계, 학계에서 활약했던 당파인 동림당東林黨 사람들까지 포함해서) 태창제가 과도한 성관계로 인해 병이 들어 쓰러졌다고 믿었다. 밤마다 여러 명의 여인에게 승은을 내리느라 용안이 수척해졌다고들 했다. 설사는 소화기 계통과 장, 위의 염증 등과 관련이 있는 질병이다. 과도한 성생활이 설사를 유발한다는 말은 듣도 보도 못했다.

황제에게는 미인 후궁들이 부지기수로 존재했다. 그래서인지 황제의 몸에 뭔가 문제가 생기면 성욕에 탐닉했다느니 하는 말로 귀결되는 경우가 많다. 역사를 기록하는 사람마저 소설을 쓰듯 과장을 보태어 황제가 성욕에 탐닉하는 것을 생생하게 그려 낸다.

실제 이런 사례를 본 적이 있다. 어떤 사람이 이명이 심해 병원을 찾았는데 의사가 성생활이 과해서 그렇다며 '욕정을 자제하라'고 권했다. 나중에 그 환자가 신경종양(뇌종양)을 앓고 있었다는 것이 밝혀졌지만, 오진으로 큰일이 날 뻔했다. 또, 늘 피로하다며 의사를 찾은 사람에게도 같은 진단을 했다가 당뇨병 확진이 늦어진 사례도 있다. 오늘날의 의사들마저 이런 생각을 갖고 있는 것이다.

설사가 멈추지 않아 몸이 아프고 불편한데 성관계를 맺을 생각이 들고 또 그럴 힘이 남아 있겠는가? 설사는 심할 경우 산통Colic(복부 장기의 경련으로 인한 복통), 항문 통증 및 항문 파열까지도 동반하는 경우가 있다.

태창제는 장이나 위에 병을 앓은 것일까? 정말로 과도한 성관계로 인해 쓰러진 걸까? 아니면 정무를 돌보느라 과로한 탓일까? 아쉽게도 어의의 기록은 남아 있지 않다.

가짜 의원 최문승

어떤 사람은 이렇게 물을지도 모른다. 만력제가 붕어하고 태창제가 즉위한 뒤 닷새째가 될 때까지 짧디짧은 2주 정도의 기간 동안, 아버지의 영구靈柩는 여전히 황궁에서 발인도 하지 않았다. 그런데 효자로 자처했던 그가 설마 상을 치르는 동안에 자신에게 바쳐진 여인과 운우지락을 즐겼단 말인가? 다른 사람들의 손가락질과 효자라는 명예마저 저버리고?

명나라는 효를 굉장히 중시하던 사회였다. 상중에는 일체의 오락 활동이 금지되었다. 그런데 태창제가 황궁에서 여악사 세 명을 불러 놓고 피리를 불고 비파를 뜯으면서 노래하고 여색을 즐겼다니? 이런 일은 대역무도한 일이며 천리를 저버린 패륜 행위다. 정말 이런 일이 있었다면 왜 아무도 상소를 올려 새 황제를 질책하거나 탄핵하지 않았을까? 역사가들은 아무런 의심도 하지 않았단 말인가?

어의가 망문문절望聞問切(망진望診－문진聞診－문진問診－절진切診의 '사진四診'. 한의학에서 관찰하고, 소리를 듣거나 냄새를 맡고, 묻고, 만져서 환자를 진찰하는 방법)의 진단법에 의거해 기록하는 진료 기록은 매우 중요한 문헌이다. 병세를 물었을 때 성생활이 과해서 생긴 병이었다면 이를 기록했어야 한다. 어의가 황제의 기분을 거스를까 겁내지 않았다면 말이다. 이 점이 이상한 대목이다. 왜 어의 진새가 태창제를 진료한 병력 기록이 없을까? 황제의 병증, 임상 증상, 처방, 그 이후의 열흘간(8월 16일부터 26일까지)의 건강 상태 및 병세는 어떠했을까? 안타깝게도 역사가들은 어의의 임상 기록을 거의 언급하지 않는다. 태창제의 성생활이 과했느니 하고 말하는 사람들은 개인적인 의견만 가지고 결론을 내리고 있는 셈이다.

8월 12일, 태창제는 아픈 몸을 이끌고 대신들을 접견했다. 황제의 얼굴은 초췌하고 야위어 있었다. 반드시 과도한 성생활로 인한 결과라고 볼 수는 없다. 정무로 인한 피로, 식욕부진, 수면 부족, 감기, 설사 등의 이유로도 사람이 수척해질 수 있다.

그 후의 며칠 동안 어의 진새가 황제를 다시 진료했는지는 알 수 없다. 병세가 나아졌는지, 더 심해졌는지, 다른 어의의 기록이 있는지, 역사서에서는 더 이상 언급이 없다. 또한 어의 진새의 의술이 뛰어난지 아닌지도 알기 어렵다. 태창제의 병세는 호전되지 않았고, 상태가 심각해지자 의술이 고명한 의원을 초청한답시고 최문승崔文升에게 치료를 맡겼다.

병에 걸린 사람은 다른 사람의 추천이나 충고에 쉽게 휘둘린다. '누구누구의 병을 말끔히 낫게 했다'는 사람이 있다고 하면, 그 사람이 진짜 의술이 뛰어난지 의료 경험이 얼마나 풍부한지는 묻지 않는다. 지금도 그런 사람이 얼마나 많은가.

태창제는 바로 이런 치명적인 실수를 했다. 자신의 어의는 믿지 않고 어의도 아니고 일개 사례감병필(환관 총괄 기관의 관리)로 일하며 어약방을 관리하는 최문승에게 치료를 맡긴 것이다. 어쩌면 의학 이론을 조금 익혔을지도 모르지만 질병 치료 경험이 전무한 '가짜 의원'한테 말이다. 그야말로 목숨을 건 도박이 아닐까?

최문승은 의학에 대해 아는 게 별로 없었다. 그저 "정욕을 일으키는 춘약을 복용하면 양기가 솟구치고 몸의 기운이 건조해진다(한의학에서 말하는 질병을 유발하는 요소 중 하나인 '조燥(건조함)')"는 것만 알았다. 그래서 태창제의 체내에 "열독이 축적되었다"고 생각했다. 그는 열기를 제거하고 배변을 돕는 약(대황大黃)을 썼다. 설사를 하게 만들어 몸속에 쌓인 열독을 배출시키기 위해서였다. 그 결과 황제는 하룻밤에 34번이나 설사를 했다. 최문승은 원래 정귀비의 궁에서 일하던 내의內醫로, 말하자면 정귀비의 사람이었다. 태창제의 병이 악화되자, 친어머니인 왕씨의 집안과 부인 곽씨의 집안에서 이것이 정귀비의 음모라고 주장했다.

태창제가 병에 걸려서 붕어할 때까지, 사료에는 누가 황제의 곁에서 시중을 들었는지에 대한 언급이 거의 없다. 그는 혼자 궁중에서 병을 치료한 것 같다. 그렇다면 누가 태창제의 병과 관련된 일을 결정하고 일처리를 했을까? 그가 총애하던 동궁과 서궁의 이씨 여인 두 명은 왜 곁에 없었을까?

태창제가 언제 최문승의 약을 먹었는지에 대해서는 두 가지 설이 있다. 역사학자 리둥팡은 저서 《리둥팡, 역사를 말하다 : 명나라黎東方講史 : 細說明朝》에서 태창제가 8월 5일에 최문승이 처방한 약을 먹었다고 했다. 하지만 쉬원지許文繼와 천스룽陳時龍이 쓴 《정설 명나라 16황제正說明朝十六帝》나 당녠밍웨當年明月가 쓴 《명나라 그때 그 일明朝那些事兒》 및 《태창주략泰昌注略》 등의 사서에 따르면 최문승은 8월 14일에 처음 약을 올렸다.

태창제가 8월 14일에 최문승의 약을 처음 복용했다고 믿기로 하자.

《명광종실록明光宗實錄》에 따르면, "이틀 후(8월 16일), 광종이 명을 내려 '짐이 머리가 어지럽고 눈이 침침하며 팔다리에 힘이 빠져 움직이기도 힘들다. 어의를 부르라'고 했다." 광종은 하룻밤 사이에 34차례나 설사를 했고, 체내의 수분과 전해질을 과도하게 잃어서 탈수 현상Dehydration을 겪고 있었다. 머리가 어지럽고 눈이 침침하고 팔다리에 힘이 없는 것이 당연했다. 하지만 당시에는 식염수나 포도당액을 점적주사로 주입해 체액을 보충하는 방법 같은 것은 없었다.

《국각國榷》에서는 "정귀비가 주상락이 중병을 앓고 있는 것도 아랑곳 않고 전과 똑같이 아름답게 단장시킨 미녀들을 정성껏 골라 바쳤다. 8월 16일에도 또 한 번 미녀 여덟 명을 들여보냈다. … 하룻밤에 여러 여인과 성관계를 맺었다"고 기록했다.(차오궈칭의 《만력황제대전》에 인용된 내용) 역사가 정확하게 기록됐는지 혹은 과장됐는지, 심지어 편견을 갖고 기록됐는지는 지금 우리가 알 수 없다. 태창제가 그렇게 병이 심각하고 팔다리에 힘이 없었는데 여자들과 즐길 마음이 들었을까? 그럴 힘이 남아 있기라도 했을까? 그리고 왜 미녀들이 바쳐진 당일에 성은을 내려야 했을까? 어차피 자신에게 바쳐진 여인들이니 언제든지 관계를 맺을 수 있었다. 유효기한이 있는 것도 아닌데 당장 침대로 불러들일 이유가 없다. 기록이 사실이라면 태창제는 역사에 이름을 남길 만한 호색한이라고 하겠다. 그것도 나름대로 장렬한 죽음이요, 영광스런 죽음일 것이다.

태창제의 병은 나날이 심해졌다. 8월 17일, 그는 태의관과 내각의 여러 대신들을 불러 놓고 말했다. "짐이 죽도 제대로 먹질 못하고 밤부터 동틀 때까지 잠도 이루질 못하니, 어쩌면 좋겠소?" 자신의 몸이 나아질 가능성이 없다는 것을 스스로 알고 있었던 것이다. 8월 22일, 황제는 어의 진새를 다시 불러 진맥을 맡겼다. 대신들이 상황을 묻자, 진새는 이렇게 말했다. "드시는 양이 매우 줄었고 가래가 끓습니다. 반드시 요양에 온 힘을 쏟으셔야 합니다." 진새의 말을 통해서도 태창제의 병세가 심각함을 알 수 있다. 8월 26일, 태창제는 위독한 상황에 빠졌다. 당시에는 이미 폐 기능에도 영향을 미쳐 호흡이 곤란했을 것으로 생각된다. 큰일이 나게 생긴 것이다.

이런 상황에서 다시 며칠이 흘러갔다. 태창제는 자신의 생명이 다했

136
진시황은 열사병으로 죽었다

음을 느꼈다. 8월 29일, 그는 수보 방종철 등을 불러들여 '수궁壽宮'(황제의 능묘)에 대한 일을 꺼냈다. 방종철은 황제가 묻는 것이 얼마 전 붕어한 아버지 만력제의 능묘라고 생각했지만, 태창제는 자신의 능에 대해 말하고자 했다. "짐의 수궁을 말하는 것일세." 모였던 대신들이 다들 어떻게 대답해야 할지 몰라 묵묵부답했다.

이때의 태창제는 이미 더는 치료할 수 없는 지경에 이르렀을 것이다. 그러나 태창제의 정신은 맑았다. 홍려사승 이가작李可灼을 언급하기도 했다. 홍려사는 조회, 예법, 빈객 등의 일을 관장하는 조정 기구로, 이가작은 그곳의 관원이었다. 태창제가 어디서 알게 된 것인지는 알 수 없지만, 이가작이 선단仙丹(신선이 만든다는 영약) 제조에 뛰어나 황제의 병도 고칠 수 있으리라는 말을 들었다고 했다. 태창제는 이가작을 불러들여 그가 바친 붉은색 단약, 즉 홍환을 복용했다. 그 약을 먹고는 잠시 몸이 편안해졌다. 황혼녘이 되자, 태창제는 어의 진새의 반대에도 불구하고 홍환을 한 알 더 복용했다. 그리고 다음 날 새벽(9월 1일)에 붕어했다. 이것이 바로 명나라 역사에서 3대 수수께끼로 불리는 '홍환안'이다.

붉은 단약 두 알 ─ 태창제의 병에 대해 이야기하자면, 많은 사람들이 그가 겨우 38세의 젊은 나이로 병을 앓은 지 열흘도 안 되어 붕어

한 것을 보면 단순히 과도한 성생활로 인해 병이 들었다고 볼 수는 없다고들 한다. 과도한 성생활이 원인이라고 굳게 믿는 사람들이 내세우는 이유는 태창제가 줄곧 몸이 약했다는 것이다. 하지만 그는 그때 이미 일곱 명의 아들과 아홉 명의 딸을 두고 있었다. 안타깝게도 많은 역사서가 태창제의 병을 과도한 성생활에 초점을 맞추고 있다.

《명사》〈양련전〉에 정확하게 기록돼 있다. 태창제는 즉위한 지 5일 만에 병에 걸렸다. 역사학자 리둥팡은 그것이 설사병이라고 했다. 매우 가능성 있는 일이다. 태창제의 아버지 만력제도 만성적인 이질에 시달렸다. "복부가 불편하고 자주 토하며 설사가 멈추지 않는다. 비장과 위장이 상했다", "오랫동안 설사에 시달려 지금까지도 불시에 설사가 시작되니 몸이 매우 허약해졌다" 등의 기록이 있다. 어쩌면 태창제는 만력제와 마찬가지로 세균성 이질Dysentery에 걸렸을지도 모른다. 이질은 세균(장티푸스균 포함) 및 아메바 감염으로 걸리며, 오염된 식수나 식재료를 통해 감염된다. 역사를 연구하는 사람들은 태창제 부자의 식사를 책임졌던 황궁 주방과 식재료, 식수 등을 병의 원인으로 연구할 필요가 있다.

문제는 가짜 의원 최문승이 위와 장에 병을 앓는 태창제에게 대황을 처방한 것이었다. 대황은 마디풀과의 여러해살이풀로, 설사를 유도하는 크리소파놀Chrysophanol, 에모딘Emodin, 센노시드Sennoside A, 레인Rhein 등이 함유되어 있다. 전통 의약학에서는 대황의 약효가 "막히고 쌓인 것을 공격하여 배출하도록 유도한다. 화기를 배출시켜 독소를 제거한다"고 말한다. 또한 "간을 맑게 하고 쓸개에 이로우며, 강심 작용과 혈액순환에 도움이 되고, 비장을 건강하게 하고 육부六腑(위·대장·소장·쓸개·방광·삼초의 총칭)를 통순하게 하며 폐를 깨끗하게 해독"하는 작용이 있다고 한다. 대황의 안트라퀴논Anthraquinone은 장운동을 촉진하여 배변을 증가시킨다. 현대의 설사약에도 센노시드가 함유되어 있다.

개인적인 생각으로는 태창제가 최문승의 대황을 복용한 후 하룻밤에만 34번의 설사를 하며 체내 수분과 전해질을 대량으로 잃었고, 이로 인한 탈수증Dehydration이 나타났다고 본다. 그날 밤 당장 목숨을 잃지 않은 것이 용할 지경이다. 이런 과정을 거쳤으니 더는 대황을 복용하지 않았고, 설사 증세도 가라앉았다. 지사약을 쓰지 않아도 인체는 자연적으로 점차 회복된다. 그런데 왜 황제의 병은 점점 더 심해졌을까? 추측하자면, 원래 위와 장에 병(염증 혹은 감염)이 있었거나 이질이었을 가능성이 있다. 태창제는 만성 이질로 사망했을 가능성이 아주 크다(심지어는 장 천공Perforation), 복막염Peritonitis 등의 합병증이 있었을 가능성도 있다).

태창제가 붉은 단약, 다시 말해 홍환을 두 알 먹었기 때문에 사망했다고는 생각할 수 없다. 당시의 태창제는 바람 앞의 촛불처럼 생명력이 미약했다. 홍환은 홍연금단紅鉛金丹 혹은 삼원단三元丹을 말한다. 민간에서 전해지는 제조법은 이렇다. 처녀의 초경혈에 한밤중의 첫 이슬과 오매烏梅 등의 약초를 섞은 뒤 일곱 번 끓여서 끈적끈적한 상태로 만든다. 그런 다음 연단鉛丹[산화납을 가열하여 만든 적색의 가루로, 안료 또는 유리 도료로 쓰인다], 추석秋石[어린아이의 오줌을 고아서 만든 결정물], 사람의 젖, 주사硃砂, 송진 등을 넣고 둥글게 뭉친다.

따라서 홍환에는 중금속인 납과 비소 등이 함유되어 있었다.

그러나 중금속 중독은 대개 만성적인 중독이고, 태창제가 근육 경련이나 혼절 등의 급성 중독 증상을 보였다는 기록이 없으므로, 그가 급성 중독으로 갑자기 사망한 것은 아니다.

결론적으로 태창제의 죽음은 어리석은 의원이 함부로 잘못된 약을 처방한 것이 원인이다. 즉, 무지함이 사람을 죽인 셈이다. 그의 죽음이 정귀비 혹은 황궁 내의 어떤 사람이 꾸민 음모라는 생각은 역사학자들이 다시 한 번 신중히 연구하고 검토해야 할 문제다.

3

강희제의 감기

청나라 역사에는 강희제가 임종 며칠 전에
"우연히 감기에 걸렸다"고 말한 것으로 되어 있다.
이런 죽음은 자연사에 속한다.

청나라 제4대 황제 강희제가 병을 앓았다는 이야기는 꽤 유명하다. 그는 평생 두 번이나 병으로 죽을 고비를 넘겼다. 어렸을 때에는 천연두에 걸렸다가 요행히 죽음을 면했고, 1693년 서른아홉 살에는 말라리아에 걸렸다. 그때는 다행스럽게도 프랑스 루이 14세가 보낸 선교사 퐁타네Jean de Fontaney와 비스델로Claude de Visdelou가 가져온 퀴닌Quinine을 복용하고 완치되었다.

강희제를 괴롭힌 중풍

사실 강희제는 다른 질병도 앓은 적이 있다. 그는 중년 이후에 말라리아 외에도 구순종양·심계 항진증 등을 앓았는데, 모두 외국 선교사가 치료했다. 한족 문화 및 청나라 역사 전문가인 옌충녠 교수가 쓴 《정설 청나라 12황제正說淸朝十二帝》에 이와 관련한 기록이 나와 있다. 1708년(강희 47) 강희제는 황태자를 폐한다고 선포했다. 폐위 명령을 선포하면서 눈물을 흘렸고, 명령을 마치고는 바닥에 쓰러졌다고 한다. 강희제는 괴로워하며 슬픔에 잠겼고 7일간이나 먹지도 자지도 않았다. 너무 괴로워한 나머지 중풍이 들어 오른손으로 글씨를 쓸 수 없게 되었고, 왼손으로 상주문에 답을 달았다고 한다.

옌충녠은 CCTV 강연 프로그램 '백가강단'에서 강희제에 대한 강의를 하면서 이렇게 말했다. "강희제의 만년은 여러 아들의 황위 쟁탈전으로 점철됐다. 골육상잔도 서슴지 않은 황자들 때문에 강희제는 두 번이나 태자를 폐해야 했다. 이 때문에 가슴앓이를 했으며 부자간의 천륜은 사치스러운 것이 되었다. 심지어 만년에 반신불수로 고통 받았는데, 이 질병은 강희제가 붕어할 때까지 이어졌다."

강희제가 만년에 반신불수였다는 것은 사실인 듯하다. 만년의 강희제를 괴롭힌 중풍Stroke으로 인한 반신불수를 현대 의학의 시각으로 살펴보자.

일반적으로 '중풍'이란 뇌혈관에서 혈류가 끊어지고 혈액순환에 장애가 생겨 뇌빈혈을 겪는 질병을 가리킨다. 중풍으로 인한 증상은 색전증, 혈전 생성, 혹은 뇌혈관 파열로 인한 출혈 등이며, 이로 인해 급성 혹은 돌발성 뇌세포 파괴로 사망에 이르거나 신체 기능에 장애가 생긴다. 중풍을 유발하는 요인은 고령, 고혈압(동맥 혈관 경화를 동반할 때), 고혈당(당뇨병), 고지혈증, 흡연, 심장병(심방세동Atrial fibrillation) 등이며, 발작 24시간 안에 회복되는 일과성 뇌허혈 발작Transient Ischaemic Attack('소중풍小中風'으로 부르기도 한다)도 뇌경색의 전구前驅 증상이다.

앞서 언급한 고위험 요인 중에서 살펴보자면, 고령의 강희제가 고혈압이었는지(혹은 동맥 혈관 경화증이었는지), 고혈당 또는 고지혈증이었는지 알 수는 없다.

그 시대에는 과학적 검사를 통해 혈당·혈지血脂·혈압을 측정하는 기술이 없었으며 명확하게 일과성 뇌허혈 발작의 증상인 어지러움, 언어기능 장애, 사지마비, 무력감, 두통, 혀와 입술 마비, 눈과 입이 비뚤어지는 증상 등이 명확하게 기록된 바도 없다. 확실한 것은 강희제가 술을 마시지 않았고 흡연을 혐오했다는 것이다. 강희제는 온 나라에 명령을 내려 흡연을 금지시키기도 했다. 대학사 장진석蔣陳錫은 강희제가 술과 담배를 하지 않는 것에 대해 시를 짓기도 했다.

옥돌 잔에 향기로운 술 가득 따랐지만,	碧碗瓊漿潋滟開
연회석에서는 이미 깊은 잔을 금지시켰네,	肆筵先已戒深杯
요지의 연회가 파하면 구름 병풍을 펴고,	肆筵先已戒深杯
속세의 연기가 침범하지 못하게 하네	不許人間煙火來

강희제가 중풍 때문에 오른손으로 글씨를 쓸 수 없어 왼손으로 상주문에 답을 내렸다는 기록을 보면, 그의 반신불수 혹은 우편측마비('편측마비'란 신체의 한쪽이 전부 또는 일부 마비되는 증상이다) 증상은 확실한 듯하다. 그런데 이 증상이 경미한 편측마비 혹은 반신 부전마비에 속하는지를 알 수는 없을까? 강희제의 오른 다리도 마비되어 걷지 못했다거나 말이 불분명했다는 기록은 없다. 그런 증상이 있었다면 심각한 편측마비에 해당하는 것이다.

그렇다면 강희제의 중풍은 다른 요인이 있었던 것일까? 사서에서는 강희제가 깊은 고통에 빠져 심장이 약해지고 박동이 빨라졌다, 병석에 누워 거의 죽어 갔다고 했다.

비록 제한적이지만 이 같은 자료를 기초로 대담한 추리를 해 보자. 강희제는 심장병 혹은 심방세동이 있었을 것이다. 강희제는 심장이 너무 빨리 뛰어서 병석에 누웠고 죽을 정도로 고통스러워했다(심계 항진증). 심장박동이 불규칙한 것은 주로 심방세동에서 나타나는 증상인데, 심방세동은 심장박동이 빨라지는 동시에 불규칙해진다. 심근육이 수축과 이완할 때 혈액을 내보내야 하는 심방이 제 기능을 하지 못해 혈류가 신체 각 부위를 도는 데 영향을 미치고, 이는 환자의 심장박동을 빨라지게 한다. 심방세동의 원인은 아주 다양하다. 고혈압, 당뇨병, 심장병 및 선천성 심장병, 심장 기형, 수면 무호흡증, 갑상선 질병 등 다양한 원인이 있기 때문에 의사의 상세한 진단이 필요하며 원인에 따라 정확하게 처방을 받아야 한다.

강희제의 중풍은 심방세동, 심계 항진증으로 유발되었으리라고 추측할 수 있다. 환자의 심장이 효과적으로 혈액을 내보내지 못할 때, 심장의 혈액은 응고되어 혈전을 생성하는데 이것이 심장 바깥으로 나가 뇌혈관에 유입되면 색전증(떠다니는 물질이 혈관 안으로 들어가 일으키는 협착이나 폐색)이 나타나고 중풍으로 이어진다.

병석에서 일어나지 못하고 고열을 냈다

그렇다면 강희제는 어떻게 죽었을까? 뇌혈관의 색전증으로 인한 심각한 중풍? 아니면 또 다른 원인?

야사에서는 넷째 아들(뒷날의 옹정제)이 독을 써서 강희제를 죽였다고도 하지만, 이것은 믿기 어려운 이야기다. 하지만 야사의 이런 이야기를 무조건 비판하기도 어려운 것이, 강희제는 서른다섯 명의 아들을 두었고 그들은 모두 황제가 되고 싶어 했다. 그러니 황자들 사이의 권력다툼이 심각할 수밖에 없었다. 황자들은 몇몇이 뭉쳐 파벌을 형성했고, 황궁의 정변이라는 비극이 끊임없이 이어졌다. 황제는 분명 '고위험 직업군'이었다.

청나라 역사에는 강희제가 임종 며칠 전에 "우연히 감기에 걸렸다"고 말한 것으로 되어 있다. 그리고 병이 특별히 위중한 상태도 아니었고 옥체에 어떤 불미스러운 증상도 없었다. 청나라 역사 연구자이자 청 황실의 후예이기도 한 진형위안金恒源은 강희제 본인도 자신의 병을 그리 심각하게 여기지 않았다고 말한다. 강희제의 병이 본래 치명적이지 않았는데, 두 번째로 태자를 폐한 뒤 그 충격에 정신적으로 무너져서 병석에서 일어나지 못했다는 의견도 있다. 강희제가 사망하기 전에 고열에 시달렸다는 말도 있다. 실제로 강희제는 본인의 말대로 유행성 감기로 인한 합병증 때문에 죽음에 이르렀을 가능성이 있다. 이런 죽음은 자연사에 속한다.

내 생각에는 많은 사람들이 '(강희제가) 병석에서 일어나지 못하고 고열을 냈다'는 역사 기록을 너무 소홀히 여기는 것 같다. 이 기록은 별로 중요해 보이지 않지만 사실은 굉장히 핵심적인 표현이다. 강희제가 감기로 인해 기타 합병증에 걸렸다고 믿을 만한 자료가 있다면, 그의 죽음은 자연사이며 독살이 아니라는 증거가 된다.

강희제는 1722년(강희 61) 11월 13일에 붕어했다. 마침 늦가을에서 초겨울, 환절기의 유행성 독감이 기승을 부릴 때다. 독감에 쉽게 걸리는 대상은 노인과 어린아이로 65세 이상의 노인 및 2세 이하의 유아에게는 상당히 위험하다. 오늘날에도 전 세계에서 매년 300~500만 명이 유행성 독감에 걸리며, 그중 25~50만 명이 사망한다. 미국의 질병통제 및 예방센터에서는 매년 20만 명이 유행성 독감 때문에 의사의 진료를 받고 3만여 명이 증상 발생 후 사망한다고 밝혔다. 사망자 중에는

65세 이상의 노인이 가장 많았다. 특히 만성 질병을 갖고 있는 환자는 연령에 관계없이 고위험군에 속한다.

유행성 독감의 병세는 갑작스럽게 악화될 수 있다. 만성 심장병에 이미 반신불수였던 68세의 강희제도 예외는 아니었다. 고열과 합병증 (주로 폐렴)으로 증상이 급격히 나빠진 끝에 붕어한 것이다.

4

"너보다 먼저 죽지는 않을 것!"

광서제의 시신에 입혀져 있던 속옷에서도 특히 위장 부근의 속옷에서
겉옷에 비해 훨씬 많은 비소가 검출됐다.

2008년 베이징에서 '청나라 광서제의 사망 원인'이라는 연구 보고서
가 발표되어 언론의 주목을 끌었다. 광서제光緒帝(1871~1908) 사망 100
주기가 되기 전에, 그동안 논쟁거리였던 광서제의 사망 원인을 공포한
것이다. 이에 따르면, 광서제는 1908년 11월 14일 급성 위장성 비소중
독으로 사망했다.

광서제의 죽음을 둘러싼 미스터리 ― 그동안 광서제의 사망 원인
을 둘러싸고 수많은 억측과 가설이 난무했다. 어떤 사람은 병으로 죽
었다, 즉 자연사에 포함된다고 주장하고 어떤 사람은 독살당했다고 주

장하는 등 의견이 분분했다.(옌충녠의《정설 청나라 12황제》) 저명한 청나라 역사 전문가인 런민대학人民大學 청사연구원 원장 천화 교수가 쓴 《광서제 죽음의 비밀》에는 광서제의 사망과 관련된 중요한 자료와 문헌이 상세하게 열거되어 있다.

광서제의 사망 원인을 조사한 연구팀은 '중성자 활성화', 'X선 형광 분석', '원자 형광 분광 분석법' 등 최첨단의 과학적 방법을 활용했다. 이런 기술을 이용하여 광서제의 유해, 머리카락, 입었던 옷 등을 검사한 결과, 그 안에서 비소가 평균치의 수백 배나 검출됐다. 선진화된 첨단 과학 분석법을 활용하여, 광서제가 비소에 중독되어 죽었다는 결론을 도출한 것이다.

당시 광서제를 둘러싼 정치적 상황은 매우 복잡하였다. 당시 실권을 쥐고 있던 사람은 광서제의 이모인 서태후(자희황태후慈禧皇太後, 1835~1908)였다. 그런데 서태후도 광서제가 붕어한 지 22시간 만에 뒤이어 사망한다.(1908년 11월 15일)

이 사건과 관련된 의문은 부지기수다. 광서제가 죽기 4년 전 어떤 사람이 광서제가 서태후보다 먼저 죽을 것이라는 예언을 하기도 했다. 광서제의 전기인《숭릉전신록崇陵傳信錄》에는 "태후가 격노하여 '너보다 먼저 죽지는 않을 것이다'라고 외쳤다"는 대목도 있다. 그래서 많은 역사가들이 광서제의 죽음을 놓고 이런저런 가설을 제시한 것이다. 광서제를 살해한 흉수는 누구인가? 왜 광서제를 살해했나? 배후의 음모는 도대체 무엇인가? 광서제는 대량의 비상을 마시고 급성 비소중독으로 사망한 것일까, 아니면 평소에 조금씩 웅황雄黃(황화비소를 함유하는 광물이며 약재로 사용된다)을 복용하여 만성 비소중독 상태였던 것일까?

연구팀은 광서제의 머리카락에서 만성 비소중독 환자에 비해 66배나 많은 비소가 검출되었다고 밝혔다. 그렇다면 만성 비소중독은 아니라고 봐야 한다.(하지만 광서제가 원래 만성 비소중독의 증상이 있었는데 나중에 급성 중독으로 사망한 것인지는 알 수 없다.) 또한 광서제의 체내, 특히 위장에서 대량의 삼산화이비소As_2O_3(비상)가 검출됐으며, 광서제의 시신에 입혀져 있던 속옷에서도 특히 위장 부근의 속옷에서 겉옷에 비해 훨씬 많은 비소가 검출됐다. 즉, 광서제의 위장에 대량의 비상이 들어 있었고, 시체가 부패하면서 위장 바깥으로 독액이 흘러나와 속옷에 스며들었다는 뜻이다. 이는 광서제가 극독을 먹고 사망했음을 증명하는 것이다.

기록에 따르면, 광서제는 "(약을) 마시는 것을 싫어해 열 재 중에서 한두 재만 복용하곤 했다"고 하므로, 독약을 먹이기가 쉽지 않았을 것이다. 광서제는 자신이 마시는 것에 무색무취의 비상이 들어 있다는 것을 알았을까? 그렇다면 스스로 독약을 마셨을까 아니면 누군가 강제로 독약을 들이부었을까? 《계공구술역사啓功口述歷史》의 기록에 의하면 "부처님(자희황태후)께서 만세야(광서제)에게 탑라塌喇(오늘날의 요구르트)를 하사하였다"고 하는데, 이 요구르트에 독이 있었던 것일까? 독을 마시고 죽음에 이르기까지 얼마나 걸렸을까? 광서제가 중독된 후의 증상을 기록한 믿을 만한 의료 기록이 있을까?

청나라 마지막 황제인 푸이의 자서전 《나의 전반생》을 보면, 늙은 내관 리창안이 "광서제는 죽기 전날까지도 건강했는데 약 한 사발을 마시고는 갑자기 죽었다"고 한 말이 나온다. 죽기 전 며칠간 아무런 질병의 징조가 없었다는 것이다.

광서제의 사인을 연구하는 학자들은 광서제의 건강 상태를 기록한 여러 문헌을 살펴보았을 것이다. 그러나 의안醫案[의사가 질병을 치료할 때 행한 진단, 치료법, 처방 약의 사용 따위를 기재하는 진단 기록부. 맥안脈案이라고도 한다]은 얼마나 믿을 만할까?

극심한 복통과 노란 혀 —

광서제는 정치체제 개혁과 부국강병책 등을 시행하며 변법자강운동을 펼쳤다. 1898년에는 유신정치를 선포했는데, 이 때문에 보수파를 대표하던 서태후와 대립하게 됐다. 결국 서태후가 일으킨 무술정변戊戌政變으로 유신정치는 100일 만에 막을 내리고, 광서제는 영대瀛台에 유폐된다. 명의 진련방陳蓮舫이 불려와 광서제를 진료했는데, 직접 광서제를 만나지 못하고 서태후가 대신 전해 주는 병세를 듣고 치료해야 했다. 결국 진련방은 병을 핑계로 낙향해 버렸다. 서태후는 다시 태의에게 자신이 불러 주는 대로 가짜 맥안을 기록하게 하고, 황제가 병을 앓고 있다는 거짓말을 만들어 냈다. 심지어 아주 위중하다고 기록하여 다들 광서제가 병으로 사망했다고 여기게 만들었다.

청나라 때의 명의 굴계정은 《진치광서황제비기》에서 "(광서제는) 죽기 사흘 전, 침상에서 데굴데굴 구르며 … 극심한 복통을 호소했고 … 얼굴이 시커멓게 변하고 혀도 노랗고 거무죽죽했다"라고 기록했다. 이 기록은 얼마나 믿을 수 있을까? 내관 리창안은 "광서제가 죽기 전날까지도 건강했다"고 했고, "사망하기 이틀 전에 물가에서 발을 담그고 노는 것을 보았는데 활기차 보였다"고 했다. 두 기록 사이에 모순이 있는 것이다.

광서제가 생전에 정말로 건강에 문제가 있었다 해도, 붕어하던 날 "(몸이) 좋지 않다, 음양이 다 손상되고 겉과 속이 모두 병들었구나. 속에서 위액이 역류하고 허리와 사타구니가 쑤시고 아프며, 식사량도 줄었고, 목이 막혀 숨이 차고, 삼베옷을 입고도 열이 나고, 정신이 혼미해 밤에 잠들지 못한다"고 유언을 남겼는데, 사망하기 몇 시간 전에 이런 유지를 남길 정신이 있었을까? 그러니 유언에서 언급한 병세는 믿기 어렵다. 아마 다른 사람이 날조한 것일 터다.

오늘날에는 의사가 의료 기록에 거짓 기술을 하거나 임의 첨가, 삭제, 수정 등을 할 경우 당장 의사협회에서 제명되고 다시는 의료 행위를 할 수 없게 된다.

사실 광서제가 오랫동안 고통 받은 건강 문제는 정신적인 문제였다.

그는 심한 정신적 스트레스를 받았고 정서적으로도 고통을 겪었다. 거기에 유폐의 고독감과 우울감이 더해졌다. 현대 의학에서 말하는 심신증Psychosomatic disorders이다. 정신적 요인 때문에 신체기관의 기능에 문제가 생기고 고혈압, 궤양, 신경성 구토, 편두통, 소화불량, 불면증, 가슴 두근거림 등이 나타나는 경우도 있다.

광서제가 폐결핵을 앓아 병이 손쓸 수 없을 정도로 깊어졌고, 오장육부가 이미 괴사壞死했다는 기록도 있는데, 현대 의학에서 말하는 '괴사Necrosis'와 같은 의미인지, 아니면 장기 부전(신체기관의 기능이 둔해지거나 제 기능을 하지 못하고 멈추는 상태)을 의미하는지는 파악하기 힘들다. 당시의 의학 수준으로는 조영 기술을 쓸 수 없었으니 장기가 정말로 괴사했는지 알아낼 수 없었을 것이다.

전통 의학 문헌에는 비상에 대해 "맹수 비휴貔貅(표범의 일종)처럼 맹렬한 독이라 이름을 비砒라고 한다"고 기록돼 있다. 또한 "극독이라 잘못 먹었다가는 절명한다"고도 했다. 비상을 '신석信石'이라고도 했으며, 고치산枯痔散 등의 약에는 대량의 비상이 포함되었다고 한다. 비상이 체내에 들어가면 체외로 배출되기까지 상당한 시간이 걸린다.

급성 중독의 증상으로 구토, 안면 부종, 안구결막 출혈, 출혈성 설사, 단백뇨, 혈뇨, 어지럼증, 두통, 혼수, 경기, 쇼크 등이 나타나고, 심지어 사망에 이르기도 한다. 광서제는 사망 전에 이런 증상을 보였을까? 신뢰할 만한 의료 기록이 남아 있지 않아 확인할 수 없다.

그렇다면 만성 비소중독의 증상은 있었을까? 만성 비소중독의 비교적 확연한 증상은 피부에 진하고 옅은 반점이 나타나고 피부막이 벗겨지는 것이다. 손톱에는 가로로 선이 나타나고 입 안에 염증이 생기기도 한다. 손바닥, 발바닥에도 티눈이 생기고 피부도 간지럽고 두껍게 변하며 찌릿찌릿한 통증이 있다. 쉽게 알아볼 수 있는 증상들인데 광서제의 의료 기록에서는 이런 기록을 찾아볼 수 없다.

부실한 의료 기록, 복잡한 정치 상황 등으로 광서제의 죽음을 둘러싼 억측이 난무했으나, 여러 증거와 최첨단 과학적 방법으로 검사한 결과 광서제는 급성 비소중독으로 사망한 것이 확실하다. 누가 그를 죽음에 이르게 했는지는 여전히 의문으로 남아 있지만….

진시황은 열사병으로 죽었다

가경제를 버리친 '벼락'

가래가 끓어 괴로워하였는데, 반듯하게 누워 있으면 더욱 심해져서
반쯤 눕고 반쯤 앉은 자세로 하룻밤을 보내야 했다.
참으로 괴로운 밤이었다.

허베이성의 피서산장避暑山莊은 베이징에서 230킬로미터 떨어져 있다. 피서산장은 청더承德의 이궁離宮 혹은 열하행궁熱河行宮이라고도 불린다. 청나라 황제들이 여름에 더위를 피해 정무를 보던 장소다. 그런데 이곳에서 황제가 두 명이나 붕어했다. 청나라 제7대 황제인 가경제 (1760~1820)와 그 손자인 제9대 황제 함풍제(1831~1861)다.

붕어 전날 밤의 기록

가경제는 청의 최전성기를 이끈 건륭제의 열다섯째 아들이다. 가경제의 사인에는 두 가지 주장이 있다. 황궁에서는 병사라고 발표했다. 하지만 가경제는 번개가 치는 밤에 사망했는

데, 전해지는 말에 따르면 벼락에 맞아 사망했다고도 한다.

가경제가 갑자기 병으로 쓰러진 것은 61세라는 고령에 몸이 좀 뚱뚱했던 그가 당일 성황묘城隍廟에서 향을 피운 뒤 곧이어 영우궁永佑宮에 가서 예를 올리느라 피곤했던 데다 날씨가 더웠기 때문일 가능성이 크다. 바로 다음 날 사망한 것을 보면 심혈관 질병 혹은 뇌일혈로 돌연사했을 것이다. 황제가 피로했다면 침궁에 가서 휴식을 취했을 텐데, 벼락에 맞아 죽었다는 말이 나오다니 믿기 어려운 이야기다.

역대 황제의 사망에 얽힌 구체적인 상황은 대부분 상세한 기록이 없다. 단지 '병으로 붕어하셨다'라고 되어 있을 뿐이다. 그러나 쓰마저司馬哲의 편저서 《세설 청나라 12황제細說淸朝十二帝》에는 가경제의 붕어 전날 밤의 모습이 묘사되어 있다.

밤이 되자, 그때서야 매우 고통스러워했다. 가래가 끓어 괴로워하였는데, 반듯하게 누워 있으면 더욱 심해져서 반쯤 눕고 반쯤 앉은 자세로 하룻밤을 보내야 했다. 참으로 괴로운 밤이었다. … (다음 날) 얼굴은 창백하고 퉁퉁 부어 있었으며, 가래가 계속 끓어 호흡도 원활하지 못할 지경이었다. 몸이 매우 허약해져 말하는 것조차 몹시 힘들어 하며 몇 번이나 끊어졌다 이어졌다 했다.

누가 봐도 심각한 상황이다. 가경제 역시 자신의 병세가 일반적이지 않다는 것을 알았다. 오후가 되자 병세가 갑작스럽게 악화되어 가래가 기도를 막아 호흡이 더욱 어려워졌고 말도 할 수 없는 상황이 된 것이다.

이런 기록을 바탕으로 가경제의 병을 진단해 보자. 그는 분명히 고혈압을 앓았을 것이다. 당시의 의학으로는 고혈압에 대해 알지 못했으니 혈압을 낮추는 치료는 더 말할 것도 없다. 그저 고혈압이 계속 심해질 수밖에 없었다. 장기간의 고혈압으로 인해 심장과 심근이 비대해지고 손상되어 고혈압성 심장병Hypertensive heart disease으로 진행됐을 것이다. 증세가 심해지면 심부전 상태로 들어가게 된다.

조용한 살인자, 고혈압

고혈압의 진단 방법은 아주 간단하고 쉽다. 혈압계로 혈압을 재기만 하면 된다. 그러나 당시 사람들은 고혈압이나 혈압계가 무엇인지도 몰랐다. 혈압계로 혈압을 재는 방법은 1880년 독일의 의사 사무엘 폰 바쉬Samuel von Basch(1837~1905)가 발명한 것이다.

고혈압을 앓는 사람들은 초기 혹은 중기에는 아무런 감각이나 증상이 없지만(간혹 어지러움이나 두통을 호소하는 경우가 있다), 몸은 알지 못하는 사이에 심각한 손상을 입는다. 그래서 고혈압을 '조용한 살인자'라고 부른다. 중기나 후기에 들어서야 심장 기능이 완전하지 않거나 심장박동에 이상이 생기는 등의 증상이 나타난다. 처음에는 피곤할 때 나타나는 증상과 비슷하지만, 점차 가벼운 움직임에도 숨이 차고 호흡이 가빠지며 견디기 힘든 증상이 나타난다. 특히 반듯하게 누운 자세로 자면 횡격막이 올라가 폐가 압박을 받아 호흡이 순조롭지 못하고 심장이 혈액을 뿜어내는 힘이 약해지면서 폐가 충혈되어 호흡곤란이 가중되는데, 이로 인해 자다가 깨어나는 경우가 잦아진다. 동시에 부수적으로 기침과 가래가 동반된다(폐가 충혈되면 가래가 분홍색을 띤다.) 잠에서 깨어나 앉아 있다 보면 폐에 고였던 혈액이 점차 감소하면서 호흡곤란 증상도 나아진다. 이런 임상 진단은 급성 폐부종Acute pulmonary oedema〔폐수종, 폐울혈이라고도 한다〕이다.

"밤이 되자, 그때서야 매우 고통스러워했다. 가래가 끓어 괴로워하였는데, 반듯하게 누워 있으면 더욱 심해져서 반쯤 눕고 반쯤 앉은 자세로 하룻밤을 보내야 했다. … 얼굴은 창백하고 퉁퉁 부어 있었으며, 가래가 계속 끓어 호흡도 원활하지 못할 지경이었다"는 가경제의 증상은 바로 급성 폐부종이다.

고혈압성 심장병은 급성 폐부종을 유발하며 내과 의학의 응급 질병에 속한다. 환자에게 이런 증상이 나타나면 곧장 의사에게 데려가야 한다. 가능한 한 빨리 이뇨제를 주사하여 체내, 특히 폐에 고인 수분을 배출해야 한다. 동시에 심장이 제 기능을 못하는 심부전에 적절한 약물치료를 병행해야 한다.

고혈압은 문명사회의 사람들이 걸리는 질병이다. 수백 년 동안 이

'조용한 살인자'가 얼마나 많은 사람의 생명을 앗아 갔는지 모른다. 고혈압은 전신의 혈관 병변을 유발하는 심혈관 질병이다. 장기적으로 혈압이 계속해서 상승한 탓에 전신의 미세 동맥이 경화되고 좁아져 내부 기관과 조직의 혈액 공급에 영향을 미치며, 여러 가지 심각한 후유증으로 고혈압 합병증이 나타나기도 한다. 그중에서도 심장, 뇌, 신장의 손상이 가장 심각하다. 예를 들어 뇌혈관이 파열(뇌일혈, 중풍이라고 한다)되면 돌연사, 혼수상태에 빠지기도 한다. 사망하지 않더라도 대부분의 경우 장애를 입어 반신불수가 될 수도 있다.

치료보다 중요한 예방

나는 고혈압이라는 병은 아주 오래전부터 존재했다고 믿는다. 과거에는 그것을 고혈압이라고 부르지 않고 '훈현暈眩'(어지럼증이라는 뜻)라고 불렀을 뿐이다. 뇌일혈 또는 심장병은 폭궐暴厥, 강부僵仆, 졸도卒倒 등으로 불렀다. 그래서 고혈압이 언제부터 존재했는지 정확히 파악할 수는 없다.

현대 의학에서도 고혈압의 이상적인 예방법과 치료법을 찾고 있다. 어쨌거나 질병의 예방이 치료보다 중요하다. 정기적으로 혈압을 재고, 건강한 생활 방식을 가지며 건강에 관심을 기울여야 한다. 특히 앞에서 언급한 여러 증상이 나타날 시에는 빨리 병원에 가서 혈압을 재고 치료를 시작해야 한다.

가경제도 혈압이 높은 데도 이를 알지 못하고 치료 없이 그대로 방치했다가 심장근육(좌심실)이 두터워져 심장에 통증을 느끼게 되고 심장근육이 경색된 경우이다. 심부전으로 진행되면 급성 폐부종이 발병한다. 고혈압은 신장동맥경화를 유발하고 신장의 손상 및 신부전을 유발한다. 이는 빠르게 요독증Uraemia으로 이어진다.

같은 원인으로 혈관이 좁아지고 혈류 순환이 원활하지 못한 병리변화가 나타날 수 있으며, 이 때문에 다리 근육에 산소가 부족해지면 조금만 걸어도 종아리 근육이 아파서 멈춰 쉬어야 한다. 의학적으로는 이런 증상을 간헐성파행증Intermittent claudication(걸으면 다리가 아프고 저리며, 쉬면 낫는 상태가 반복되는 병)이라 한다. 이런 증상이 나타나면 빨리 검진을 받아야 한다. 아주 드물게 나타나지만 매우 심각한 증상은, 생명을 위협하는 합병증을 주로 동반하는 대동맥류Aortic aneurysm다. 대동맥류는 혈관 벽이 경화되어 얇아지는 증상으로, 이로 인해 대동맥이 파열되면 혈액이 심막이나 흉막강으로 흘러 들어가 급사할 수 있다.

고혈압이라는 개념이 없었기에 역사책에도 황제가 고혈압으로 사망했다는 기록은 남아 있지 않다. 당 태종의 중풍과 반신불수도 고혈압으로 인한 것이었을지 모른다. 비록 직접적인 사망 원인은 단약을 잘못 복용한 것이지만 말이다.

6

만력제, 대체 얼마나 뚱뚱했기에

만력제는 정말 관 뚜껑이 닫히지 않을 정도로 뚱뚱했을까?
몸이 뚱뚱한 사람이 무릎을 꿇은 채 앞으로 나아간다면
오히려 더 힘들고 곤란할 것이 아닌가.

1958년 9월, 베이징에 있는 정릉의 지하 무덤방이 열리고 338년간 그 곳에서 안식을 취하던 능의 주인 만력제가 세상에 모습을 드러냈다. 고고학자들의 지휘 아래 만력제의 재궁梓宮(황제와 황후 등의 관)이 열리면서 두꺼운 용포로 감싸여 있던 만력제의 유골이 나타났다.

유골을 원래 모습대로 복원한 후 내려진 결론은, 만력제의 체형은 등이 굽은 곱사등이었고 다리에도 장애가 있었다는 것이었다. 만력제의 유골은 두 다리 중 하나는 길고 하나는 짧았다. 요추腰椎에도 심각한 병변이 확연히 보였다. 골격을 통해 판단해 볼 때, 그의 정수리에서 왼쪽 발끝까지의 길이는 164센티미터였다.

곱사등이 황제

의학을 배운 사람이 만력제에 대한 역사적 사실을 읽으면, 그가 어떤 병에 걸렸는지 어떻게 죽었는지 알 수 있다. 만력제의 건강 상태는 많은 이들이 연구해 온 주제다. 그만큼 만력제는 평생 많은 병에 시달렸다. 다들 만력제를 명의 멸망을 불러 온 게으른 황제라고 말하는데, 나는 그의 게으름이 아주 복잡한 요인으로 형성된 것이라고 생각한다.

앞에서도 보았듯이 만력제는 알코올중독이었다. 하루 종일 술에 취해 있다시피 했다. 게다가 그는 병을 앓았다. 두 다리의 길이가 확연히 차이가 나고, 요추에서도 심각한 병변이 발견되었다. 이런 사실을 통해 보면 만력제는 원래부터 게으른 것이 아니라 정말로 건강이 좋지 못해 조정에 나가기 힘들었던 듯하다. 어쩌면 신체에 변형이 시작되면서 다른 사람들을 만나고 싶지 않았던 것일 수도 있다. 여기에 심리적인 장애가 더해지면서 스스로를 황궁 깊숙이 가두고 바깥출입을 하지 않는 자폐 황제가 되었던 것은 아닐까? 이런 병증과 비정상 심리를 가진 인물이 몇 십 년간 황궁에서 두문불출하며 성생활에 탐닉했으리라고는 상상하기 어렵다.

만력제의 유해 발굴 당시 고고학자들이 만력제의 유골을 상세하게 해부하고 검시했는지는 알 수 없다. 유체를 옮기기 전에 X선 검사를 했는지, 참조할 수 있을 만큼 상세한 의학적 보고서를 작성했는지도 알 수 없다. 안타깝게도 만력제의 유해는 국가중요문물로 지정되지 못했고, 그 때문에 제대로 관리되지 않았다. 1966년 문화대혁명 때는 홍위 병들이 정릉으로 뛰어 들어가 '지주계급의 총두목'이라며 만력제와 그의 황후 두 사람의 시신을 훼손하고 불을 지르는 바람에 지금의 발달된 과학기술로도 더는 만력제의 유골을 연구할 수 없게 되었다.

자료가 부족하지만 현재 상황에서 만력제가 앓았던 질병을 추론해 보면, 우선 만력제는 곱사등이었다. 정식 명칭은 '척추후만증Kyphosis'이 다. 척추가 변형되어 등이 불룩 튀어나오는 척추후만증의 원인은 불 량한 자세, 선천적 기형, 슈에르만병으로 인한 후만곡(척추가 등 쪽으 로 굽어지는 것) 기형, 그 밖에도 결핵성 척추염, 강직성 척추염Ankylosing spondylitis, 골다공증Osteoporosis, 척추뼈 퇴화Degenerative 등이 있다.

유해를 운반하기 전 바로 X선 검사를 했다면 척추뼈의 구조에서 병 리적 변화를 찾아내거나 두 다리의 골격에 어떤 병변이 있는지 작은 단 서라도 찾아낼 수 있었을 텐데…. 만력제의 척추 질환에 대해 감별진 단이라도 해 보자. 가능성이 많지 않은 질환, 불량한 자세로 인한 질환 이나 선천성 기형, 강직성 척추 질환 등을 제외하는 과정을 거치고 나 면 만력제는 슈에르만병으로 인한 척추후만곡 기형일 가능성이 커 보 인다. 혹은 결핵성 척추염일 수도 있다.

슈에르만병은 통상 청소년기에 시작되며 주로 남성에게 나타난다. 기형은 시간이 지날수록 확연해지고 심각해진다. X선 촬영을 해 보면 척추뼈가 쐐기 모양으로 변형된 것을 볼 수 있다. 슈에르만병의 원인은 알려져 있지 않다. 몇몇 병례에서는 가족력이 있는 경우가 발견된다. 나이가 들수록, 그리고 오래 앉아 있으면 통증을 느낀다. 하루 종일 똑바로 앉은 자세로 있다 보면 등 근육이 뻐근하고 피로를 느낄 수 있다.

자세로 인한 척추후만증의 경우에는 척추뼈가 변형되지 않는다. 척추에 병리적 변화가 있으면 척추뼈가 잘못된 위치로 이동하며, 뼈 사이의 신경이 눌려서 콕콕 찌르는 통증이 생긴다. 만력제가 '발바닥 가운데에 통증이 있다'고 했던 말이 이것이다. 그러나 충분한 자료가 없으므로 만력제가 슈에르만병이라는 것을 증명할 수는 없다.

만력제가 '포트병'이라고도 불리는 결핵성 척추염으로 인해 척추후만증을 보인 것인지도 생각해 볼 수 있다. 포트병이라는 병명은 영국 외과 의사 퍼시벌 포트Percivall Pott(1714~1788)의 이름을 딴 것인데, 결핵 감염으로 인해 척추에 병리적 변화가 생기는 병이다. 척추의 골질骨質〔콜라겐의 일종으로 뼈를 구성하는 물질 중 하나〕이 결핵 때문에 손상되거나 괴사하면서 추체椎體〔척추뼈를 구성하는 원통형 뼈〕가 병변과 중량으로 인해 내려앉으면서 척추가 구부러지고 등 쪽의 가시돌기Spinal process가 융기하면서 등이 낙타의 등처럼 기형화한다.

이 병은 흉추결핵에서 더욱 명확하게 나타난다. 통계자료에 의하면, 척추 추체의 결핵은 골관절 결핵 환자의 50~75퍼센트를 차지한다. 증상으로는 피로감, 무기력, 환부의 통증 등이 있다. 척추 X선 촬영을 해 보면, 추체에 불규칙한 골질 손상, 함몰, 공동화, 부골편Sequestrum〔괴사하여 떨어져 나온 뼛조각〕 등이 관찰되며, 척추 뼈 사이의 간격이 좁아지거나 아예 사라지는 현상 등을 볼 수 있다. 방척추傍脊椎에는 농양 혹은 냉농양Cold abscess의 흔적이 나타난다. CT 또는 MRI 촬영을 통해서는 병변의 범위와 척추관脊椎管〔척수가 들어 있는 척추 뼈 속의 관〕 내의 병변, 척수 압력 등도 측정할 수 있다.

만력제가 평생 얼마나 고통 받았을지 상상할 수 있다. 만력제가 아편을 복용한 이유도 짐작된다. 아편은 진통 작용을 하는 약물이다. 장기 복용하면 의존증과 중독 현상이 생기기도 한다. 단순히 그가 아편을 복용했다는 데서 아편을 최음제로 쓰는 호색한이라고 폄하하는 것은 너무 설득력이 없는 논리다. 적어도 황궁에서 누가 그에게 아편을 주고 복용하게 했는지, 중독되어 금단증상이 있었는지를 자세히 연구할 필요가 있다.

만력제는 고도비만이었다?

1958년 정릉 발굴 때 만력제의 시체 안치 방식이 아주 독특했다. 재궁 속에 놓인 만력제의 시체는 전통적인 똑바로 누운 자세가 아니라 사지를 구부리고 옆으로 누운 자세인 '북두칠성' 안치 방식이었다. 학자들은 그런 자세가 고대의 풍수지리학적 시각에서 천제가 머무르는 곳이라는 의미를 담고 있다고 하였다.

그러나 이 사실이 알려지면서 또 한 번 여러 추론이 들끓었다. 어떤 사람은 만력제의 배가 너무 뚱뚱해서 재궁의 뚜껑이 닫히지 않자 어쩔 수 없이 옆으로 뉘였다고 주장했고, 또 어떤 사람은 운구하는 과정에서 재궁이 심하게 흔들려 자세가 바뀐 것이라고 했다. 이런 추론은 틀렸다. 그렇다면 만력제의 두 황후는 뚱뚱하지도 않고 척추후만증도 아닌데 왜 시체를 같은 방식으로 눕혔겠는가. 같은 해인 1620년에 죽은 만력제의 아들 광종 주상락 역시 북두칠성 방식으로 안치되었는지도 살펴볼 문제다.

이 논란은 그렇다 치고, 만력제는 정말 관 뚜껑이 닫히지 않을 정도로 뚱뚱했을까? 옌충녠 교수는 《명청 교체기 60년明亡淸興六十年》에서 "만력제는 건강이 좋지 않았고 비만했다"고 하였고, 다른 책에서는 "그가 걸어갈 때는 환관들이 그의 몸을 부축하고 천천히 움직여야 했다", 만력제가 태후에게 문안 인사를 드릴 때는 "무릎을 대고 앞으로 나아갔다(엎드린 상태에서야 무거운 몸을 움직일 수 있었다는 뜻)"고도 했다.

명나라 역사 전문가인 차오궈칭이 쓴 《만력황제대전》에서는 "주익균(만력제)은 스물다섯이 되기 전에는 신체를 단련했으나 그 후에는 먹고 마시는 데 빠져서 조정의 일에는 마음을 쓰지 않았다. 평소 부드럽고 세밀하게 만든 음식만 먹고 정상적으로 운동도 하지 않아 일찌감치 몸이 뚱뚱해졌고 나중에는 움직이는 것도 불편할 지경이 되었다. 항상 머리가 어지럽고 힘이 없다고 말했으며 정신이 혼란스러웠다"고 하였다.

도대체 만력제는 얼마나 뚱뚱했던 것일까? 역사서에는 상세한 기록이 없는데, 옌충녠 교수는 어떻게 고증을 하여 그가 어린 환관들이 부축해서 천천히 걸어야 할 정도로 고도비만이었다고 추정한 것일까? 안타깝게도 옌 교수는 그 주장의 근거가 되는 자료의 출처를 명시하지 않았다.

나는 그가 말하는 내용이 약간 과장된 게 아닌가 싶다. 만력제가 태후에게 문안 인사를 갈 때 "무릎을 대고 앞으로 나아갔다"고 했는데, 이는 무릎을 꿇어야만 몸을 이동시킬 수 있었다는 것이 아니라 그저 '포복匍匐'(엎드린 자세로 손과 발을 함께 사용하여 움직이는 것)을 했다고 보아야 할 것 같다. 다시 말해 극도의 존경심을 표현한 예절이었던 셈이다. 만력제가 친어머니인 태후에게 문안을 드리는 것은 이상한 일이 아니다. 옛날에는 멀리 떠나 있던 자식이 부모님의 임종을 지키지 못하면 집에 돌아올 때 문 밖에서부터 '포복'의 자세로 기어서 들어왔다고 한다. 그리고 생각해 보라. 몸이 뚱뚱한 사람이 무릎을 꿇은 채 앞으로 나아간다면 오히려 더 힘들고 곤란할 것이 아닌가.

그렇다면 만력제는 얼마나 뚱뚱했을까? 예전에는 단순히 느낌이나 인상을 통해 뚱뚱한지 아닌지 표현했다. 지금처럼 BMI 등으로 정의내리지 않았다. BMI란 체질량지수Body Mass Index의 줄임말로, 전신의 과체중 및 비만도를 반영한 수치다. 현재 국제적으로 인체의 비만 정도와 건강 상태를 표시하는 표준적 지수로 사용되고 있다.

BMI의 공식은 'BMI(kg/m) = 체중(kg) ÷ 키(cm)²'이다. 이 공식으로 얻어진 수치가 18.5에 미치지 못하면 저체중, 18.5~24.9 사이면 정상체중, 25~30 사이면 과체중, 30을 넘으면 비만 또는 고도비만으로 진단한다.

뚱뚱해지면 건강에 문제가 일어난다. BMI가 정상 범위보다 높으면 고혈압, 당뇨병, 관상동맥 경화증, 중풍, 요절, 급사 등이 발생할 수 있다. 통계에 따르면 BMI가 30을 넘으면 일찍 사망할 확률이 정상 범위의 사람보다 50~100퍼센트나 높다. 심지어 암 발병률도 증가한다. 비만한 사람은 고지혈증 등이 생기기 쉽고, 만성질병의 관련성이 높아진다.

비만한 사람은 호흡기 계통의 질병도 걸리기 쉽다. 수면 무호흡증 Sleep apnea syndrome은 뇌에 산소 결핍을 유발하고 수면 부족, 정서 불안 등을 가져온다. 낮에도 정신을 차리지 못하고 졸음이 오기도 한다. 만약 운전 중이라면 사고가 날 수도 있다.

비만한 사람은 심리적·정서적인 문제를 보이기도 한다. 마음속 깊이 자신이 다른 사람보다 못하고 매력이 없고 다른 사람들에게 업신여김을 당하고 놀림감이라고 생각하기도 한다. 이런 상황이 오래되면 심리적 불균형, 두려움, 초조, 자괴감, 우울 등을 겪을 수 있다.

만력제가 비만증으로 인해 유발될 수 있는 이런 문제들을 겪었는지 알 수는 없다. 고혈압·고혈당·고지혈증 등의 질병을 앓았는지도 400년 전의 의학으로 밝혀낼 수 없다. "머리가 어지럽고 눈이 침침하다"고

168
진시황은 열사병으로 죽었다

했다는 기록으로 고혈압이 아닐까 생각하는 것은 그저 추론일 뿐 확정 진단은 아니다. 또한 만력제의 심리 상태가 비만한 신체와 관련이 있었는지도 알기 어렵다. "뚱뚱하면 게으르고, 게으르면 더욱 뚱뚱해지므로 악순환이 계속된다. 그래서 만력제가 정무를 귀찮아하고 게을렀다"는 결론은 어떠한 의학적 설득력도 갖지 못한다.

만력제의 초상화를 몇 점 본 적이 있는데, 특히 난징의 열강루閱江樓에 걸려 있는 초상화는 비만증을 앓고 있는 사람의 얼굴로 보이지 않았다. 어쩌면 만력제는 그저 거구의 사나이였을지도 모른다. 초상화는 화가의 묘사력에 의존할 수밖에 없다. 옛날 한나라 원제 때 왕소군이 뇌물을 주지 않자 그녀의 얼굴을 추하게 그렸던 화가도 있었으니, 초상화를 전적으로 신뢰하기는 어려울 것이다.

구강 질환과 안면부 함몰

명나라 역사 전문가 차오궈칭은《만력 황제대전》에서 이렇게 기록하고 있다.

"그의 치아는 매우 좋지 못했다. 충치, 치주 질환, 불소 침착증 등 여러 구강 질환을 앓았다. 충치는 그의 왼쪽 송곳니에 있는데, 치수괴저〔괴사한 치강 조직이 변화를 일으키는 것〕가 발생하여 그곳에서 조직의 병리적 변화가 일어났다. 잇몸 부분에도 조직 세포의 기능을 상실한 구멍이 생겼다. 심각한 치주 질환으로 인해 만력제의 치아는 일찌감치 빠졌고, 임종 즈음에는 위 아래로 치아 아홉 개가 상실되었다. 평소에 그가 '부드럽고 정밀하게 조리한 고단백 음식'을 먹었고, 왼쪽 위의 어금니가 생애 초기에 상실되어 오른쪽으로만 음식을 씹는 버릇 때문에 왼쪽은 오랫동안 저작(씹음) 기능을 하지 않아 턱뼈 발달도 불균형했다. 안면부가 움푹 꺼지고 좌우 대칭이 맞지 않아 보기 좋지 않았다."

핑장히 상세한 기록이다. 고고학자들이 치과 의사를 초청해 상세한 검사를 거친 다음 기록을 남긴 것이 있는지는 알 수 없다. 많은 역사책을 읽었지만 이토록 상세하게 의료 기록이 남아 있는 경우를 본 적이 없다. 이 기록이 사실이라면 만력제의 구강 건강 상태는 매우 나쁜 편에 속한다.

그런데 차오궈칭이 사용한 충치Dental caries, 치주 질환Periodontitis, 불소 침착증Dental fluorosis, 치수괴저Pulp gangrene, 치조골Alveolar bone 등의 단어는 현대 치의학의 전문적 용어들이다. 또한 고단백 식품이라는 단어도 현대 의학에서 사용하는 용어다. 이런 점으로 볼 때 그가 《명신종실록明神宗實錄》이나 《명사》 같은 고대 역사 문헌에 근거해 이런 서술을 했을 것으로 보기 어렵다. 안타깝게도 만력제의 유해가 불태워져 남아 있지 않아 만력제의 구강 질환이 그의 건강에 영향을 미쳤는지, 그의 죽음을 앞당긴 것은 아닌지에 대해서는 알 수 없다.

다만, 만력제가 오랫동안 치통으로 고통 받았다면 아편을 복용해 통증을 진정시키려 했을 수도 있다. 그리고 만력제의 '안면부가 움푹 꺼져 있고 좌우 대칭이 맞지 않았다'는 것이 그가 두문불출하면서 사람들을 만나려 하지 않았던 원인이었을지도 모른다. 하지만 현재 남아 있는 그의 초상화에는 얼굴이 비뚤어진 데가 없다.

자주 토하며 설사가 멎지 않으니 —

만력제는 사망하기 20개월 전인 만력 46년(1618) 11월, 수보 방종철方從哲에게 전언을 보내(직접 만나지는 않았다) "입동 이후로 눈이 침침하고 머리가 어지러우며 가래가 많이 끓고 기침이 계속된다"고 했다. 이는 폐부가 감염된 증상이다.

몇 개월 후, 명나라 군대가 후금後金(뒷날의 청나라)과의 사르후 전투에서 참패했다. 병을 앓고 있던 만력제는 정서적으로 더욱 침울해졌다. 감정 상태가 나빠진 것은 만력제의 건강에 나쁜 영향을 미쳤고, 그의 성격은 더욱 급하고 과격해졌다. 만력제의 몸은 이미 무너지고 있었다.

1619년 3월 이후 만력제는 스스로 "자주 화가 나고 눈이 침침하고 머리가 어지러워 정신이 맑지 못하다. 여름으로 접어들면서 덥고 습하여 소화도 잘 되지 않고 자주 토하며 설사가 멎지 않으니 비장과 위가 상한 듯하다"고 이야기했다. 오랫동안 설사를 계속하면 신체가 허약해지고 아랫도리가 붓고 아프며 앉아 있는 것도 힘들어진다.

이것은 이질의 증상이다. 여기에 눈, 귀, 발 등이 아프다고 했는데, 눈과 귀가 아픈 것은 아마도 치아 농양이 뇌신경에 영향을 주어서 통증이 전이된 것으로 보인다. 오른쪽 발에도 통증이 있었고, 움직임이 원활하지 못하고 신체가 극히 허약해졌다. 결국 하루 종일 침상에 누워 지내야 했다. 이때 이미 그의 척추 질환 혹은 관절염이 악화된 것으로 보인다.

만력제의 병세가 갈수록 심각해지자 더는 조정의 일을 돌볼 수 없었다. 그는 문서관을 시켜 내각대학사들에게 말을 전했다.

병이 들어 고통을 겪는 것은 사람이 참아야 할 일인가? 병이 진짜이니 조회에 참석하는 것이 쉽지 않도다.

병으로 누워 있으면서도 만력제는 마음속으로 국사를 걱정했던 듯하다.

"경은 각 부서에 전달하여 곧바로 각지의 경략과 독무들에게 사자를 보내도록 하라. 합심하여 성을 지키고 도적을 멸할 방법을 강구하라."

혹시 만력제가 병을 앓는 모습이 매우 보기 흉해서 줄곧 사람을 만나려 하지 않는지도 모른다. 만력 48년인 1620년 4월 11일은 사망하기 3개월 전이다. 수보 방종철은 몇 차례나 뵙기를 주청하며 애걸한 끝에 병상에 누운 만력제를 한 번 만날 수 있었다. 만력제가 자신의 병세를 말하고 방종철은 무릎걸음으로 만력제 앞으로 다가가 고개를 들고 황제의 얼굴을 바라봤다. 상당히 야위어 있었다. 만력제의 병은 하루하루 나빠져만 갔다. 그는 "정신이 오락가락하고 눈이 침침하며 문서를 읽는 것도 힘들어졌다."

만력제는 만성 이질을 앓았던 듯하다. 그 시대에는 미생물학이 발달하지 않았으므로 어떤 미생물로 인한 이질인지 찾아내고 증상에 맞게 약을 쓰는 것이 불가능했다. 게다가 항생제도 없었으니 치료가 무척 힘들었다.

만력제가 아편을 복용한 것도 혹시 이질로 인한 복통 때문 아니었을까? 중국 전통 의학에서는 아편을 오랜 기침, 설사, 이질, 탈항(치질의 일종), 대부분의 흉통과 복통 등에 처방하곤 했다. 그러나 아편은 단지 증상을 완화시킬 뿐 근본적인 치료가 되지 않는다. 만력제는 1620년 7월 21일에 사망했다.

제4장

황제들을 괴롭힌 질병

대표적인 생활습관 질환, 당뇨병

수 양제 역시 소갈병을 앓았다고 한다.
매일 목이 타고 혀가 말라 몇 되씩 물을 마시고 소변도 엄청나게 보았다.
결국 불려간 태의는 모두 돌아오지 못했다.

당뇨병은 흔히 볼 수 있는 대사장애 질병으로, 혈액 속 혈당(포도당)이
높아져 소변으로 배출되는 증상을 말한다. 이런 병은 생활 습관의 변
화 및 나쁜 식습관, 운동 부족, 비만, 고령 등의 요인과 매우 밀접한 관
계가 있다.

당뇨병으로 사망한 황제들

중국 사람들은 당뇨병을 서양보
다 2천여 년이나 앞서 알고 있었다. '약왕藥王'이라고도 불리는 손사막
(581~682)부터 따져도 1천 년이 앞선다. 하지만 이런 이야기가 전부 정
확한 것은 아니다.

2세기의 그리스인 아레타에우스Aretaeus(130~200)는 소변이 늘고 목이 마르며 야위는 병을 'Diabetes(당뇨병)'라고 이름 붙였다. 이 병에 걸리면 환자의 근육과 신체 조직이 소변 속에 녹아 나온다고 생각했다. 당나라 때의 명의 손사막이 쓴 《천금요방千金要方》과 왕도王燾(675~755)가 쓴 《외태비요外台秘要》에는 이렇게 서술되어 있다.

갈증이 나고 물을 많이 마시며 소변에 ··· 단맛이 나면 이를 소갈병消渴病이라 한다.

소갈병을 앓는 사람의 소변은 단맛이 난다는 것이다. 최초의 당뇨병 기록이 아닐까 생각된다. 당뇨병Diabetes mellitus(라틴어 Mellitus는 '벌꿀'이라는 뜻)이라는 이름은 한참 뒤인 1675년에 붙여졌다. 당시 영국의 의사 토머스 윌리스Thomas Willis(1621~1675)는 환자의 소변이 '벌꿀처럼 달았다'고 묘사했다. 1815년에 프랑스 화학자인 슈브뢸Chevreul이 환자의 소변액에 있는 당분이 포도당이라는 것을 증명했다.

당뇨병이 적어도 2천 년의 역사를 갖고 있다면 희귀한 병은 아닌 셈이다. 그렇다면 고대의 황제들도 당뇨병을 앓았을까? 역사서를 뒤져보면 명확한 기록은 많지 않다. 특히 '당뇨병'이라는 병명은 17세기에 처음 사용되기 시작했으므로 역사서에는 다른 이름으로 기록되었을 것이다. 손사막과 왕도가 말한 소갈병이 바로 당뇨병이다.(어떤 사람들은 소갈병과 당, 인슐린은 근본적으로 무관하다고 여기기도 한다. 서양 의학의 당뇨병과 한의학에서 말하는 소갈병은 다르다는 것이다.) 옛날에는 혈당과 요당의 통상적인 진단 및 내당성 테스트Glucose Tolerance Test(GTT), 당화혈색소 HbA1c 검사가 없었으므로, 사료에 바탕한 추론으로 고대인의 당뇨병을 진단할 수밖에 없다.

사료를 바탕으로 추측해 보면, 한 고조(기원전 256~기원전 195)와 무제(기원전 156~기원전 87), 수 양제(569~618) 등은 당뇨병으로 사망한 듯하다. 한 고조 유방은 경포黥布의 난이 일어났을 때 병을 앓는 상태로 직접 토벌에 나서 전투 중에 화살을 맞았다. 반란이 진압된 후에도 상처가 다 낫지 않아 곪고 감염되는 등 병세가 점점 심각해졌다. 이런 경우 당뇨병으로 사망했을 가능성이 아주 커진다. 상처에 염증이 생겨 화농성 감염으로 진행되면 치명적인 패혈증을 일으킨다. 게다가 당시는 항생제가 발견되기 전이었다. 현대 의학에서는 당뇨병 환자의 상처 부위는 완치되기 어렵다는 것을 다들 잘 알고 있다. 손사막, 왕도는 이런 말도 했다.

무릇 소갈병을 100일 이상 앓은 사람은 절대로 뜸을 떠서는 안 된다. 뜸을 뜬 후 그 상처에서 계속 고름이 나오기 때문이다. 이 때문에 독창이 생겨서 몸이 많이 야위고 죽음에 이르기도 한다.

의원들은 절대 피부나 살에 상처가 나서 화농이 생기는 일이 없도록 예방해야 한다고 강조했다.

그렇다면 한 무제는 당뇨병이 있었을까? 그의 사인은 무엇일까? 후한의 명의 장중경張仲景(150~219)은 '신기환腎氣丸'을 조제하여 한 무제의 소갈병을 치료했다고 한다. 의심스러운 말이다. 왜냐하면 장중경은 한 무제가 죽고 237년이나 지나서 태어난 사람이기 때문이다. 흉노의 왕이 한 무제에게 소갈병을 치료할 수 있는 비밀 처방을 바쳤다는 말도 있는데, 이것은 사실일지도 모른다. 한 무제가 당뇨병을 앓은 것은 믿을 만한 이야기다.

한 무제는 만년에 병이 들어 때때로 정신이 흐릿했고, '공포증' 증상이 나타났다. 그의 판단이나 행동을 통해 그가 당뇨성 신장 병변으로 인해 신장 쇠약(요독증)에 이르렀음을 추측할 수 있다. 이런 환자는 뇌부 중독(요독성 뇌병증Uremic encephalopathy)으로 혼돈, 집중력 저하, 환각, 정서 불안, 행동 변화, 판단 장애 등 각종 정신 병태가 나타난다.

2천여 년이 지났는데 어떻게 한 무제가 요독증이라는 진단을 내릴 것인가? 추리 기법을 바탕으로 추측하는 수밖에 없다. 만년의 한 무제는 이해하기 힘든 잘못된 결정을 내리곤 했다. 대표적인 예가, 친아들인 황태자가 황위를 찬탈하려고 무당을 시켜 자신을 음해했기 때문에 병이 들었다고 의심한 것이다. 결국 황태자와 그의 생모인 황후가 자결하는 것으로 끝이 났다. 그런 다음 막내아들 유불릉劉弗陵을 태자로 책봉하고서 생모인 구익부인을 죽이라는 결정을 내린 것도 이해하기 힘들다. 한 무제는 어린 황제가 즉위했을 때 생모가 정치에 개입하고 외척이 권력을 얻을 것을 염려해 미리 그들을 처리해야 한다고 생각했던 것 같다.

속담 중에 '호랑이가 아무리 잔인해도 자식은 잡아먹지 않는다'는 말이 있다. 그런데 한 무제는 친아들과 황후로 삼은 아내까지 죽였다. 그에게 정신적으로 큰 문제가 있었음을 나타낸다. 요독증의 영향이 뇌까지 미쳐서 이성을 잃고 그런 죄악을 저질렀던 게 아닐까?

역사서의 기록에 따르면, 수 양제 역시 소갈병을 앓았다고 한다. 매일 목이 타고 혀가 말라 몇 되씩 물을 마시고 소변도 엄청나게 보았다. 점점 야위어 앙상한 몰골이 되어 갔다. 태의들을 불러들여 진맥하게 했지만, 결국 불려간 태의는 모두 돌아오지 못했다. 양제가 모두 처형해 버렸기 때문이다. 당뇨병은 양제의 목숨을 앗아 가기 전에, 운 나쁜 태의들의 목숨부터 가져간 셈이다. 양제는 총애하던 신하 우문화급宇文化及(577?~619)이 반란을 일으켰을 때 살해됐다.

신추부인의 병리해부 보고서 —

앞에서 말한 것처럼 청나라 가경제 애신각라옹염愛新覺羅顒琰(1760~1820)은 고혈압, 심장병, 급성 폐부종으로 사망했다. 사실 현대인이 '삼고증'을 앓는 경우는 매우 많다. 삼고증이란 고혈압, 고혈당(당뇨병), 고지혈을 말한다. 가경제는 고혈압뿐 아니라 동시에 삼고증을 다 앓았을 가능성이 크다. 고대의 의술 수준을 생각하면 혈압, 혈당, 혈지 검사 같은 것이 없었으니 가경제가 고혈압과 당뇨병이 있었는지 정확히 알 수는 없지만 말이다.

신추부인辛追夫人도 생전에 오랫동안 당뇨병을 앓았을 것으로 생각된다. 신추부인이 누구인지 아는 사람은 많지 않을 것이다. 그러나 창사長沙에 있는 마왕퇴馬王堆[초나라 마씨 왕의 무덤]의 여성 미라라고 하면 대부분 고개를 끄덕인다. 심지어 많은 사람들이 그녀를 만난 적이 있다!

1972년 4월 중국 고고학 조사단이 후난성 창사시의 동쪽 근교 마왕퇴에서 2,100년 된 무덤을 발굴했다. 이 묘혈 지하에 2,100년간 잠들어 있던 여성의 시체가 있었다. 또한 대량의 역사, 지질, 천문, 성상星象, 방직, 복식, 야금, 공예, 식품, 음률, 계량 등과 관련된 고대 과학기술 및 문물 자료가 부장되어 있었다. 이 발굴 결과는 전 세계를 깜짝 놀라게 했다.

고고학자와 역사학자가 묘실 쪽에서 발견된 도장을 연구한 결과, 이 시체의 신분을 알아낼 수 있었다. 그녀는 전한 문제 시대(기원전 179~기원전 157) 사람이었다. 문제는 한 고조 유방의 넷째 아들이다.

그녀의 남편은 유방이 다른 성을 가진 제후에게 내린 국가인 장사국長沙國 승상이었던 대후軑侯 이창利倉이었다. 마왕퇴의 미라는 '간시幹屍'[건조 처리를 한 시체]인 이집트의 미라와는 약간 차이가 있다. 마왕퇴의 여성 미라인 신추부인은 살아 있을 때와 큰 차이가 없는 '습시濕屍'였다. 2천 년 넘게 시체는 거의 부패되지 않은 채였다. 이로 인해 병리학 의사들이 신추부인을 해부할 수 있었다. 의학계 인사들은 기원전 186년에 사망한 신추부인이 2천 년 넘게 보존된 귀중한 병리학 표본이라고 생각했다.

해부 결과, 고귀한 신분이었던 이창의 부인 신추가 온갖 지병에 시달렸다는 것이 밝혀졌다. 그녀는 담석증, 추간판 탈출증, 폐결핵을 앓았고, 오른팔이 골절된 적이 있으며, 요충·편충·주혈흡충에 감염되기도 했다. 이런 기생충 감염증은 당시 장사국의 공공 위생 및 식수 환경에 문제가 있었음을 짐작하게 한다. 더욱 심각한 문제는, 신추부인이 전신성 동맥(관상동맥을 포함한) 죽상경화증Atherosclerosis〔혈관이 콜레스테롤 침착, 섬유 증식 등으로 굳고 좁아지는 증상〕을 앓은 것이었다. 그녀는 전신의 주요 동맥 중 70퍼센트가 막혀 있었다. 이 급성 관상동맥 경화증(심장병 발작)으로 인해 신추부인이 사망한 것으로 보이며, 당시 54세였다. 이런 병력은 우리가 20세기의 문명화 질병으로 여겼던 동맥경화, 심장병 등이 2천 년 전부터 존재했음을 잘 보여 준다.

병리해부 보고서를 통해 신추부인이 전신성 동맥 및 관상동맥 죽상경화증을 앓았음이 밝혀졌다. 그렇다면 이런 혈관 질병은 어떻게 진행됐을까? 노화의 과정이기도 하고, 부적절한 식습관이 원인이거나 영양과다, 고지방 음식 섭취, 고지혈증, 고혈압, 고도비만, 정신적 스트레스 등으로 인한 것일 수도 있다.

혈관 질병, 특히 전신성 혈관 질병은 당뇨병의 합병증이다. 동맥 혈관 벽이 경화되고 죽상(죽처럼 걸쭉한)의 플라크Plaque(용균반)이 형성되면서 자연히 동맥이 좁아지고 혈류를 막아 산소와 영양소가 심장, 대뇌, 신장, 사지 등 신체의 다른 조직으로 운반되는 것을 방해한다. 이런 이유로 신추부인은 생전에 오랫동안 당뇨병을 앓았을 것으로 추정된다.

무서운 당뇨 합병증

왜 당뇨병이 무서운 병인가? 당뇨병은 고혈당 만성병이다. 당뇨병의 심각성은 체내의 혈관이 장기적으로 고혈당의 영향을 받으면 신체 내 장기들의 혈관, 혈관 벽이 파괴되거나 막히는 결과를 가져오는 데 있다. 이와 같은 진행성 병변은 눈의 망막 혈관 출혈로 실명에 이르기도 하고, 신장 손상으로 미세 단백뇨 혹은 신장 쇠약으로 이어지면 신장 투석이나 신장 이식을 받아야 한다. 심장 동맥이 막히면 심장 발작을 일으키거나 심부전으로 사망할 수도 있다. 신경섬유가 손상되면 촉각이 약해지고, 뇌혈관이 막히면 중풍이 올 수 있다. 만약 하지 혈관이 막혀서 곪으면 치유가 어려우며 심각한 감염 증상으로 인해 생명까지 위험해진다. 팔다리를 절단해야 하는 경우도 생긴다. 그 밖에 발기부전 등도 생길 수 있다. 당뇨병을 앓은 기간이 길수록(특히 혈당을 제대로 통제하지 못할 경우) 합병증의 발병률과 위험은 더욱 높아진다.

당뇨병의 기본 병리는 혈관 병변이며, 대동맥과 중동맥(죽상동맥 경화), 주동맥, 관상동맥, 뇌동맥, 망막, 콩팥 동맥, 지체 동맥 등에 관상 동맥 경화, 뇌혈관병, 망막 혈관병, 콩팥 동맥 경화, 지체 동맥 경화 등을 일으킨다. 이런 혈관 병변은 협심증, 심근경색, 급성 심장병, 돌연사 등을 유발한다. 당뇨병으로 인한 신장 병변이 요독증으로 발전하면 신장 투석, 신장 이식을 시행해야 한다. 뇌혈관 병변은 그 자체로 중풍의 위험이 커진다는 것을 의미한다. 망막 혈관 병변은 실명으로 이어질 수 있다. 하지 동맥 병변은 궤양으로 발전해 마지막에는 괴사한 발을 절단해서 목숨을 구해야 하는 상황까지 갈 수 있다. 그 밖에 패혈증, 백내장, 녹내장 등이 합병증으로 올 수 있다.

당뇨병이란 단지 어떤 병의 발병 원인일 뿐이며, 당뇨병 때문에 어떤 장기가 손상될지는 환자의 임상 증상을 관찰해야 알 수 있다. 만약 어떤 환자에게 갑자기 심장병이 발병했다면 그 원인은 당뇨병일 가능성이 크다. 중풍, 신부전, 실명 등도 역시 당뇨병이 원인일 가능성이 크다. 당뇨병을 잘 통제하지 못하면 나중에 다른 합병증이 생기기도 한다. 당뇨병 자체는 무서운 병이 아니지만, 전신성 병변을 유발하기 때문에 조심해야 한다. 당뇨병은 절대 소홀히 여겨서는 안 된다.

당뇨병은 여러 가지 원인으로 나타나며, 대사장애 혹은 불규칙한 일련의 병변을 일으킨다. 오늘날 의학 용어로는 대사 증후군Metabolic syndrome이다. 고혈당과 전신성 혈관 병변의 병리적 변화와 기제는 학술적인 이론에 속하는 것이니 여기서는 더 상세히 논하지 않겠다. 종합적으로 말해서, 당뇨병과 혈관 질병은 밀접하게 관련되어 있다. 당뇨병 환자는 고혈당 외에 통상적으로 동시에 고혈압, 지질대사 장애(고지혈, 고콜레스테롤 등)를 앓는다. 이는 혈관의 손상을 가속시킨다.

신추부인은 대사 증후군을 앓았던 것일지도 모른다. 물론 2천 년 전의 사람이니 대사 증후군이라는 개념은 없었을 것이다. 대사 증후군은 매우 다양하게 정의할 수 있다. 하지만 모두 대동소이하다. 일찍이 1920년쯤에 스웨덴의 의사 킬린Kylin이 고혈압과 고혈당, 통풍이 그림자가 따라오듯 한 환자에게서 연속적으로 발병하는 것을 관찰했다. 그후 또 다른 의사는 그것이 인슐린 저항성Insulin resistance과 밀접한 관련이 있음을 발견했다. 다시 말해, 신체 조직과 세포가 인슐린에 제대로 반응하지 않으면 고혈당이 유발된다는 말이다.

1998년 세계보건기구(WHO)가 대사 증후군에 대해 내린 정의는 다음과 같다. 당뇨병에 비만(특히 복부비만)이 더해졌을 때, 이상 지질 대사, 즉 중성지방Triglycerides 비중이 높을 때(1.695mmol/L 이상), 고밀도 지단백(HDL) 콜레스테롤이 낮을 때, 혈압이 140/90 이상일 때, 미세알부민뇨 증상이 있을 때 등이다. 대사 증후군의 원인은 아직까지 명확히 밝혀지지 않았고 병리 사항 역시 상당히 복잡하다. 다만 운동 부족, 오래 앉아 있는 습관, 노화 및 유전적 요인 등과 관련 있다고 여겨진다.

안타깝게도 2,100년 전의 의학 수준으로는 신추부인이 당뇨병 환자라는 것을 알아낼 수 없었다. 또한 그녀에게 오늘날 문명사회에서 나타나는 고혈압, 고혈당, 고지혈, 고뇨산혈증 등이 있었는지를 측정할 수도 없다.

최근의 조사 통계에 따르면, 아시아 인구의 10~25퍼센트가 대사 증후군을 앓고 있다. 이들은 당뇨병 및 심혈관 질병에 직면해 있으며, 수명이 단축되고 생활의 질과 생산력에 문제가 생길 수 있다.

아직까지 질병의 원인을 뿌리 뽑을 수 없는 당뇨병은 소홀히 여겨서는 안 되는 질병이다. 더욱 엄격하게 병을 통제해야 한다.

그 밖에 시체의 해부를 통해 신추부인이 담석증을 앓았음이 밝혀졌다. 담석은 대부분 담낭 속 쓸개즙에 함유된 콜레스테롤로 인해 형성된다. 하지만 혈중 콜레스테롤 수치가 높다고 해서 반드시 콜레스테롤 담석이 생기는 것은 아니다. 그러나 중성지방 수치가 높은 사람은 높은 확률로 담석증이 생긴다. 이는 죽상 동맥 경화증의 고위험 인자 중 하나다.

2

오진을 부르는 병, 암

코피가 나거나 귀울림 증상 등이 있을 수 있는데,
이를 몸에 열이 차서 그렇다고 여기기 쉽다.
결국 암세포가 골격이나 폐부까지 침입했을 때는 이미 늦은 뒤다.

유럽의 왕 중에는 암으로 사망한 사람이 몇 명 있다. 프랑스의 나폴레
옹 1세, 독일의 프레데릭 3세(프러시아 황제이기도 했다), 영국의 조지 6세
등이다. 그들의 사인은 시체 해부와 외과 수술을 통해 확정되었다. 그
렇다면 중국의 황제 중에도 암에 걸린 사람이 있을까?

중국 고대 제왕들은 암에 걸렸다는 기록이 드물다. 설마 제왕들은 암
에 잘 걸리지 않았단 말인가? 아니면 암이 최근 100년 사이에 새롭게
나타났거나 발견된 질병이란 말인가?

암에 관한 역사 기록   —   옛날 역사를 기록했던 사관들은 왕조의 변

경, 황제의 업적과 과실, 그리고 황제의 삶과 죽음에 대한 일을 기록했다. 그러나 황제의 병이나 사망 원인은 상세히 기록하지 않았다. 어쩌면 '암'이라는 병명이 아직 출현하지 않았기 때문에 그런 것일지도 모른다.

암이라는 질병에 대해 말하자면, 12세기(1170) 송나라 때 이미 기록에 등장한다. 동헌거사東軒居士가 저술한 《위제보서衛濟實書》에 '암癌'이라는 글자가 언급된다. 이 한자는 《강희자전康熙字典》 같은 전통적인 사전류에서는 찾아볼 수 없다. 암癌 자는 1915년에야 뒤늦게 《사원辭源》과 《중화대사전中華大字典》에 정식으로 등재되었고, '악성종양'이라고 해설되었다. 그러나 2001년 《중화의학사잡지中華醫史雜志》에 실린 천치밍陳啓明의 논문 《위제보서》 - 고질병〉에 따르면, 암癌이란 "지금의 악성종양과는 다르며, 원인 불명의 악성 종기 가운데 심부 농양을 가리킨다"고 한다.

1264년 송나라 복건성 사람인 양사영楊士瀛의 저서 《인재직지부유방론仁齋直指附遺方論》에는 전통 의학 문헌 가운데 최초로 암의 특징이 간략하게 서술돼 있다. "암은 위가 높고 아래는 깊어 동굴과도 같은 모습이다", "독의 뿌리가 깊이 숨겨져 있다"고 했으며, 결국에는 정신을 잃는다고 했다. 현대 의학에서 말하는 암Cancer의 특징 및 임상 증상과 상당히 비슷하다.

암Cancer이라는 의학 용어는 라틴어로 '게'라는 뜻이며, 그리스어에서도 게를 가리키는 'Cancrum'에서 유래됐다. 암의 특징은 세포가 비정상적으로 기능을 상실하는 것으로, 암세포는 아무런 규칙성 없이 분열과 생장을 거듭하여 종양을 형성한다. 암이 발병한 혈관은 마치 게의 집게발처럼 종양을 중심으로 사방으로 뻗어 나간다. 만약 기록이 사실이라면 송나라 이전에는 '암'이라는 개념이 존재하지 않았던 듯하다.

사실 옛날 사람들이 종양이라고 말하는 것이 무엇인지 규명하기란 쉽지 않다. 가장 큰 원인은 종양을 부르는 말이 많았기 때문이고, 종양의 종류를 구분하는 것도 문제가 된다. 역대 문헌에 기록된 명칭을 살펴보면, 혹처럼 큰 농양은 옹癰, 종양腫瘍, 영류癭瘤, 악창惡瘡, 류瘤, 암嵒, 암癌 등 10여 가지로 불렸다. 양성Benign과 악성Malignant의 구분도 없고, 농양, 혈종, 진균구 등도 포함한다. 그래서 옛 문헌을 통해 종양을 연구하는 것이 쉽지 않은 것이다.

암은 치명적인 악성종양으로, 근대에 와서 사용된 의학 용어다. 근대 이전에는 조직병리학, 세포학, 미생물학, 유전학 등이 여전히 맹아 단계였고, 진단조영학은 아예 생겨나기 전이었으므로 진단 방법에 한계가 많았다. 많은 질병들, 특히 발병 초기의 질병들은 진단하기가 어려웠다.

그래서 옛 중국인들이 '암'이라는 개념을 인식하지 못했을 것으로 본다. 역사서에 암에 걸렸다거나 암으로 사망했다는 황제를 찾기 어려운 것, '암癌'이라는 글자조차 언급되지 않는 것은 이 때문이다. 황제의 임종 직전 증상을 기록한 자료가 있어도 증상 기록만으로는 암인지 아닌지 진단하기 어렵다. 단지 추측하고 추리하여 가장 근접하고 가능성

높은 간접 진단 결과를 도출할 수 있을 뿐이다.

늘어나는 암 환자

현대인의 암 발병률이 증가하고 있다. 물리학과 방사선학의 발달로 현미경 및 각종 정밀한 의료 기기를 활용해 더욱 세밀하고 정확한 진단이 가능해진 것도 발병률 증가의 원인 중 하나다. 동시에 현대인의 생활 방식에도 원인이 있다. 흡연, 장기간의 방사선 노출, 화학약품, 오염된 공기와 물, 화학적 식품첨가제, 방부제 혹은 살충제 등의 발암물질도 크게 늘었다. 암 환자는 확실히 늘고 있다.

전이와 확산이 일어난 암의 병증은 오진이나 부적절한 치료로 이어지기 쉽다. 예를 들어 보자. 화난華南 지방에 나력瘰癧(림프절에 멍울이 생긴 병증을 가리키는 한의학 용어)을 앓는 사람이 많았다. 목 부위에 손을 대면 혹 같은 것이 만져졌다. 현대 의학에서 임파선염Lymphadenopathy이라고 부르는 것이다. 이런 혹은 결핵과 같은 세균 감염 혹은 바이러스 감염 등으로 발생한다. 그러나 비인두암鼻咽頭癌(NPC)의 암세포가 목으로 확산되어 나타나는 임상 증상일 수도 있다. 20세기에는 신문 지상이나 거리의 벽 등에 붙은 '나력 전문 치료사'의 광고를 흔히 볼 수 있었다. 비밀스러운 환부 연고나 약초 등을 판매한 것이다. 그러면서 코와 인후에 나타난 진짜 병증은 소홀히 넘기곤 했다. 결과적으로 겉으로 보이는 증상만 치료하고 원인을 치료하지 않은 셈이 된다. 게다가 옛 의학 문헌에는 비인두암이라는 의학 용어가 없고, 이런 악성종양에 대한 인식에 한계가 있었다.

암이 발병한 병소〔환부〕의 병증이 두드러지지 않아 소홀히 여기거나 오진하고 넘어가는 일도 있다. 암세포가 다른 장기로 전이된 다음에야 명확한 병증이 나타나 환자와 의사를 모두 경악시킨다. 예를 들어 보자. 움직임이 불편하고 팔다리에 힘이 없고 두통이 나타나는 환자가 있었다. 중풍이라고 생각했는데, 한참 뒤 폐암이 가슴까지 전이된 상태였음을 알게 되었다. 자세히 문진해 보니 환자가 몇 차례 각혈을 한 적이 있다고 했다. 그러나 단지 몸에 열이 차서 그런 줄로만 알았다고 했다. 비인두암도 그렇다. 환자는 코피가 나거나 귀울림 증상 등이 있을 수 있는데, 이를 몸에 열이 차서 그렇다고 여기기 쉽다. 전통 의학에서 임파선염인 나력을 풍열風熱의 나쁜 기운이 뭉쳐 혹이 됐다고 생각하는 것과 비슷하다. 결국 암세포가 골격이나 폐부까지 침입했을 때는 이미 늦은 뒤다.

췌장, 간, 결장, 난소 등 내부 장기의 암은 병세가 심해져 복부에 복수가 차고 부풀어 올랐을 때에야 증상이 확실히 나타난다.

현대 의학에서는 조영 검사, 내시경 검사, 조직 검사, 세포조직학적 진단 등의 직접 진단법으로 암을 확정할 수 있다. 그런 다음 암세포의 유형을 관찰하여 임상적 병기Clinical staging를 도출하고 그에 상응하는 치료를 한다.

석수병으로 사망한 명 영종 ―

역사 기록에 따르면, 명나라 제6대 황제인 영종 주기진朱祁鎮(1427~ 1464)은 석수병石水病에 걸렸다고 한다. 석수병을 각기병이라고 하는 사람도 있지만, 개인적 소견으로는 각기병으로 사망했을 가능성은 비교적 낮다.

주기진은 황제의 자리에 두 번 올랐던 사람이다. 업적을 쌓는 데 너무 신경을 쓴 나머지 일처리가 현실적이지 못했던 그는, 환관 왕진王振의 꼬드김에 넘어가 직접 군대를 이끌고 몽고 오이라트 부족을 정벌하러 갔다. 자신의 위엄을 높이기 위해 대신들의 충고도 듣지 않고 전쟁을 강행한 결과, 1449년 토목보의 전투에서 오이라트 군대에 포로로 잡히는 치욕을 겪게 된다. 그가 포로로 잡혀 있는 동안 동생인 주기옥朱祁鈺(1428~1457)이 황위에 올라 명 대종 경태제景泰帝가 되었다. 나중에 영종은 석방되어 남궁에 머물렀는데, 얼마 후 대종의 병이 위독해졌다. 다시 한 차례의 정변을 겪은 뒤 영종은 다시 황제의 자리에 오를 수 있었다. 이것이 역사가들이 말하는 '남궁복벽南宮復辟' 혹은 '탈문지변奪門之變'이다.

《내경》과 같은 전통 의학 문헌에서는 석수병에 걸리면 환자의 "복부가 광주리나 항아리처럼 커다랗게 부푼다"고 표현한다. 현대 의학에서 말하는 복수腹水 · Ascites다. 복수는 구체적인 병명이 아니라 심각한 임상 증상이다. 복수의 원인은 아주 많다. 감별 진단으로는 간경화, 심장 혹은 신장의 병변 때문이기도 하다. 암이라면 병소가 간, 췌장, 난소, 대장 등인 경우에도 복수가 찬다. 복수라는 진단이 나왔다고 해서 확실한 병명이나 원인이 확정된 것은 아니라는 뜻이다.

만약 영종이 석수병을 앓았다면, 그것은 도대체 어떤 병이었을까? 만약 암이라면 500여 년 전의 의학 수준으로는 진단하기 쉽지 않았을 것이다.

암으로 사망한 것이 확실한 중국 황제도 있다. 청나라 마지막 황제인 선통제宣統帝 푸이溥儀는 어린아이일 때 즉위하여 단 3년간 재위했다. 1911년 신해혁명으로 청 왕조가 무너지면서 다시 평민으로 돌아왔기 때문이다.

그는 1962년 리수셴李淑賢과 결혼하고 2주 후에 혈뇨 증상이 나타났다. 한의사는 방광열膀胱熱이라고 진단하고 약을 지어 줬다. 다른 검사는 더 하지 않았다. 2년 뒤, 당시 중국 총리였던 저우언라이周恩來가 푸이에게 혈뇨 증상이 있다는 이야기를 듣고 건강검진을 하게 했다. 그때서야 방광암에 걸렸다는 것을 알았다. 수술을 받았으나 몇 달 뒤에 왼쪽 신장으로 전이됐고, 몇 차례의 수술에도 호전되지 못하고 오른쪽 신장에까지 암이 전이됐다. 결국 1967년 선통제 푸이는 신부전으로 사망했다. 시호는 공종恭宗 민황제愍皇帝라고 추증했으나, 중국 정부에서는 이를 인정하지 않고 손제遜帝라고 한다. 유해는 청서릉清西陵에 안장됐다.

3

홀연히 찾아오는 중풍

대전에서 휴식을 취하고 있는데,
갑자기 두 발로 땅을 딛지 못하고 머리가 어지럽고 눈앞이 깜깜해졌다.

중풍Stroke(예전에는 Apoplexy라고 불렀다)은 아주 오래된 기록이 있다. 지금
으로부터 2,400년 전, 그리스 의학의 아버지 히포크라테스Hippocrates(기
원전 460~기원전 377) 시기의 기록이다. 중풍은 일종의 급성 마비 증세
가 나타나는 질병으로 여겨졌고, 일반적인 간호와 관찰 외에 구체적인
의료 과정이 없었다. 그래서인지 중국의 황제들이 중풍을 앓았던 기록
은 언제가 가장 빠른 것인지 정확히 알기 힘들다.

최초의 중풍 기록

진수의 《삼국지》 혹은 《자치통감》에는 서진
의 개국황제 사마염司馬炎의 부친인 사마소司馬昭(211~265)가 병사했다

고 나온다. 하지만 나관중羅貫中(대략 1330~1400)의 《삼국지연의》 마지막 회인 제119회에는 이런 대목이 있다.

사마소가 마음속으로 기뻐하며 궁으로 돌아와 술을 마시고자 했다. 그러다 홀연히 중풍을 맞아 말을 하지 못하게 되었다. 다음 날 병이 위독해져 태위 왕상王祥, 사도 하증何曾, 사마 순의荀顗 등 여러 대신이 모여 안부를 묻는데, 사마소는 말을 하지 못하고 손짓으로 태자인 사마염을 가리키고는 죽었다. 그때가 8월 신묘일이었다.

고대인의 중풍에 대한 개념이 어떠했는지는 알 수 없다. 《진서》〈문제기〉 기록에 따르면, "가을 8월 신묘일, 황제가 침실에서 붕어하였다"라고만 되어 있다. 상세하게 중풍인지 아닌지를 기록하지 않은 것이다. 추측하자면 나관중은 그가 읽은 후대의 기록을 바탕으로 소설을 쓴 듯하다.

그렇다면 중국 역사에서 최초의 중풍 기록은 언제일까? 《진서》〈황보밀전〉에는 서진의 침구 명의 황보밀皇甫謐(215~282)이 중풍을 앓아 반신불수 상태였다고 기록돼 있다. 그는 오른쪽 다리가 약간 짧았으며, 중풍을 앓은 지 19년이나 되었다. 자신의 장애를 치료하기 위해 밥 먹고 잠자는 시간도 아껴 가며 옛 문헌을 파고들며 침과 뜸으로 치료하는 방법을 연구했다고 한다.

또한 《신당서新唐書》에는 당나라 때의 명의인 허윤종許胤宗이 사용한 '증기요법'이 나온다. 허윤종은 이 방법으로 중풍 증세 가운데서도 말을 하지 못하거나 입을 꼭 다물고 벌리지 못해 약을 복용할 수 없는 환자를 치료했다. 의학사에서 중풍 후유증으로 말을 하지 못하는 환자를 치료한 최초의 기록으로 생각된다.

16세기 명나라 때의 서춘보徐春甫가 《고금의통古今醫統》이라는 책에서 중풍을 치료하는 처방을 기록한 바 있다(권8 '중풍문中風門'). 서양에서는 1620년 스위스 의사 요한 야콥 웹퍼Johann Jakob Wepfer(1620~1695)가 중풍으로 사망한 환자를 해부한 뒤 중풍의 사인이 뇌출혈, 출혈성 중풍 혹은 뇌혈관 색전(허혈성 중풍)이라고 확정했다. 다시 말해, 뇌혈관 장애 Cerebro-vascular Accident(CVA)다.

이것이 바로 동양의학과 서양의학, 그리고 현대 의학과 고대 의학에서 중풍 치료법의 발전 방향이 나뉘는 분수령이다. 중국의 고대 의학 서적에는 중풍의 원인과 치료에 대해 여러 가지 학설이 나타난다. 고대 의학서인 《소문素問》, 《금궤金匱》에서는 풍風을 주원인으로 보고, 수당 시대의 의학서에서는 외부에서 들어온 풍의 침습을, 금원 시대에는 화기火氣를 주원인으로 본다. 성을 많이 내거나 습기의 침입을 받았거나 객담 때문이라고 하는 등 온갖 이론이 있다.

옛 중국의 의료인들은 임상 증상에 대해 몹시 민감하고 뛰어난 관찰력과 묘사력을 보였다. 그런데 임상 증상에 근거하여 병증을 명명하다 보니 중풍을 의미하는 병명이 굉장히 많고 분류도 번잡해졌다. 서양의학에서는 병리에 집중하므로 해부를 통한 관찰과 질병 원인의 규명을 바탕으로 치료 방법을 개발하는 데 힘썼다. 현대 의학은 신체의 각 계통과 장기에서 나타나는 병인, 병리 및 생리학 지식으로 병증을 해결한다.

사마소의 급성 뇌혈관 파열로 인한 뇌출혈

사마소 얘기가 나왔으니 말이지만, 그는 중풍으로 사망했다. 병의 원인은 급성 뇌출혈(뇌일혈)로 보인다. 사실 중풍을 일으키는 원인은 매우 다양하다. 현대 의학의 연구 결과로는 고혈압, 동맥경화, 심장병, 당뇨병 모두 중풍의 위험 인자다. 고령이나 가족력도 중풍 발병과 밀접한 관련이 있다. 연령이 높아지면 동맥경화도 심해지고 중풍 발병률도 높아진다.

고대 중국에서는 전통적인 도덕관념 때문에 해부학이 발달하지 못했다. 위진시대 이후로는 산 사람을 다치게 해서는 안 되는 것처럼 시체를 해부하는 것도 죽은 사람에게 상처를 입히는 행위로 간주했다. 해부학이 발달하지 못한 것은 의학 발전에도 큰 영향을 미친다. 청나라 때 해부학자 왕청임王淸任(1768~1831)은 "병을 치료하면서 장기를 제대로 알지 못한다면, 장님이 밤길을 걷는 것과 무엇이 다르겠는가"라고 했다. 이로 인해 고대 중국에서는 현대 의학에서처럼 해부학에 근거해 중풍을 분류하지 못했다. 현대 의학은 중풍을 허혈성 중풍(뇌색전증 혹은 뇌혈전 형성, 전체 중풍 환자의 약 80퍼센트) 및 출혈성 중풍(전체 중풍 환자의 약 20퍼센트)으로 구분한다.

빈약한 증상 기록만으로 사마소의 병리에 대해 진단을 내리는 것은 불가능하다. 다만 "갑자기 중풍이 들어 말을 하지 못했다. 다음 날 병세가 위독해져 … 사망했다"는 기록을 보면 급성 뇌혈관 파열로 인한 뇌출혈임을 추측할 수 있다. 뇌출혈로 대뇌에서 언어를 관장하는 중추인 브로카 영역Broca's area이 손상을 입어 실어증Aphasia이 온 것이다.

물론 당시에는 인간 집단 내의 질병 원인과 분포 등을 연구하는 역학Epidemiology이라는 학문이 없었으므로 어떤 사람이 중풍의 위험군인지 식별할 수가 없었다. 중풍 및 그로 인한 반신불수를 연구해 보면, 병의 원인이 아주 다양해서 두꺼운 의학 전문 서적 한 권을 꽉 채우거나 관련 강좌를 몇 차례 열 수도 있다. 물론 오늘날 우리는 중 · 노년층과 가족력, 유전 요인을 가진 사람 외에 삼고증(고혈압, 고콜레스테롤, 고혈당(당뇨병)), 심장병, 비만, 운동 부족, 흡연, 과다 음주 등이 모두 뇌졸중의 고위험 인자임을 잘 알고 있다. 최근에는 구강위생이 불량한 경우거나 치주 질환을 앓는 경우에도 중풍과 심장병이 발병할 가능성이 높다는 연구 결과가 보고되기도 했다.

그렇기 때문에 보건교육이 무척 중요하다. 보건교육을 통해 사람들에게 중풍에 대한 올바른 인식을 심어 주고 전조증상과 병증을 식별할 수 있도록 하는 것이다. 이렇게 되면 중풍 예방과 발병 시의 응급처치도 가능해진다. 중풍은 급성 병증에 속한다. 병증이 출현한 뒤 몇 시간 내에 중풍이 확실한지 진단을 내려야 하고, 또한 가능한 한 신속하게 치료를 시작해야 한다. 막힌 혈관을 뚫고 혈류의 산소 공급을 정상적으로 회복시켜 뇌세포의 손상을 막아야 한다. 그래야 중풍으로 인한 장애(반신불수, 실어, 마비 등)가 나타날 확률을 낮출 수 있다.

반신불수를 앓은 황제 ―

오늘날에는 고도의 과학기술인 CT나 MRI 등 진단 영상Diagnostic imaging 기술 덕분에 뇌졸중 환자의 뇌를 정확하게 조영하여 어느 부위에 병이 발생했는지, 어떤 종류의 뇌졸중인지 파악할 수 있다. 이를 통해 증상이 뇌졸중과 비슷한 뇌종양 혹은 뇌농양 등의 가능성을 제거할 수 있다. 사실 이런 진단영상의 확실성은 전통적인 '망문문절' 방식의 진단이나 시진視診 · Inspection, 촉진觸診 · Palpation, 타진打診 · Percussion 청진聽診 · Auscultation의 수단보다도 정확도가 높다. 그래서 초기에 신속하게 중풍을 치료하는 데 큰 도움이 된다.

중풍 치료란 반신불수, 안면 마비, 지체 근육 쇠약 등 후유증이 나타난 이후에 물리치료, 침, 뜸, 약 등으로 치료하는 것을 의미하지 않는다. 중풍 치료는 발병 후 혈전이 뇌혈관을 막아 버린 상태(색전)가 더 악화되지 않도록 신속히 막는 것이며, 가능한 한 뇌세포가 손상되지 않도록 조치하는 것이다.

특히 최근 10여 년 사이에는 많은 사람들을 기쁘게 한 임상 연구 결과도 발표되었다. 중풍 환자가 발병 후 수시간 내에 새로운 혈전 용해제인 조직플라스미노겐활성인자Tissue plasminogen activator(TPA)를 투여받으면 병세를 역전시킬 수 있다는 것이다. 중풍, 반신불수는 흔히 볼 수 있는 뇌 혹은 뇌혈관 병변이다. 반신불수를 앓은 황제는 잘 알려져 있지 않다. 몇몇 사료에 기록이 남아 있지만, 두세 구절에 불과하다.

당 목종 이항李恒(795~824)은 어느 날 갑자기 내관 한 명이 말에서 떨어지는 장면을 목격하고 깜짝 놀랐다. 그 후 대전에서 휴식을 취하고 있는데, 갑자기 두 발로 땅을 딛지 못하고 머리가 어지럽고 눈앞이 깜깜해졌다. 알고 보니 중풍이었다. 북송의 진종(968~1022)도 만년에 신체의 절반을 제대로 쓰지 못하는 질병을 얻었다고 한다. 그래서 "무릇 일을 처리할 때 많은 부분을 유황후가 결정했다"고 기록돼 있다. 황제의 권력을 잃어버렸던 것이다. 북송의 마지막 황제인 휘종(1082~1135)은 금나라 군대에 붙잡혀 북쪽으로 압송될 상황에 처했다. 압송되기 전, 그는 두려움과 놀람이 교차하는 상황에서 반신불수가 되었다.

도대체 어떤 이유로 반신불수가 되었을까? 중풍 때문일까? 머리를 다친 것일까? 머리에 내출혈이 있었을까? 선천적인 뇌혈관 질병일까? 가족력에 의한 유전병일까? 이들이 반신불수가 된 진짜 원인은 쉽게 규명할 수 없는 문제다.

4

참을 수 없는 고통, 두통

편두통은 날씨의 변화에도 영향을 받는다고 알려져 있다.
발작할 때는 사지가 차가워지고 얼굴이 창백해지거나
식은땀이 나는 증상 등이 함께 나타나기도 한다.

당나라 세 번째 황제인 고종 이치(628~683)는 당 태종의 아홉 번째 아들이며, 그의 황후는 중국 역사상 유일하게 면류관을 썼던 여황제 무측천이다. 고종은 오랫동안 두통으로 고생했다. 고종 못지않게 두통으로 고생한 제왕이 한 명 더 있다. 《삼국지연의》의 주인공 조조다. 두통을 빼놓고는 조조를 이야기할 수 없을 정도다.

당 고종을 괴롭힌 편두통

당 고종은 몸이 좋지 않고 머리가 무거우며 어지럽고 시야가 분명치 않아 자주 침상에 누워 지내야 했다. 그러다 보니 국정을 다스릴 여력이 없었다. 그는 무측천이 국정에 참여하여 자신을 도와주기를 바랐고, 덕분에 무측천은 황제의 대전에 입성하여 정치적 재능을 꽃피울 수 있었다. 그 후 무측천은 천하를 다스리며 당나라 역사를 새로 썼다. 중국 역사도 무측천을 황제로 대우한다. 역사서에서 무측천에 대한 기록을 제왕의 사적을 의미하는 '본기本紀'로 이름 붙인 것만 보아도 알 수 있다.

고종의 두통이 얼마나 고질적이었는지는 사료에 잘 기록돼 있다. 고종은 두통이 심해 눈이 보이지 않게 될 지경이었다. 급히 태의 진명학秦鳴鶴을 불러들여 진맥하게 했다. 진명학은 "풍독이 위로 치고 올라왔으니, 바늘로 머리를 찔러 피를 조금 내면 좋아질 것입니다"라고 아뢰었다. 머리가 너무 아파 견딜 수 없었던 고종은 "짐이 머리가 무겁고 답답하여 참기 어렵도다"라며 허락했고, 결국 바늘 하나가 그를 살렸다.

제한적이지만 알려진 문헌 기록을 토대로 추측해 보면, 당 고종이 앓은 병은 심각한 편두통으로 생각된다. 뇌종양, 간질, 녹내장 등이 유발하는 두통은 아니었던 듯하다. 편두통은 아주 역사가 깊고 흔히 찾아볼 수 있는 질병이다. 고대 의학 서적에서는 편두통을 '풍현두통병風眩頭痛病'이라고 했다. 2,500년 전 고대 그리스에서도 이미 편두통에 대한 기록이 나타난다. 현대사회에서도 많은 사람들이 편두통을 앓고 있다. 전체 인구의 약 5~10퍼센트에 달할 것으로 추측된다.

《삼국지》와 《삼국지연의》의 기록 ―

그렇다면 조조는 어떨까? 조조가 두통을 앓게 된 원인을 진단하려면 역사서의 기록에 근거하는 한편, 소설이나 《삼국지연의》의 내용도 참고할 필요가 있다. 이런 자료를 종합해 보면, 조조가 오랫동안 앓은 두통(사료에는 두풍頭風으로 기록돼 있다)은 편두통, 삼차신경통, 뇌종양, 뇌혈관 기형으로 보인다. 조조의 두통은 이 네 종류의 질병에서 벗어나지 않을 것으로 생각된다.

조조가 이렇게 많은 종류의 두통을 앓았다고 기록된 것은 많은 사람들이 그 자료가 역사서에서 온 것인지 소설에서 온 것인지 정확히 구분하지 않고 마구 인용했기 때문이다. 내가 보기에는 많은 사람들이 명초의 소설가 나관중의 《삼국지연의》 속 자료를 통해 조조의 두통과 그 원인을 분석한 것 같다. 정사인 진수의 《삼국지》를 참고한 경우는 오히려 적다. 《삼국지연의》와 《삼국지》를 뒤섞어 이야기하는 경우도 자주 있다. 《삼국지연의》는 소설일 뿐 역사가 아니다. 많은 학자들이 그 속의 많은 내용들이 허구라고 입증하기도 했다. 그러나 《삼국지연의》가 민간에 미친 영향력은 정사를 훨씬 뛰어넘는다. 많은 사람들이 갖고 있는 삼국 시대에 대한 지식은 《삼국지연의》에서 비롯된 것이지 정사의 내용이 아니다. 많은 사람들이 그 허구의 사건들을 굳게 믿으면서 혼란을 겪는 것이다.

가장 믿을 만한 자료는 역시 진수가 쓴 《삼국지》다. 진수는 조조의 병을 치료한 화타가 죽고 25년 뒤에 태어난 사람이다. 《삼국지연의》는 진수가 죽고도 약 1,100년이 흘러서야 등장했다. 사건이 발생한 시점에서 너무 멀리 떨어져 있지 않은가. 《삼국지연의》는 《삼국지》을 기본 골조로 허구적인 내용을 잔뜩 덧붙여 쓴 것이다.

베이징위옌대학 저우쓰위안 교수가 '백가강단' 프로그램에서 《삼국지연의》로 인해 억울해진 사람들에 대해 이야기한 적이 있다. 예를 들면 주유, 노숙 같은 사람들 말이다. 소위 '7할의 사실과 3할의 허구'로 쓰여졌다는 말은 《삼국지연의》가 정사가 아니라 쉽게 읽을 수 있도록 구성된 '소설'이라는 점을 잘 보여 준다. 그러나 '역사는 문학을 통해 전파된다'는 말처럼, 이제는 소설이 역사를 대체하는 추세다. 아래 두 인용문을 통해 두 가지 판본이 어느 정도 차이가 있는지 살펴보자. 우선 사서 《삼국지》에 기록된 조조의 두통에 대한 내용은 다음과 같다.

태조가 화타의 명성을 듣고 그를 불러들여 항상 곁에 두었다. 태조는 두 풍을 앓고 있었는데, 매번 통증이 발작하면 마음이 어지러워지고 눈이 침침해졌다. 화타가 격유혈膈俞穴에 침을 놓으면 통증이 금세 사라졌다.

《삼국지연의》의 서술은 이렇다.

조조는 두통이 심해 참을 수가 없었다. 급히 명을 내려 뛰어난 의원을 두루 찾았으나 나아지지 않았다. 이에 여러 신하들이 근심하였다. … 화흠이 아뢰었다. "대왕, 신의 화타를 아십니까?" 조조가 말했다. "강동의 주태를 치료한 자 말인가?" 화흠이 대답했다. "그렇습니다." 조조가 말했다. "이름은 들어 보았으나, 그 실력은 아는 바가 없네." … 조조는 한밤중에 사람을 보내어 화타를 불러와서는 진맥을 하게 했다. 화타가 말했다. "대왕의 두통은 풍기風氣가 들어서 그런 것입니다. 병의 원인이 머릿속에 있으니 풍연風涎을 끄집어내지 않고서 탕약만 드셔서는 고칠 수가 없습니다. 방법이 하나 있는데, 먼저 마폐탕을 드신 다음 날이 잘 선 도끼로 머리를 쪼개어 풍연을 꺼내 없앤다면 병의 근원을 뿌리 뽑을 수 있습니다." 조조는 대노했다. "네가 나를 죽이려 하는구나!" 주변의 시위를 불러 화타를 옥에 가두게 하고, 고문하여 배후를 알아내라고 명령했다.

나관중은 부지런하고 노력한 소설가임이 틀림없다. 그가 《삼국지연의》에서 말한 의원은 화타華陀이지 화타華佗가 아니다.('타'의 한자를 발음이 같은 다른 글자로 대체했다.) 나관중도 정사를 마음대로 바꾸고 허구를 섞어서는 안 된다는 것을 알고 있었던 셈이다. 그는 의원의 이름을 바꿈으로써 책임을 슬쩍 비켜 갔다. 나관중을 욕할 것이 아니라, 우리의 무지와 허술함을 탓해야 한다.

당 고종의 편두통 치료 —— 현대 의학이론에 따르면, 편두통은 전조

증상이 나타나는 경우가 있다. 번쩍이는 빛이나 지그재그 선, 암점 등이 보이거나 손발, 입술, 심하게는 안면부 전체에 감각이 사라진다. 편두통 발생 전에는 짧게 우울함, 피로감, 정서 불안, 식욕부진 등이 나타날 가능성도 크다. 두통은 일측성 혹은 확산성, 박동성 통증이며 구역, 구토, 어지러움 및 시야 흐려짐, 빛공포증Photophobia(빛을 보았을 때 눈이 아프고 눈물이 나는 현상), 소리공포증Phonophobia 등이 동반되는 경우가 많다.

편두통은 날씨의 변화에도 영향을 받는다고 알려져 있다. 발작의 횟수는 매일 몇 차례이거나 몇 달에 한 번일 수도 있으며, 발작할 때는 사지가 차가워지고 얼굴이 창백해지거나 식은땀이 나는 증상 등이 함께 나타나기도 한다. 편두통은 이런 증상이 반복적으로 발생하는 두통이다.

이와 같은 증상이 모두 당 고종의 병증과 유사하다. 태의 진명학이 당 고종을 진맥하고 "풍독이 위로 치고 올라와…"라고 말하며 "머리를 찔러 피를 조금 내면 나을 것"이라고 제안하여 같은 장소에 있던 황후 무측천을 깜짝 놀라게 했다. 고종은 머리에 침과 뜸을 놓은 뒤 두통이 사라졌고 시력도 회복했다.

침과 뜸을 활용한 편두통 치료는 1천여 년의 역사를 갖고 있다. '편두통'이라는 의학 용어도 생기기 전부터다. 편두통은 머리 내부의 통증에 민감한 조직, 예를 들어 뇌혈관과 같은 부분이 어떤 요인에 의해 자극을 받아 생기는 문제라는 이론이 지배적이었다. 그러나 최근 제기된 '확산성 피질 억제Cortical spreading depression'라는 새로운 학설로 대체되었다. 대뇌피질에 자극이 주어지면서 대뇌 활동이 저하되는 현상이 발생하고, 이것이 앞쪽으로 확산될 때 염증 매개체를 내보내 뇌신경을 자극, 통증을 유발한다는 것이다. 중국의 중르유하오 병원 침구과 과장인 리스량李石良 교수가 설명하는 '대뇌피질의 흥분과 억제 평형실조' 및 '침술로 피를 내는 자극 작용을 통한 대뇌 반응 유도로 전신 및 질병 부위 조절' 등도 역시 확산성 피질 억제 이론과 유사한 견해를 보인다. 대뇌 조영술을 이용한 과학적 근거도 제시되어 있으며, 편두통이 유전자와 관련 있다는 데도 많은 학자들이 동의한다.

일반적인 치료법은 약물을 써서 편두통 발작을 예방하는 것으로, 발작한 다음에는 진통제를 사용하는데 둘을 겸용하기도 한다. 전통적인 침구 치료법은 일종의 비약물 치료법으로, 약물로 인한 부작용이 없다는 장점이 있다. 침을 놓아서 편두통을 치료하는 방법은 비용이 비교적 저렴하여 많이 사용된다. 몇 년 전, 이탈리아의 의사가 해외의 전통 중국 한의학 잡지에 120명의 편두통 환자를 침과 뜸으로 치료한 연구 결과를 게재한 적이 있다. 독일, 프랑스, 덴마크 등 의학의 중심지에서도 앞 다투어 침과 뜸을 이용한 편두통 치료의 임상 연구 결과가 발표되고 있다. 그러나 안타깝게도 아직 전통적인 치료법에 비하여 침과 뜸이 더 치료 효과가 우수하다는 명확한 증거는 없다.

이탈리아에서 나온 연구 결과 외에 유럽에서 발표된 임상 연구에서는 ST8, GB5, GB20, GV14, LU7과 같은 혈자리에 침을 놓아 편두통을 치료하는 방법을 썼다고 한다. 전통 명칭으로는 두위, 현로, 풍지, 대추, 열결이다. 이들은 침과 뜸이 약물치료법보다 효과적이라고 밝혔다. 환자의 두통 발생 횟수가 줄고, 두통으로 인한 결근 역시 감소했다는 것이다. 그러나 이 방법이 다른 치료법보다 효과적이라고 주장하려면 더 많은 임상 연구 자료가 뒷받침되어야 할 것이다. 진명학이 당 고종에게 시행한 침을 찔러 피를 조금 낸 치료 방법은, 리스량 교수에 의하면 피를 얼마나 내느냐보다 침을 놓는 자극 작용 자체가 치료의 핵심이라고 한다. 침이 신경 기능을 자극하여 대뇌 반응을 불러일으키고, 이를 통해 전신 및 질병 부위의 조절 능력을 높이는 원리이다.

조조의 두통 원인은 뇌종양?

조조의 두통은 정확히 어떤 병일까? 《삼국지》에 쓰여 있는 내용을 토대로 분석해 보자. 이 문제를 의대생의 사례 연구Case study라고 생각하고 접근해 보자.

《삼국지연의》에서는 조조가 갑자기 통증을 느껴 밤중에 급하게 화타를 불러왔고, 화타는 조조의 머릿속에 '풍연'이 들었으며 도끼로 머리를 열고 그것을 끄집어내야 한다고 말한다. 그러나 화타는 침을 놓아 잠시 통증을 멈추게 하는 것조차 해 보지 못하고 바로 옥에 갇혔다. 그런데 《삼국지》에는 당시 사도 벼슬을 지내던 화흠華歆이 화타를 추천하는 장면이나 풍연이라는 단어조차 나오지 않는다.

유한한 자료를 근거로 살펴보면, 조조의 두통은 현대 의학에서 말하는 편두통이다. 그의 병은 원인을 뿌리 뽑는 것이 불가능하고 오랫동안 계속된다. 화타는 여러 차례 혈자리에 침을 놓았고, 효과가 뛰어났다. 하지만 잠시 동안 통증이 가라앉을 뿐이었다.

타이완 린커우창캉병원 신경내과 과장 주나이신朱迺欣은 편두통이 "비록 매우 심각한 두통을 유발하고 반복적으로 발생하지만, 심각하지 않은 상황이라면 생명의 위험은 없다는 점과 연령의 증가에 따라 점차 통증이 감소한다는 특징이 있다"고 했다. 주나이신의 강연은 1997년 타이페이에서 출판된 잡지 《과학지식》(제46호 72~82쪽)에 실려 있다. 참고할 가치가 충분한 글이다.

그는 "조조의 두통은 뇌종양이 원인일 가능성이 있고, 특히 뇌수막종 Meningioma일 가능성이 가장 크다"고 분석했다. 사람의 뇌는 세 겹의 층으로 된 뇌막으로 둘러싸여 있는데, 뇌수막종은 가장 바깥에 있는 경막 Dura mate에서 발생한다. 뇌수막종은 천천히 자라는데, 10여 년이 지나도 뇌부 혹은 신경을 누르는 현상이 발생하지 않을 수도 있다. 또, 뇌수막종에서는 반복적으로 발생하는 두통 증상은 거의 나타나지 않는다. 한편, 뇌종양의 증상은 두통, 경련, 반신 마비 혹은 감각 이상, 언어장애, 심지어 인격과 행동의 변화가 나타나기도 한다. 《삼국지연의》 제78회에는 조조가 죽기 직전 두 눈이 실명하는 내용이 나오는데, 이는 뇌종양이 시신경을 압박한 것으로 볼 수 있다. 조조에게 뇌종양이 있었다는 학설은《삼국지연의》의 영향으로 지금까지 전해지고 있는 듯하다.

주나이신은 "조조의 두통은 삼차신경통Trigeminalneuralgia 또는 안면신경통 같지는 않다. 이런 질병의 통증 부위는 얼굴이고 급작스러운 전격성 통증이 띄엄띄엄 오며 한 차례가 몇 초를 넘지 않는다. 말을 할때, 얼굴을 씻거나 양치질을 할 때, 음식을 씹거나 삼킬 때 등 안면부를 움직일 때 통증이 발생하는 경우가 있다. 그러나 눈이 침침해지는 증상은 나타나지 않는다"고 했다. 환각을 보는 경우도 없다. 안면부와 두부에 가해지는 자극이 무엇이든 삼차신경통의 통증을 일으킬 수 있고, 그렇기 때문에 환자는 얼굴 및 머리를 거의 건드리지 못한다. 하물며 머리에 두건을 두르는 것은 더 말할 것도 없다. 그러므로 주나이신은 "삼차신경통은 조조의 병명 목록에서 제거해도 좋다!"고 말한다.

주나이신은 조조가 긴장성 두통을 앓은 것도 아니라고 본다. "긴장성 두통은 일반적으로 통증이 심하지 않고 심란할 때 눈이 침침해지거나 환각이 나타나지도 않는다. 더욱이 두통으로 인해 목숨을 잃는 경우도 없기 때문"이다.

기록을 통해 알 수 있는 것은, 조조의 '두풍'은 건안 5년(200년)에서 사망한 건안 25년(220)까지 20년이나 계속됐다. 중년 이후로 조조의 두풍 증상은 나날이 심각해졌다. 개인적으로는 편두통 외에 조조의 머리에서 점거성병변Space occupying lesion(혈종이나 종양의 발육 등에 수반하여 조직 또는 장기의 일부가 그것과 바뀌는 경우)이 나타났을 거라고 생각한다. 병소의 가능성은 뇌종양, 뇌혈종Hematoma, 뇌혈관 병변, 심지어 낭미충증 Cysticercosis(기생충이 있는 날고기를 먹었을 경우) 균구菌球, 뇌농양 등이다.

주나이신은 뇌혈관 기형도 의심했는데, 조조의 두풍이 일차성 편두통으로 보기 어렵고 오히려 뇌혈관 기형으로 유발되는 편두통과 비슷했기 때문이다. 주나이신이 의미한 것은 일종의 선천적인 대뇌 동맥류 Intracranial aneurysm로, 흔히 딸기동맥류Berry aneurysm라고 부르는 것이다. 후자의 임상 증상, 임상 진전, 심각한 후유증과 조조의 증세는 상당히 부합되는 측면이 있다. 그러나 자료가 완전하지 않기 때문에 조조의 두풍이 뇌혈관 기형으로 발생했을 가능성이 있다는 정도로만 언급할 수 있다. 최후에는 뇌혈관 파열로 뇌출혈이 일어나 죽음에 이르렀을 것이다. 이런 급병은 젊은 시절에 발생하는 경우가 많은데, 조조는 사망 시에 이미 66세였다.

나는 조조가 만성 경막하 혈종Chronic subdural hematoma이 아니었을까 추측한다. 곳곳을 정벌하러 다니면서 전장에서 말을 타고 달리다 낙마해서 머리를 다치고, 그때 머리 안쪽에서 생긴 출혈로 어혈이 생성되지 않았을까. 부상 후의 증상이 가벼웠거나 부상당한 지 오래되었다면 머리 부상을 가볍게 여겼을 가능성이 크다. 그랬다면 나이가 들면서 대뇌 조직이 점차 위축되고, 경막하 출혈이 뭉쳐 어혈이 되고 나아가 혈종, 혈종양을 형성했을 것이다. 임상 증상은 뇌종양과 다르지 않다. 이는 조조가 살았던 시대와 개인적 행적을 적극적으로 고려한 추측이다.

진시황은 열사병으로 죽었다

5

제왕의 병, 통풍

쿠빌라이는 발에 질병이 있었다.
만년에 체력이 약해져 여러 병에 시달렸다.

황제나 고위 관료 등 권력을 가진 사람들은 매일 산해진미를 차려서 잘 먹고 잘 마셨다. 그런데 큼직큼직 우적우적 씹어야 하는 식사에는 대개 퓨린Purine(화학식 $C_5H_4N_4$)이 많이 함유되어 있어, 통풍痛風 · Gout의 유발 요인이 된다. 그래서 통풍은 '제왕과 재상의 병', '부자병'으로 불렸다.

히포크테스가 기록한 통풍 —

통풍은 당뇨병, 관상동맥 경화증, 고혈압, 동맥경화 및 비만, 이상지질혈증 등과 관련이 있으며, 모두 문명 사회에서는 흔히 볼 수 있는 질환이다. 지금은 더 이상 부자들만 걸리는 병이 아니다.

술은 퓨린 및 혈중 요산Uric acid과 젖산Lactic acid을 증가시키고, 신장에서 요산의 배출을 억제하는 작용을 한다. 2004년 미국 하버드대학의 연구자가 의학저널 《랜싯The Lancet》에 발표한 12년간의 연구 결과에 따르면, 맥주가 퓨린, 더 나아가 요산 합성을 촉진하며 통풍과 밀접한 관련이 있다고 한다.

통풍의 특징은 고뇨산혈증Hyperuricemia인데, 퓨린 대사장애로 인해 요산염 결정(통풍석)이 연조직, 즉 귓바퀴의 연골, 손과 발, 팔다리뼈, 심장판막, 신장 등에 침착되는 질병이다. 통풍은 만성 관절염, 관절 기형으로 발전할 수 있으며 흔히 만성 신장염, 요산 신장결석으로 이어진다. 대부분의 원인은 아직 밝혀지지 않았지만, 많은 경우 환자들이 선천적인 퓨린 대사장애를 갖고 있다. 가족 유전력의 경향이 있는 것이다. 속발성 통풍은 신장병, 백혈병, 약물 등으로 유발되기도 한다.

전통 의학에서 통풍은 마비증의 일종으로 분류된다. 《의학준승륙요醫學准繩六要》 '통풍'편에는 "통풍은 내경의 통증과 마비다"라고 기록돼 있다. 청나라 때의 의원인 당종해唐宗海(1846~1897)는 《혈증론血證論》에서 "통풍은 신체가 불인不仁(몸의 일부가 마비되는 증세)하고 사지가 아픈 병으로, 현재 통풍이라 불리는데 고대에는 비증痹證이라 불렸다"고 했다.

통풍이라는 질병의 역사는 얼마나 오래됐을까? 일찍이 기원전 5세기경 그리스 의학의 아버지 히포크라테스Hippocrates(기원전 460?)가 통풍의 임상 증상을 기록한 바 있다. 11세기에는 통풍을 'Guta'라고 했는데,

라틴어로 '한 방울'이라는 뜻이다. 통풍은 독소가 한 방울 한 방울 관절을 상하게 하는 질병이기 때문이다. 13세기의 네덜란드 의사 필레하르다우인Vielehardouin이 처음으로 'Gout'라는 단어를 썼다. 통풍이 고뇨산혈증과 관련 있다는 연구가 처음 발표된 것은 1797년이었다. 영국의 의사 윌리엄 울러스턴William Wollaston(1766~1828)은 요산나트륨을 분석해 통풍과 요산의 관계를 밝혀냈다. 그리고 1848년 영국의 앨프레드 개로드Alfred Garrod(1819~1907)가 통풍 환자의 혈액에 존재하는 요산을 측정해 냈다.

통풍을 앓은 황제들

중국이 아닌 다른 나라의 역사에서도 통풍을 앓은 황제가 여럿 있다. 신성로마제국의 황제 카를 5세(1500~1558, 에스파냐의 카를 1세기도 하다)는 심각한 통풍으로 인해 어쩔 수 없이 퇴위해야 했다. 그의 아들인 에스파냐 펠리페 2세(1527~1598) 역시 통풍과 신장병을 앓았다. 영국과 프랑스에도 많았다. 헨리 8세, 제임스 1세, 조지 3세 등이다. 프랑스의 루이 14세(1638~1715), 샤를 5세, 그리고 샤를 5세의 아버지와 할아버지도 통풍 환자였다.

중국에서 통풍을 앓은 황제는 누가 있을까? 역사서를 찾아보니 황제가 통풍 혹은 통풍성 관절염을 앓은 기록이 많지는 않아도 있기는 하다. 사실 이상한 일은 아니다.

전통 의학 서적에는 '통풍성 관절염'이라는 의학 용어가 없다. 수많은 종류의 관절염이 모두 '마비증'의 범위에 포함되어 기록되었다. 오늘날의 류머티스열Rheumatic fever, 류머티스 관절염Rheumatic arthritis 및 그 유사증, 증식성 척수염Proliferative spondylitis, 강직성 척수염Ankylosing spondylitis, 전신성 홍반낭창 관절염Systemic Lupus Erythematosis(SLE) arthritis, 경추간판 혹은 추간판 퇴행성 디스크 확산Degenerative cervical intervertebral disc proliferation 등을 전부 마비증으로 보는 것이다. 그러므로 마비증이라고 기록된 병증을 모두 통풍으로 볼 수는 없다.

다만 후한의 명의 장중경이 '역절병曆節病'이라는 이름으로 류머티스 관절염을 따로 명명했고, 이를 특수하고 고질적인 마비증이라고 기록한 바 있다. 그러나 그도 통풍이나 통풍성 관절염이라는 용어는 쓰지 않았다.

옛 중국 사람들은 통풍이나 통풍성 관절염에 대한 개념이 없었다. 골격에 바늘 모양의 요산 결정이 침전되어야 확실히 통풍이라고 진단할 수 있다. 그렇다면 어떻게 16세기 사람인 카를 5세가 통풍을 앓았는지 확신할 수 있을까? 18세기 이전에는 관절염과 요산의 관련성을 몰랐는데 말이다. 해답은 카를 5세의 손가락뼈가 남아 있어 여기서 요산 결정을 발견한 것이다.

장카이章愷가 쓴 《정설 원나라 15황제正說元朝十五帝》에 관련된 내용이 나온다. 원나라의 제5대 황제인 세조 쿠빌라이도 통풍을 앓았다. 그는 아내와 아들을 잃은 뒤 깊이 상심했다. 위로를 얻기 위해 술과 음식에 빠졌다. 과도한 음주는 그의 건강에 문제를 일으켰고, 고도비만과 통풍이 찾아왔다. 정사에도 비슷한 기록이 남아 있다. "쿠빌라이는 발에 질병이 있었다(엄지발가락에 통풍성 관절염이 있었을 것으로 추측된다). 만년에 체력이 약해져 여러 병에 시달렸다." 안타깝게도, 쿠빌라이의 뼈에서 요산 결정체가 나왔는지를 확인할 길은 없다.

통풍 예방과 치료 ㅡ

최근 통풍의 발병률이 점점 증가하는 추세이며, 심지어 발병 연령이 어려지고 있다. 동양인은 통풍을 앓는 경우가 많지 않았는데, 주로 퓨린을 적게 함유한 쌀과 채소를 먹었기 때문일 것이다. 그러나 식습관의 변화로 아시아에서도 동물의 내장, 어패류, 해조류, 단백질류 식품 섭취가 거의 배로 늘어났다. 이런 식품은 요산의 전구물인 퓨린을 많이 함유하고 있어 혈중 요산을 증가시킨다. 현재 통풍은 당뇨병 다음으로 흔한 질병이 되었다.

통풍에서 가장 흔히 발견되는 증상은 엄지발가락 관절의 갑작스런 격통이다. 복사뼈, 무릎, 손목, 팔꿈치 등에 통증이 나타나기도 한다. 증상은 7~10일간 계속되며, 치료하지 않아도 시간이 지나면서 통증이 서서히 사라지고 관절 기능도 정상을 회복한다. 하지만 통증이 재발하는 경우가 대부분인데, 이런 식으로 반복해서 통풍이 발작한다. 이는 관절에 영구적인 손상을 입힐 수 있고 최종적으로는 관절 기형을 유발하기도 한다. 통풍 역시 악화된다.

통풍 치료의 목표는 약물을 통해 급성 관절염의 통증을 경감시키고 재발을 예방하는 것이다. 그리고 혈중 요산 수치를 낮춰 요산염이 신장과 관절 등에 침전되는 것을 막고 증상 발현을 억제한다.

통풍을 예방하기 위해서는 식습관에 주의해야 한다. 저퓨린식, 저지방식 식단을 유지하고 수분을 충분히 섭취하며 담배와 술을 끊어야 한다. 좋은 생활 습관을 기르고 규칙적인 운동을 해야 한다. 또한 정기적인 건강검진으로 당뇨병, 비만, 고혈압, 고지혈증을 예방하거나 조기에 발견하고 치료하는 것이 중요하다.

미국 아인슈타인의학원 내과주임인 존 하딘John Hardin은 2002년 이렇게 말한 바 있다. "통풍의 발병 원인은 90퍼센트가 유전이고, 10퍼센트가 생활 습관이다. 통풍은 천연두처럼 소멸될 수 있는 병이 아니다. 유전자를 완전히 통제하게 되는 날까지 통풍은 우리 곁에 남아 있을 것이다."

제5장

질병은 입을 통해 들어온다

1

이질로 사망한 황제들

유비가 이질에 걸린 것은 의심할 여지가 없다.
이질은 개인위생과 관련된 질병이다.

이질痢疾은 역사가 길고 부르는 이름도 아주 많으며, 오래된 의학 서적에 거의 기록되어 있을 만큼 잘 알려진 질병이다. 미생물이 장에서 병리적 변화를 일으키는 것이 원인으로 심할 경우 목숨을 잃기도 한다. '병은 입으로 들어온다'는 속담처럼, 이질은 깨끗하지 않은 음식물 때문에 걸린다.

이질의 역사 —

옛날에는 이질로 사망하는 사람이 수천, 수만 명이나 됐다. 세균이 무엇인지 몰랐기 때문이다. 물론 현대 의학에서는 이질이 어떤 경로로 발병하는지 잘 안다. 이질을 어떻게 진단하고 어떻게 치료하며, 어떻게 예방해야 하는지도 잘 안다. 하지만 몇 백 년 전만해도 사람들은 관찰과 경험, 그때까지 해 온 전통적인 치료법에 기대어 환자를 치료했다. 물론 그 치료 방법이란 것이 무슨 영단묘약을 사용하는 것이 아니었으므로 이질로 죽는 사람이 많을 수밖에 없었다.

이질은 몇 천 년의 역사를 가진 오래된 질병으로, 생물의 진화와 세월의 변화에도 사라지지 않았다. 이질에 대한 가장 이른 기록은 《내경內經》에 나타난다. 옛 의학 문헌 곳곳에서 이질 관련 기록이 나타나며 이질을 가리키는 병명도 수백 가지로, 여기에 일일이 열거할 수 없을 정도다. 이질의 역사를 연구하려면 반드시 이 질병을 일컫는 이름부터 분명하게 파악해야 한다.

주나라 때의 진갈홍晉葛洪(284~354)이 쓴 《주후비급방肘後備急方》, 수나라 소원방巢元方(605?~610)의 《병원론病源論》, 당나라 왕수王燾(670~755)의 《외태비요外台秘要》에는 이질의 임상 증상이 상세히 기록돼 있다. 고대 중국인들은 이질을 열 가지 유형으로 구분했는데, 송나라 때 어린이의 이질 여덟 종류를 더 포함시켰다. 이것이 전통 의학에서 말하는 '소아팔이론小兒八痢論'이다.

세계 역사를 살펴보면, 많은 제왕들이 이질에 희생되었다. 프랑스의 국왕 루이 8세(1187~1226), 루이 9세(1214~1270), 영국의 헨리 8세(1387~1422) 등은 모두 이질로 목숨을 잃었다. 중국 역사에도 이질을 앓다가 죽은 제왕이 여럿 기록돼 있다. 삼국시대 촉나라의 유비도 이질로 사망했다. 청나라 때 용상에는 앉지 못했지만 조정의 대권을 장악하고 사실상 황제나 다름없었던 서태후도 이질로 사망했다.

서태후의 치료 기록인 《내기거주內起居注》에 의하면, 태후는 만성적인 설사 및 기타 질병으로 안면신경마비 증세를 보였다고 한다. 이로 미뤄 볼 때 그녀가 이질을 앓았다는 추측이 가능하다. 그녀는 확실히 입으로 병을 얻었다. 매일 100여 가지가 넘는 요리를 먹었으니 수많은 요리를 준비하는 과정에서 오염된 식품이 생겨날 확률도 높아진다.

또한 서태후는 아편을 피우는 습관이 있어서 이질에 걸린 후에는 평소보다 두 배 이상 아편을 피워 설사를 억제하고 복통을 가라앉히려 했다. 아편은 장운동을 억제하고 진통 효과를 주는 약물이다. 환자가 아편을 복용한 직후에는 설사가 감소하고 복통도 완화되어 훨씬 편안해진다. 그러나 이것은 일시적으로 증상만 완화시킬 뿐 근본적인 치료가 아니다. 오히려 배출되어야 할 대변과 세균이 계속 장도에 남아 세균이 만들어 내는 독소가 혈액 속으로 더 쉽게 침투하기 때문에 병세가 더욱 심각해지고 균혈증이나 패혈증으로 진행되기 쉽다. 또한 아편은 호흡을 억제시키기 때문에 더 위험하다. 아편 복용은 산소 부족으로 인한 쇼크를 유발할 수 있다.

1960~1970년대에 아편으로 설사를 치료하려다가 심각한 상황에 빠진 환자를 많이 봤다. 그들은 입원할 때 이미 호흡이 엄엄한 상태였고, 심각한 탈수 상태에 호흡이 매우 느렸다. 혼수상태에 빠져 목숨을 잃기도

했다. 서태후 역시 약물을 잘못 복용한 탓으로 사망했을 가능성이 크다.

사료에 따르면, 원나라의 네 번째 황제인 헌종 몽케 칸(1208~1259)이 군대를 이끌 때 병사들 사이에 이질이 유행했으며, 결국 몽케 칸도 이질에 걸려 사망했다. 원나라 최후의 황제인 혜종 토곤테무르 칸(1320~1370)도 이질에 걸려 사망했다. 안타깝게도 그들이 이질을 치료하기 위해 어떤 방법을 썼는지에 대해서는 더 많은 기록이 남아 있지 않아 참고할 만한 것이 없다.

이질로 사망한 유비

유비는 도대체 어떤 병으로 목숨을 잃었을까? 장무章武 원년(221) 황제의 자리에 오른 유비는 오나라 손권이 의형제인 관우를 죽인 데 크게 분노했다. 그는 오나라의 강화 제의를 받아들이지 않았을 뿐 아니라 직접 대군을 이끌고 손권을 토벌하러 나섰다. 그러나 그의 복수는 이릉전투에서 패배하는 것으로 끝맺고 말았다. 오나라 육손에게 패배하고 영안永安으로 후퇴한 뒤 얼마 지나지 않아 유비가 병으로 쓰러진 것이다. 사료에는 223년 3월 유비가 병이 위독하여 제갈량 등을 불러 아들을 부탁하고는 얼마 지나지 않아 백제성 영안궁에서 사망했다고 기록되어 있다. 향년 63세였다.

유비는 언제 병에 걸렸을까? 《삼국지》〈선주전先主傳〉에는 명확한 기록이 없다. 다만 222년 12월에 선주(유비)가 병으로 몸이 편치 않다고

만 되어 있다. 배송지裴松之가 《삼국지》 〈선주전〉에 진수의 《제갈량집諸葛亮集》 기록을 인용해 주석을 단 내용을 보면, 유비는 아들 유선劉禪에게 남긴 유언에서 자신이 이질에 걸렸다고 말한다. 나중에 다른 병에 감염되었고 치유하지 못했다는 것이다. 《삼국지》 〈선주전〉에는 "짐이 처음 병이 들었을 때는 이질이었으나 후에 다른 병이 겹치어 스스로 몸을 가누지 못하니"라고 기록돼 있다.

《삼국지연의》에 나오는 유비의 유언은 이 기록을 바탕으로 하여 나관중이 창작한 것으로 보인다. 유비가 이질에 걸린 것은 의심할 여지가 없다. 이질은 개인위생과 관련된 질병이다. 깨끗하지 않은 음식물 섭취로 장에 세균이 침입하여 걸린다. 환자는 복통와 설사, 혈변 등의 증상을 보이며 심할 경우 구토와 고열도 나타난다. 유비가 이질에 걸린 것도 이상하지 않다. 그는 동생의 복수를 하려고 직접 군대를 이끌고 토벌에 나섰다. 전쟁터의 위생 상태는 매우 나쁜 데다 여기저기 병사들의 시체가 널려 있으니 강물도 오염되었을 게 뻔하다. 게다가 때는 한창 더운 6월, 이질 등의 전염병에 걸리기 쉬운 때였다.(《삼국지연의》에도 같은 시기 오나라 장수 감녕이 '이질에 걸려 병을 앓으며 출정했다'는 대목이 있다.)

이질 등 전염병은 피로하거나 굶주렸을 때 더 쉽게 감염된다. 유비는 행군할 때 오염된 채소와 과일을 날것으로 먹고, 계곡의 오염된 물을 마셨을 것이다. 2천 년 전의 옛날 사람들은 식수를 소독 처리하는 방법을 몰랐다. 병원균은 음식과 물을 통해 장에 침입한 다음 빠르게 번식하여 내독소Endotoxins를 만들어 내고, 독소가 장의 점막에 염증을 일으켜 각종 병증이 유발된다.

후세 사람들은 유비의 병사 원인에 대해 여러 가지 억측을 내놓곤 했다. 유비가 스스로 '나중에 여러 가지 잡병이 더해졌다'고 말했는데, 어떤 질병들이었을까? 유비는 222~223년 사이 이릉과 효정의 전투에서 이질에 걸린 것이 분명하다. 게다가 이질이 완전히 낫지 않은 상황에서 전장에서 체력을 소모했다. 당시 유비는 자신의 몸을 돌볼 여력이 없었고 면역력도 떨어져서 합병증이 발병한 것으로 보인다. 전쟁 중이었으니 어의가 유비의 건강을 제대로 돌봐 주지 못했을 테고, 질병을 소홀히 여기다가 결국 병을 이기지 못하고 죽음에 이르렀을 것이다.

유비가 앓은 합병증에 대해서는, 패전 우울증, 화병, 심장병, 패혈증 등등 삼국시대 역사를 연구하는 사람마다 의견이 분분하다. 어쨌거나 이질이 당시 예순을 넘긴 노인의 몸을 약하게 만들었기 때문에 목숨을 잃은 것으로 보아야 한다.

고대의 이질 처방

당 태종 이세민李世民(599~649)은 유비처럼 이질에 걸렸지만 나았다. 그는 병세가 깊었다. 복통이 심하고 자주 설사를 했지만 태의들은 속수무책이었다. 재상 위징을 필두로 한 대신들이 천하에 포고를 내어 명의를 수소문했다.

진시황은 열사병으로 죽었다

나중에 민간의 의원 장보장張寶藏이 여러 해에 걸친 이질 치료 경험으로 처방전을 써서 궁중의 태의에게 보냈다. 그는 필발蓽撥(인도산 후추)을 우유에 넣고 끓여서 복용하라고 했다. 당태종이 이를 복용하자 복통이 사라졌고 설사가 멎었다.

필발은 근거가 있는 처방이다. 《의종필독醫宗必讀》에는 이런 기록이 있다. "필발이 설사를 멈추고 '심心'의 통증을 다스린다." 여기서 '심'이란 복부를 가리킬 가능성이 높다. 현대 의학의 연구로 밝혀진 바에 따르면, 필발에는 자극적인 냄새와 매운맛을 내는 피페린Piperine 성분이 함유되어 있다. 필발에서 짜낸 기름은 황색포도상구균, 대장 간상균, 이질 간상균 등 여러 종류의 세균 활동을 억제하고 복통, 설사, 이질 등을 치료한다.

송나라 효종 조신趙昚(1127~1194)은 해산물을 즐겨 먹다 이질에 걸렸는데, 연뿌리를 먹고 나았다. 송 영종 조확趙擴(1168~1224) 역시 이질에 걸렸는데 어의가 그에게 감응환感應丸을 처방했다. 감응환에는 정향, 말린 생강, 파두, 살구 등의 약재가 들어간다. 그중 정향은 항균 작용을 하며 대장균, 이질균, 장티푸스균 등의 간상균과 포도상구균, 진균 등을 억제한다. 그러나 파두에서 짜낸 파두유Croton oil는 약간 독성이 있어서 오히려 격렬한 설사를 유발한다. 살구에 함유된 아미그달린Amygdalin(비타민 B_{17} 혹은 '레트릴'이라고도 한다) 역시 분해된 후에 시안화수소산Hydrocyanic acid(HCN)을 생성하는데 이 역시 극독이므로 복용할 때는 매우 신중해야 한다.

그 밖에 이질을 치료하는 초본草本 약물은 사포닌Saponin이 함유된 백두옹白頭翁(중국할미꽃), 베르베린Berberine을 함유한 황백黃柏 · Phellodendron 및 황련黃連 · Coptis chinensis 등이다. 이런 자료를 통해 옛날 사람들에게 미생물 혹은 세균이라는 개념이 없고 항균 약물 혹은 항생제에 대한 지식도 없음을 알 수 있다.

그들은 이질을 일종의 유행성 전염병이라고 여겼다. "외부에서 들어온 나쁜 역병의 독이 장과 위로 침입했다"는 표현을 보면 짐작할 수 있다. 어떤 초본식물이 이질을 치료할 수 있는지 알고 있었지만, 그것이 미생물을 소멸시키거나 번식을 억제한다는 효능까지는 발견하지 못한 셈이다. 육안으로 볼 수 없는 미생물을 발견하지 못했기 때문에 생물학의 갑작스럽고 놀라운 발견들과 어깨를 나란히 할 기회를 놓친 것이다.

이질은 민간에도 상당히 널리 퍼져 있었다. 환자는 끊임없이 생겼다. 게다가 옛날 사람들은 이 질병에 대한 통일된 인식이 부족했다. 이질을 일으키는 미생물이 여러 가지인 탓에 수많은 병명이 붙었고, 처방 약물 또한 복잡하고 어지러워졌는지도 모른다. 당나라 때의 명의 손사막은 《천금방千金方》에서 다음과 같이 말하기도 했다.

고금을 통틀어 이질에 대한 처방이 천만 가지가 되니, 일일이 구체적으로 기재하기 어렵다.

이질의 종류와 예방

현대 의학에서 이질은 급성과 만성(병증이 두 달 이상 지속되는 경우)으로 나뉜다. 병세는 가벼울 수도 있고 심각할 수도 있으며, 치명적인 중독형 이질도 있다. 급성 이질은 크게 두 종류로 나뉜다. 하나는 세균성이질인데, 간균桿菌·Bacillus 감염으로 걸리며 전 지구적으로 나타난다. 쉬겔라균에 의한 감염증Shigellosis, 캄필로박테리아균에 의한 감염증Campylobacteriosis, 살모넬라균에 의한 감염증Salmonellosis이 있다. 여기서 더 자세한 병리적 소개는 하지 않겠다.

두 번째로는 심각한 원생충 감염인 아메바성 이질Amoeba dysentery인데, 환자의 대변에서 아메바 원충이 발견된다. 임상 증상은 복통과 설사 등이며, 형태가 없는 변에 피나 퀴퀴한 냄새가 나는 점액이 섞여 나온다. 하루에 여러 차례 배변을 하고, 구토를 하는 환자도 있다. 오한과 고열 등의 병증을 보이기도 한다. 이질 세균은 독소를 내뿜어 심각한 과민 반응을 유발하는데, 이는 전신 모세혈관의 수축을 가져와 미세 순환장애를 일으키거나, 세포조직의 산소 결핍 및 산독증Acidosis를 일으킨다. 신경계통의 병증으로는 경기, 혼미, 오한, 발열, 전신 무력증, 혈압 하강 등이 있으며, 호흡부전과 쇼크, 심각한 환자의 경우 패혈증이 나타나기도 한다.

아메바성 이질은 장도腸道가 적리아메바Entamoeba histolytica에 감염되어 염증을 일으키는 것이다. 주요 감염 경로는 오염된 식수 및 음식물, 개인위생 습관 부족(식사 전에 손을 씻지 않는 것) 등이다. 아메바성 이질은

'여행자의 설사병Traveller's diarrhoea'이라고도 하는데, 대부분 개발도상국 가 및 열대지방을 여행할 때 발병한다. 이런 지역에 머물 때 습관적으로 수도꼭지에서 그대로 물을 받아먹거나 외부 음식을 조심성 없이 먹다가 감염된다.

심각한 아메바성 이질은 대뇌와 간에까지 감염되어 농양으로 발전한다. 수십 년 전 간농양 환자를 진료한 적이 있는데, 그 환자의 간에서 500~600밀리리터의 농액을 빼냈던 기억이 생생하다.

미생물은 어디에나 있다. 세균 전염의 매개체는 주로 음식물과 식수이다. 옛날 사람들은 식수를 여과하거나 소독(고온 살균 및 염소 소독)하여 질병을 예방하는 법을 몰랐기 때문에 세균이 장도로 침투해 병에 걸렸다. 이질은 아주 보편적인 질병이지만, 사망률 특히 아동 사망률이 상당히 높다. 당시 사람들의 평균수명은 아주 짧았다. 하버드대학의 연구 결과에 따르면, 음용수 처리 기술이 도입되어 인류가 청결한 음용수를 마실 수 있게 된 후 사망률이 현저히 떨어졌으며 평균수명이 대대적으로 연장됐다. 그렇지만 아직도 전 지구적으로 약 10억 명이 여전히 안전하지 않은 음용수를 마시며, 매년 몇 백만 명이 설사로 목숨을 잃는다. 이는 공공 위생이 건강 개선과 수명 연장, 사망률 저하에 얼마나 중요한지를 잘 보여 준다.

2

강희제를 황위에 올린 천연두

강희제만이 천연두에 걸리고도 살아남은 데다 면역력이 생겨
평생 다시는 천연두를 앓지 않았으니 전화위복이 된 셈이다.

질병은 인정이나 도리를 따지지 않는다. 가난뱅이나 부자를 차별하지
도 않는다. 질병은 감히 하늘이 내린 황제의 옥체에마저 침범한다. 역
사서를 뒤적이다 보면 질병이 인류의 역사, 한 왕조의 운명에 심각하
게 간여했음을 알게 된다. 천하를 떨쳐 울리는 권력을 가진 황제는 나
라의 운명을 손아귀에 쥐고 아랫사람의 생사여탈권을 갖지만, 이렇듯
대단한 황제라도 일단 병에 걸리면 앓다가 죽는 것이다. 질병이 역사
의 한 장을 끝내 버리기도 한다. 청 왕조에서는 천연두가 나라의 역사
와 정치에 엄청난 영향을 미쳤다.

질병은 입을 통해 들어온다

청 왕조를 괴롭힌 천연두

프레더릭 폭스 카트라이트Frederick Fox Cartwright와 마이클 D. 비디스Michael D. Biddiss가 쓴 《질병과 역사Disease and History》는 과거의 여러 질병, 특히 전염병이 어떻게 엄청난 재난을 일으키고 역사적인 사건을 만들었는지를 보여 준다.

지금은 지구상에서 사라진 것으로 여겨지는 전염병, 천연두. 천연두는 무시무시한 살상력을 가진 질병으로, 수많은 황제를 죽였고 왕조의 운명마저 바꿔 놓기도 했다. 청나라는 천연두 때문에 몇 세대나 골치를 앓았다. 역사를 공부한 사람이라면 천연두가 청나라 황실에 미친 영향에 대해 잘 알고 있을 것이다.

청나라 초기, 북방에서 남하하여 중원에 입성한 만주족은 천연두에 대한 면역력이 부족했다. 기후와 풍토가 다른 땅에 살면서 한족과의 접촉이 늘자 만주족은 천연두에 쉽게 감염되었다. 황실이라고 해서 천연두를 비껴 갈 수는 없었다. 청 왕조의 황궁에서는 누구나 천연두를 두려워했고, 말만 꺼내도 안색이 변할 정도였다. 실록에는 순치제가 몽고에서 천연두가 유행한다는 소식을 듣고 몽고의 왕족을 6년 동안이나 접견하지 않았다는 기록도 있다. 천연두를 앓은 적 없는 청나라의 병사들은 산해관을 넘어 중원으로 출정하기를 꺼렸다고 한다.

청 왕조의 열두 황제 가운데 천연두를 앓았다고 기록된 황제는 4명이다. 제4대 황제인 강희제와 그의 아버지인 순치제, 그리고 제9대와 제10대 황제인 함풍제, 동치제 부자다. 강희제에서 동치제까지는 100

여 년의 간극이 있다. 천연두는 그렇게 긴 세월 동안 청 왕조를 괴롭혔다. 순치제, 동치제 모두 천연두로 붕어했다. 함풍제는 천연두에 걸렸다가 완치되기는 했으나 마맛자국이 남았다. 강희제만이 천연두에 걸리고도 살아남은 데다 면역력이 생겨 평생 다시는 천연두를 앓지 않았으니 전화위복이 된 셈이다.

강희제는 서너 살 때 천연두에 걸리고 병을 이겨 냈으나, 얼굴에 마맛자국이 남았다. 그런데 이 마맛자국 덕분에 불과 여덟 살의 나이에 황위에 올랐다. 그의 위로 여러 황자들이 있었으나, 천연두로 대가 끊길 것을 염려한 할머니 효장황태후가 이미 면역력(마맛자국)이 생긴 강희제로 후계를 정한 것이다. 황위에 오른 후로 강희제는 거의 병에 걸리지 않고 정력적으로 일하며 정무를 처리했다. 거기다 강희제는 뛰어난 능력으로 61년 동안이나 재위하면서 청나라를 부강하게 만들었다.

황제로서 강희제는 공중위생, 예방의학 등에도 큰 공헌을 했다. 강희제는 천연두가 번지는 것을 방지하는 조치를 체계화, 제도화하는 데 힘썼다. 태의원에 두진과痘診科를 설치하고 각지에서 명의를 널리 선발했다. 수도인 북경에는 사두장경查痘章京이라는 특별한 직책을 만들어 천연두를 막는 업무를 전담하도록 했다. 강희제 치세의 중후반기가 되면서 중국 북방 지역에서는 천연두의 기세가 크게 약화됐고, 동시에 중국 남방 지역에서 사용하는 전통적인 취비종두법吹鼻種痘法〔천연두 환자의 딱지를 가루 내어 코로 들이마시는 방식의 종두법으로, 중국에서 16세기 후

반부터 사용됐다)을 북쪽에도 전파하고, 황궁에서도 실시했다. 당시에 세계보건총회(WHA)가 제정하는 상이 있었다면 그 상은 강희제에게 돌아갔을 것이다.

천연두는 의학 용어로 'Smallpox'라고 하며, 전염성이 강하고 병증이 위험하며 광범위한 지역으로 번지고 치사율이 높은 바이러스 전염병이다. 전통 의학에서는 '두창痘瘡'이라고 부른다. 천행발반창天行發斑瘡, 역려포창疫疠疱瘡, 완두창豌豆瘡 등으로 불리기도 했다.

천연두는 악성 전염병의 하나로, 오늘날에는 거의 사라진 질병이다. 현대인들은 천연두가 예전에 얼마나 두렵고 거대한 재난이었는지 상상조차 하기 힘들다.

세계보건기구는 1980년에 천연두가 소멸했다고 선포했다. 전 지구 어디에도 천연두가 남아 있지 않다는 뜻이다. 지금은 천연두 예방접종이 필수적인 영아 접종에 포함되지 않는다. 하지만 경계심을 갖고 산발적인 병례의 출현이 없는지 살펴야 한다. 꺼진 불씨가 언제 다시 타오를지 모르기 때문이다. 의학을 공부하는 학생이라면 천연두와 비슷한 증상의 질병을 감별할 수 있어야 한다. 증상이 약한 수두Varicella와 천연두의 임상 증상을 착각했다가는 큰일이 벌어질 수도 있기 때문이다. 수두와 천연두의 차이점은 다음 표와 같다.

천연두와 수두의 차이점

종류	천연두	수두
잠복기	평균 12일	13~17일(길게는 24일)
발열	3~4일간 열이 난 뒤 발진	1~2일간 열이 난 뒤 발진
발진의 분포	원심성	구심성(몸통, 두피, 손바닥), 발바닥에는 거의 나타나지 않는다
발진의 특징	3일간 발진이 전부 나타나고, 다시 3일간 고름이 차서 농포가 되며, 3일이 지나면 딱지가 진다	발진이 나타난 후 4일 정도면 딱지가 지고 가렵다가 7~8일이면 완쾌된다
발진의 형태	초기에는 물집이 작고 단단하며, 피부 깊숙한 곳에 분포하고, 수포에 고름이 차며, 딱지 흉터가 남는다	피부에 얕게 분포하고, 수포의 막이 얇으며 진물이 투명하고, 딱지 흉터가 남지 않는다
합병증	전염성이 있고, 패혈증, 폐렴, 뇌막염, 골수염 등의 합병증이 있다	거의 발견되지 않는다
유형	소두창, 악성 두창, 출혈성 두창	

동치제는 억울해

— 서태후의 아들인 청의 제10대 황제 동치제의 병과 사인은 몇몇 야사나 영화 등에서 각색된 이야기로 전해진다. 동치제가 몰래 미복 차림으로 출궁해 기루〔기생집〕에 갔다가 부스럼이 생겼다. 풍부한 임상 경험이 있는 의원이 아니면 천연두와 매독의 종기 모양을 변별해 내기 어렵다.

매독의 파상균 검사나 혈청 반응 검사, 생체 조직 검사 등이 없던 시대이니 병명을 확실하게 진단하기 쉽지 않았다. 그래서 태의 이입덕李立德은 동치제가 매독에 걸렸다고 여겼고, 이는 가엾은 소년 황제에게 창녀와 무절제하게 관계했다는 오명을 뒤집어씌운 셈이 되었다. 그러나 청나라 황제의 《맥안당부脈案檔簿》와 《만세야진약저부萬歲爺進藥底簿》에는 동치제가 동치 13년 10월 30일에 병에 걸려 같은 해 12월 5일에 붕어하기까지의 진료 기록이 상세히 남아 있다. 진맥 내용과 병증, 약 처방 등의 상황이 온전히 기록되어 있어서 동치제가 천연두로 사망했다는 것을 확실히 증명해 준다.

동치제는 병에 걸린 후 5주 만에 붕어했다. 일반적으로 천연두로 인한 사망은 발병 후 1~2주 이내다. 동치제는 상당한 기간 동안 생명을 연장한 셈이다. 이 때문에 동치제가 천연두가 아니라 매독을 앓았다는 의심을 받았던 것이다. 그러나 매독의 경우 온갖 후발 증상으로 고통받기는 하지만 대부분 발진은 저절로 사라진다. 그리고 황제의 스승인 옹동소翁同酥의 일기에 이런 기록이 남아 있다. "황제의 두피에 고름이 찬 수포가 가득했다." 이 기록은 천연두의 농포가 얼굴, 손, 발 등에 원심성 분포한 모습이다. 동치제의 몸에 난 종기의 모습은 "고름이 이미 차올라 터진 물집에서 흐르는데 색이 희고 냄새가 고약하다"고 기록되어 있다. 이는 합병증으로 패혈증이 발병했음을 나타내는 나쁜 징조이며, 이럴 경우 얼마 지나지 않아 사망에 이른다.

1979년 중국의 중의연구원과 베이징병원이 협력하여 역사 기록을 면밀히 분석하여 동치제의 병증과 치료, 처방 과정을 연구한 바 있다. 연구팀은 동치제가 천연두로 사망했다는 결론을 내렸다.

열에 네다섯을 죽인 말라리아

1971년 중국의 과학자가 개똥쑥에서 아르테미시닌Artemisinin을 추출했다.
이 약물은 금세 전 세계에서 가장 주된 항말라리아 약물 중 하나가 되었다.

청나라 강희제 현엽玄燁(1654~1722)은 평생 큰 병을 두 번 앓았다. 한 번은 어렸을 때의 천연두였는데 요행히 살아났다. 또 한 번은 마흔이 되던 해에 걸린 학질瘧疾, 즉 말라리아Malaria였다. 역사서의 기록에 따르면, 당시 황제가 며칠째 고열에 시달렸는데 전통 약물로는 전혀 효과가 없었다. 다행히도 프랑스에서 파견한 예수회 선교사 장 드 퐁타네Jean de Fontaney(1643~1710)가 준 퀴닌Quinine을 먹고 열이 내렸다.

강희제를 치료한 서양 약 ─ 퀴닌은 우연히 발견되었다. 17세기 당시 남아메리카 페루의 인디언들 중 고열과 오한을 겪던(사실은 말라리아에 걸린 것이다) 사람이 갈증을 해소하기 위해 독이 있는 키나나무 옆에 있는 샘에서 물을 마셨는데, 신기하게도 열이 완전히 내렸다. 당시 인디언들은 키나나무의 껍질에 독이 있다는 것을 알고 있었다. 점차 키나나무의 껍질이 병을 낫게 한다는 이야기가 퍼져 나갔다. 이에 그곳의 예수회 선교사가 키나나무 껍질에서 퀴닌을 추출해 말라리아 치료에 사용하게 되었다. 그 후 이 치료법은 유럽에 퍼졌고, 예수회에서도 후대로 계속 전해졌다. 키나나무 껍질은 '예수회 나무껍질'이라고도 불렸다. 퀴닌으로 강희제의 말라리아를 치료한 일은 또 다른 프랑스 선교사이자 강희제의 수학 교사였던 조아심 부베Joachim Bouvet(1656~1732)가 쓴 《중국 황제의 초상Portrait histoique de l'empereur de la Chine》에 기록되어 있다.

강희제가 나무껍질을 갈아 만든 '서양 약'을 복용한다고 하자, 그의 신하들은 당연히 마음이 놓이지 않았을 것이다. 그래서 강희제와 가까운 4명의 대신들이 《예기禮記》에서 말한 "임금이 약을 드실 때는 신하가 먼저 맛본다"는 도리를 따라서 위험을 무릅쓰고 낯선 약을 먼저 복용해 보았다. 여기서 몸에 해로운 어떠한 반응도 나타나지 않은 다음에야 강희제는 안심하고 약을 먹었다.

말라리아(학질 또는 문증蚊症이라고 부르기도 했고, 장기병瘴氣病·장학瘴瘧·비한脾寒·빈학牝瘧이라고도 했다)은 아주 오래된 질병이다. 키나나무의 껍질이 고열이나 말라리아에 효과적이라는 사실은 17세기에 발견됐다. 하지만 병의 원인인 말라리아원충Plasmodium은 한참 뒤늦은 1880

년에야 외과 의사 샤를 루이 알퐁스 라브랑Alphonse Laveran이 아프리카 알제리에서 말라리아 환자의 혈액을 현미경으로 관찰하다가 발견했다. 말라리아의 원인은 아노펠레스Anopheles(말라리아모기)로, 이 모기에 물려 피를 빨리는 과정에서 말라리아원충이 인체로 들어온다.

중국에서는 강희제 때부터 지금까지, 말라리아의 역사가 300여 년이나 된다. 역사 기록을 조사한 바에 따르면, 기원전 22~기원전 17세기의 은나라·상나라 시대부터 중국에는 '학瘧' 자로 기록된 질병이 갑골문이나 청동기 명문에서 발견된다. 또한 전국시대 말기에는 학질(말라리아)이 유행하는 계절에 대한 기술도 보인다. 기원전 2~기원전 1세기, 중국에서 가장 오래된 의서《소문素問》에도 상세한 서술과 분류가 나타난다.

학질(말라리아)에는 하루 한 번 발열하는 것, 이틀에 한 번 발열하는 것, 사흘에 한 번 발열하는 것이 있고, 오전에 발열하거나 오후에 발열하는 것 및 낮과 밤에 한 번씩 발열하는 것이 있다. 어떤 경우에는 땀이 나고 어떤 경우에는 땀이 나지 않는다….

원나라 때 주진형朱震亨(1281~1358)이나 명나라 때 왕긍당王肯堂(1551~1622), 청나라 때 진복정陳複正(1690~1751)이 쓴 의학 서적에는 더욱 상세한 기록이 남아 있다. 다른 문헌들을 찾아보면, 기원전 1600년

(3,600년 전) 인도의 《베다》에도 말라리아에 대한 기록이 나온다. 2,500년 전의 히포크라테스도 말라리아에 대해 기록한 바 있다. 과거 말라리아는 인류가 맞닥뜨린 가장 커다란 재난이자, 인류 역사 발전에 영향을 미친 중요한 요인이었다. 말라리아로 인해 중요한 군사적 행동이 실패로 돌아간 사례도 어렵지 않게 찾아볼 수 있다. 예를 들어《후한서》에는 한나라 광무제 때의 장군 마원馬援이 군대를 이끌고 북쪽으로 돌아오는 동안 열에 네다섯이 '장역瘴疫'으로 죽었다는 내용이 나온다.

해발이 높은 지역 및 철근과 콘크리트로 세운 건축물이 밀집한 도시화 지역에서는 말라리아모기가 살기 어렵다고 알려져 있다. 이런 지역에서는 말라리아의 전파도 쉽지 않다. 상대적으로 도시가 적은 아프리카에서는 다른 도시화 국가들에 비해 말라리아가 훨씬 위협적인 셈이다.

옛날 중국 사람들은 말라리아를 약 서른 가지 유형으로 구분했다. 현대 의학에서는 말라리아가 네 종류의 말라리아모기로 인해 발병한다고 알려져 있다. 각각 열대열말라리아Plasmodium falciparum, 삼일열말라리아Plasmodium vivax, 난형열말라리아Plasmodium ovale, 사일열말라리아Plasmodium malariae로 구분된다. 이런 구분은《소문》에 기록된 분류법과 큰 차이가 없다.

고대인들의 임상적 관찰력이 예리했음을 알 수 있다. 모기가 혈액에 말라리아원충을 가진 사람을 물어 피를 빨면 말라리아원충이 모기의 체내에서 발육하여 포자소체Sporozoite가 된다. 모기가 다시 사람의 피를 빨 때 모기의 타액선을 타고 포자소체가 인체로 주입되고, 사람의 간에서 번식하여 적혈구 내로 들어간다. 14주가 흐르면, 간헐적으로 반복되는 고열과 오한, 두통, 비장의 확대, 근육통 등의 증상이 나타난다. 말라리아는 이렇게 전염된다. 말라리아는 치명적일 수 있다. 가장 무서운 것은 흑수열黑水熱인데, 열대열말라리아원충에 의해 발생하는 적혈구 용혈증이다. 흑수열 환자는 적혈구가 녹아 소변에 섞여 나오는 '검은 오줌'을 누게 되며, 신부전이 발생하기도 한다. 심각해지면 출혈, 쇼크, 간부전, 뇌말라리아, 근육 경련, 혼수상태 등이 나타난다.

말라리아모기는 일반 모기와 다르다. 말라리아모기는 말라리아원충을 옮기고 말라리아의 원인이 되지만, 모기는 뎅기열바이러스Dengue virus를 옮기며 열병과 패혈증의 원인을 제공한다.

여전히 무서운 질병 ─

19세기부터 수많은 과학자들이 말라리아원충의 생태 및 말라리아의 병리와 치료법 연구에 매진했다. 이 분야에서 여러 명이 노벨의학상을 수상하기도 했다.

말라리아는 지금까지도 대응하기 쉽지 않은 질병이다. 전 세계에 약 5억 명 이상의 환자가 있고, 매년 100만 명이 말라리아로 사망한다. 말라리아원충은 생명력이 몹시 강하고, 약물 내성까지 생겨났다. 시작은 퀴닌이었다. 이 일종의 유독성 알칼로이드는 말라리아에 효과를 보였다. 그러나 퀴닌은 수많은 부작용도 함께 있었으며, 특히 환자 및 임산부의 건강을 해쳤다. 1930~40년에는 미국에서 좀 더 안전한 합성 항말라리아 약품 클로로퀸Chloroquine 등이 만들어졌다.

진晉나라 때의 의학자 갈홍葛洪(283~343)은 《주후비급방肘後備急方》에서 학질의 치료약으로 초본 약물인 개사철쑥을 기록하기도 했다. 한참 뒤늦은 1971년 중국의 과학자가 개똥쑥에서 아르테미시닌Artemisinin을 추출했다. 이 약물은 금세 전 세계에서 가장 주된 항말라리아 약물 중 하나가 되었다(아르테미시닌을 발견, 추출한 성과로 투유유屠呦呦가 2015년 노벨생리의학상을 수상했다).

그러나 2005년 영국의 의학저널 《랜싯The Lancet》에 실린 연구 결과에 따르면, 아르테미시닌을 단독으로 사용해서는 안 된다고 했다. 말라리아원충이 이에 대해 내성을 가질 수 있기 때문이었다. 2006년 1월 세계보건기구(WHO)는 제약회사들에게 아르테미시닌을 단일 처방약으로 제조·판매하지 말라고 권고했다. 아르테미시닌 내성을 지닌 말라리아원충의 출현을 막기 위해서다.

이 어려운 문제를 철저히 해결하기 위해 효과적으로 말라리아에 대항할 수 있는 백신의 개발이 여러 과학자들의 목표가 되었다. 사실 1983년에 이미 말라리아원충의 유전자를 복제하는 데 성공했다. 이는 약물 내성의 변종 유전자를 찾아낼 가능성으로 이어진다. 2002년 과학자들은 모기와 말라리아원충의 게놈 지도를 완성했고, 이로써 지구상에서 말라리아라는 질병이 사라질 가능성이 커졌다.

　의학 잡지의 보고에 따르면, 전 세계의 온난화 및 엘니뇨 현상으로 기온과 강우량에 변화가 생겼고, 이는 말라리아원충의 분포에도 영향을 미쳤다. 대기순환 모델의 예측에 의하면, 2100년에는 전 지구의 평균 기온이 섭씨 3~5도가량 상승하고 말라리아 환자 수는 열대지역에서 약 2배 증가할 것이라고 한다. 온대지역에서는 10배 이상 증가할 것으로 예상된다. 미래에는 말라리아의 대유행이 쓰나미 같은 갑작스러운 재난 요소로 등장할지도 모른다.

4

뱀처럼 몸을 휘감는 대상포진

지렁이를 사기 그릇에 넣고 마구 찧은 뒤 회화나무의 꿀을 넣고 뒤섞었다.
하동빙은 깃털에 액체를 묻혀 태조의 환부에 발랐다.

송나라의 개국황제인 태조 조광윤趙匡胤(927~976)은 976년 11월 14일
에 급서했다. 향년 49세, 재위한 지 16년 만이었다. 송 태조가 어떻게
사망했는지는 아무도 알지 못한다. 정사에도 죽음의 원인과 결과를 명
확하게 밝힌 기록이 남아 있지 않다. 《송사》〈태조본기太祖本紀〉에는 간
단하게 두 줄이 기록돼 있을 뿐이다.
"황제가 만세전에서 붕어하니 연치 쉰이었다."

하동빙의 괴이한 치료법 — 이쯤 되면 역사적인 미결 사건이다. 그
의 죽음은 이미 예전부터 피비린내 나는 미결 사건으로 여겨졌다. 북

송 철종 연간에 국정을 주재했던 사마광司馬光(1019~1086)은 저서 《상산 야록湘山野錄》에서 '촛불에 비친 도끼 그림자'니 '형을 죽이고 자리를 훔 친다'느니 하며 조광윤의 죽음에 대해 의심을 드러냈다. 사건의 배후로 의심받은 사람은 조광윤의 친동생이자 그 뒤를 이어 즉위한 태종 조광 의趙光義(939~997)였다. 그러나 조광윤이 사망했을 때, 조광의는 그 사 실조차 알지 못했다고 한다. 조광의가 이 일을 알고 있었는지, 조광윤 의 진정한 사인이 무엇인지는 역사학자들이 답을 찾아내야 할 문제로 남겨졌다.

조광윤의 진교병변陳橋兵變, 황포가신黃袍加身, 배주석병권杯酒釋兵權 등 의 이야기는 대부분의 사람들이 잘 알고 있을 테니 여기서 더 언급하지 않겠다.〔일곱 살의 공제가 즉위하자 요나라에 나라가 멸망당할까 걱정이 된 후주 의 신하들은 진교에서 조광윤에게 술을 잔뜩 먹인 뒤 인사불성이 된 그에게 황제 의 용포를 입히고 황제로 추대했다. 그래서 조광윤은 어쩔 수 없이 송나라 태조로 즉위하게 되었다는 이야기가 바로 '진교병변'과 '황포가신'이다. '배주석병권'은 조 광윤이 즉위 직후 절도사들을 불러 연회를 열고 병권을 내놓을 것을 에둘러 종용 한 이야기를 가리킨다.〕

송 태조의 이야기 중에는 즉위한 지 얼마 지나지 않아 '전요사단纏腰 蛇丹'에 감염됐다는 이야기가 흥미롭다. '전요사단'은 현대 의학에서 말 하는 대상포진Herpes zoster이다. 전하는 바에 따르면, 조광윤의 허리에 콩 모양의 수포가 가득 돋아나 진주를 엮어 놓은 듯한 끈 형태로 수포가 죽 늘어섰다. 당시 낙양에 약방을 운영하는 하동빙何動冰이라는 사람이 있었는데, 황궁으로 불려가서 송 태조의 증상을 자세히 관찰하더니 자신이 좋은 약을 갖고 있으며 며칠만 바르면 금세 나을 것이라고 했다(하동빙이 아니라 하남성 상구에 사는 의원 장청리張清理라는 설도 있다).

송 태조는 반신반의했다. 수도의 여러 명의가 다 방법이 없다고 했기 때문에, 그런 자신감 가득한 말을 믿기 어려웠다. 하동빙은 황제의 병을 치료하지 못한다면 목숨을 바치겠다고 장담했다. 대신 자신이 병을 말끔히 고치면 자비를 베풀어 감옥에 갇혀 있는 모든 의원들을 풀어 달라고 요청했다.

하동빙의 치료법은 매우 괴상했다. 그는 약통을 열어 꿈틀대는 지렁이를 몇 마리 꺼냈다. 지렁이를 사기 그릇에 넣고 마구 찧은 뒤 회화나무의 꿀을 넣고 뒤섞었다. 잠시 후 지렁이의 몸이 녹아서 액체처럼 되었다. 하동빙은 깃털에 액체를 묻혀 태조의 환부에 발랐다. 태조는 시원하고 편안한 느낌을 받았고 통증도 훨씬 가라앉았다. 하동빙은 이어서 태조에게 지렁이를 녹인 액체를 마시라고 권하면서 약의 이름을 '지룡地龍'이라고 말했다. 황제는 이 세상에 내려온 용이니 '용으로 용의 몸을 보하는' 방법이라는 설명이었다. 과연 며칠 후 태조는 건강을 회복했고, 감옥에 갇혀 있던 의원들은 전부 석방되었다.

진시황은 열사병으로 죽었다

집게벌레에 물린 상처

대상포진은 송나라, 아니 그전부터 존재한 오래된 질병이다. 수나라 때의 의원 소원방巢元方(550~630)이 쓴《병원론病原論》에 유사한 임상 증상이 기록돼 있다. 이를 '구수창蠼螋瘡'이라고 불렀는데, 글자 그대로 풀이하면 '집게벌레에 물린 상처'라는 의미다. 전통 의학에서는 대상포진을 전요화룡纏腰火龍, 전요화단纏腰火丹, 사반창蛇盤瘡, 지주창蜘蛛瘡 등으로 불렀다. 다른 발진성 질병인 홍역Measles, 수두Varicella, 천연두Variola, 돌발성 발진Exanthema Subitum 등과 함께 오래전부터 알려져 있었다. 전통 의학 이론에서는 대상포진을 '여러 가지 원인으로 인해 심장과 간에 풍기風氣와 화기火氣가 오르고 비장과 폐에 습기와 열기가 올라서 생기는 병'으로 본다. 혹은 '풍열독風熱毒'이 피부와 신체 내부에 열기를 쌓아서 생긴다고 한다.

옛사람들은 이런 발진 질병의 진정한 원인을 알지 못했다. 미생물학이 발달하지 않으면 발진에 대한 병리와 이론은 근본적으로 알아낼 수 없기 때문이다.

대상포진의 원흉은 바이러스다. 홍역, 수두, 천연두, 돌발성 발진 등도 역시 바이러스 감염으로 발생한다. 옛날 사람들은 근본적으로 바이러스가 어떤 것인지를 알지 못했다. 바이러스는 한참 뒤늦은 19세기(정확히는 1892년)에 러시아 식물학자 드미트리 이바놉스키Dmitry Ivanovsky(1864~1920)에 의해 발견됐다.

바이러스는 세균보다도 체적이 작은 미생물이다. 1931년 독일의 공학자 에른스트 루스카Ernst Ruska와 막스 크놀Max Knoll이 전자현미경을 발명한 이후, 과학자들은 바이러스의 진면목을 눈으로 확인할 수 있게 되었다. 그 후 20세기 후반까지 수천 종의 바이러스가 발견되었다.

대상포진은 수두대상포진 바이러스Varicella－Zoster Virus(VZV)에 의해 발병한다. 수두대상포진 바이러스는 인체의 신경계에 침투하는 바이러스다. 대부분의 경우 바이러스에 감염되더라도 수두에 걸리지 않지만, 일부는 처음 수두대상포진 바이러스에 감염됐을 때 수두를 앓는다. 이 바이러스는 신경을 따라 이동하여 후근신경절Dorsal Root Ganglia(DRG)에 이르러 오랫동안 그곳에 잠복한다.

수두 환자 중 75~90퍼센트가 열 살 미만의 아동이며, 성인의 10~20퍼센트가 살면서 대상포진을 앓는다. 노년에 이르면 면역력이 약해지고, 오랫동안 후근신경절에 잠복해 있던 수두대상포진 바이러스가 다시 생장과 번식 활동을 시작한다. 그러면 대상포진이 발병하여 말초신경을 따라서 피부로 번져 나가는 것이다.

수두대상포진 바이러스는 호흡기 점막을 통해 인체로 들어와 혈액의 흐름을 따라 피부에 침입한다. 대상포진의 특징은 처음에는 환부가 빨갛게 되고 타는 듯한 통증이 나타난다. 붉은 발진이 무리 지어 발생하며 말초신경을 따라 끈 모양(대상帶狀)의 군집을 형성한다. 이때 명확하게 신경통증이 발생한다. 이어 물집이 생기는데, 작은 것은 좁쌀만 하고 큰 것은 콩알 크기인 것도 있다. 물집은 처음에는 투명하지만 점차 혼탁해지며 구슬을 꿰어 놓은 것처럼 연결되어 기다란 끈 모양으로 늘어선다.

　사람이 처음 수두대상포진 바이러스에 감염되면 수두로 나타나고, 1천 명당 약 3명이 대상포진을 앓는다. 일반적으로 대상포진은 3~5주면 회복되는데, 약 20~25퍼센트의 환자는 대상포진이 완치되고 피부가 완전히 나은 뒤에도 6개월 정도 통증이 계속된다. 이를 대상포진 후유신경통Postherpetic neuralgia(PHN)이라고 한다. 어떤 환자는 피부가 아닌 부위에도 감염되는데, 심할 경우 눈에 영향을 미쳐 실명에 이르기도 한다.

지렁이로 만든 '지룡'의 효능 ─　송 태조의 대상포진을 치료한 지렁이에 회화나무 꿀을 섞은 '지룡'이라는 치료액은 무슨 신묘한 약도, 대상포진 치료의 특효약도 아니다. 대부분의 대상포진은 3~5주면 회복된다. 지룡이라는 약이 없었더라도, 혹은 다른 약을 썼더라도 송 태조는 자연히 치유되었을 가능성이 크다. 지렁이에 세균이 있었다면 오히려 감염 및 염증을 유발할 수 있다. 하동빙은 운이 좋았고, 지룡약은 큰 명성을 얻었다. 지금도 이 민간요법을 믿는 사람이 있는지는 모르겠다. 지렁이를 바르거나 먹는 치료법은 《신농본초경神農本草經》과 《도경본초圖經本草》 등의 의학 서적에 자주 언급된다.

대상포진이 발병하면 통증을 줄이고 병을 앓는 기간을 단축시키며 합병증을 예방하는 것이 치료의 목적이 된다. 일반적으로 진통제와 아시클로비어Acyclovir 같은 항바이러스 약물을 써서 수두대상포진 바이러스의 번식과 병증의 악화를 막는다. 대상포진을 가리키는 'Herpes zoster'에서 '헤르페스Herpes'는 원래 그리스어에서 온 단어로 '기어다니다〔爬〕'라는 뜻인데, 포진이 분포한 모습에서 유래했다. 그래서 대상포진은 '살아 있는 뱀'으로 불리게 되었으며, 뱀이 몸을 둥글게 한 바퀴 둘러싸면 생명이 위험하다는 이야기도 있다.

중국의 광둥廣東 지역 사람들은 그런 상태를 '혼신사混身蛇'라고 표현하며, 불로 뱀의 머리를 태워야 한다고 여겼다. 불붙인 심지로 태우기도 하고 유황과 여주(한의학에서는 고과苦瓜라고도 한다)를 섞은 물이나 먹물로 뱀의 머리와 눈을 칠한다(뱀이 앞을 보지 못하게 한다는 의미인 듯하다). 그렇게 해서 포진의 확산을 막아 뱀이 몸을 한 바퀴 둘러싸지 못하게 하면 환자가 목숨을 건진다는 것이다.

이것은 전혀 근거가 없는 낭설이다. 대상포진은 말초신경을 따라 한 방향으로 퍼지는데, 일반적으로 신체의 중심축 위를 벗어나지 않으며 뱀이 몸을 한 바퀴 휘감는 형태는 극히 드물다.

물론 대상포진이 저절로 낫기를 기다리는 것보다 적합한 치료법을 찾아야 한다. 진통제나 항바이러스성 약물을 복용하고 피부 감염을 막는 약을 바른다. 스테로이드제를 쓰기도 한다. 전통 치료법으로 침이나 부항 등을 쓰기도 한다.

무엇보다 대상포진을 예방하는 것이 중요하다. 현재 수두대상포진 바이러스가 일으키는 발진 질병을 막는 백신이 나와 있다. 하나는 어린아이부터 중장년층까지 수두를 예방하는 백신이고, 다른 하나는 50세 이상의 사람들에게 적합한 백신이다. 2006년부터 사용된 대상포진 백신 주사제인 조스타박스Zostavax는 독성을 약화시킨 살아 있는 포진 바이러스다. 고위험군인 임신부, 면역 계통에 문제가 있는 환자 및 신생아 등을 보호하기 위해 대상포진 면역글로불린Varicella–zoster Immunelobulin(VZIG)을 주사해 고위험 기간을 넘기기도 한다.

예방이 치료보다 중요하다는 것은 의학의 기본 원칙이다. 치료는 표면을 낫게 하는 것이라면, 예방은 원인을 낫게 하는 것이다.

예방백신이 만들어진 후 1970년대까지 천연두는 점차 사라졌고, 세계보건기구(WHO)는 1980년 천연두가 소멸했다고 선포했다. 소아마비 증 역시 오래지 않아 천연두와 같은 결말을 맞을 것으로 믿어진다. 이번 세기 중에 지구에서 사라진다는 것이다(서양에서는 소아마비가 거의 멸절됐다고 생각한다). 의학계에서도 그것이 멀지 않은 미래라고 믿고 있다. 전면적으로 수두를 통제하고 대상포진 등의 바이러스 감염 질병을 완전히 없애는 데도 곧 성공할 것이다.

결론을 말하자면, 송 태조의 죽음은 그가 전요사단을 앓고 10여 년이 흐른 뒤의 일이다. 적어도 이 질병은 그의 죽음과 전혀 관계가 없다.

5

마왕퇴 부인의 몸에서 나온 주혈흡충

기생충 질병은 몇 천 년에 이르는 긴 역사를 갖고 있다.
3천 년 동안 보존된 이집트의 미라에서도 주혈흡충의 알이 발견됐다.

전한시대 무덤인 마왕퇴의 여성 사체를 해부한 결과, 기원전 186년에
사망한 이창의 부인 신추는 생전에 전신성 죽상동맥 경화증 외에 담석
증, 추간판탈출증, 폐결핵, 골절 등의 온갖 질병에 시달렸던 것으로 나
타났다. 이 밖에 요충, 편충, 주혈흡충 등 여러 종류의 기생충도 발견
됐다.

수천 년 전에 존재한 기생충   —   신추부인의 신체에서는 주혈흡충
의 알이 발견되어, 부인이 생전에 이 기생충에 감염된 적이 있음을 보
여 준다. 신추부인의 시체가 발견되고 3년 후인 1975년 후난성 장링江

陵현에서 남성 시체 한 구가 발굴됐다. 그의 구강에서는 전서체로 '수遫' 자가 새겨진 옥도장이 나왔다. 묘실 내부의 죽간 기록 등에 근거해 볼 때 시체의 이름은 수소언遫少言이며, 기원전 167년에 매장된 것으로 보인다. 사망 시기가 창사 마왕퇴의 신추부인보다 25년 늦다. 수소언은 9품 작위를 받은 현의 관리 신분이었던 것으로 추정되었다.

그의 몸에서도 주혈흡충의 알이 발견됐다. 주혈흡충 같은 기생충 질병이 몇 천 년에 이르는 긴 역사를 갖고 있음을 알려 주는 또 다른 증거이다. 후난성, 후베이성 외에 주혈흡충의 흔적은 중국 남방 지역의 여러 성에서 넓게 나타난다. 그런데 중국만이 아니다. 3천 년 동안 보존된 이집트의 미라에서도 주혈흡충의 알이 발견됐다.

'주혈흡충注血吸蟲'은 말 그대로 포유류와 조류의 혈관에 기생하는 편형동물로, 크기는 1~2센티미터이다. 이런 종류의 기생충이 멸종하지 않고 번식하려면 여러 숙주의 몸에 기생해 생명의 여정을 완성해야 한다. 먼저 주혈흡충의 알은 배설물과 함께 첫 번째 숙주(주혈흡충에 감염된 환자)의 신체에서 배출된다. 이를 '충란'이라고 하는데, 충란은 미라키듐Miracidium(흡충섬모충)을 담고 있으며, 두 번째 숙주인 달팽이류 동물의 몸으로 흡수된다. 충란은 중간 숙주인 달팽이류의 몸 안에서 부화하여 세르카리아Cercaria(유미자충)가 된다. 그런 다음 다시 중간 숙주의 몸에서 물속으로 배출되어 새로운 숙주를 찾는다.

이처럼 충란에 감염된 달팽이나 세르카리아가 생활하는 물을 '역수

疫水'〔오염된 물이라는 뜻〕라고 부른다. 인간이 주혈흡충에 감염되는 것은 역수와 접촉할 수 있는 환경에서 생활하는 경우다. 어부, 강 유역 거주민, 물놀이를 좋아하는 어린아이, 오염된 물을 식수원으로 사용하는 사람들이다.

주혈흡충 유충은 인간의 피부에 파고들어 몸속으로 들어간다. 인간의 몸속에서 성장하면서 폐를 거쳐 마지막에는 간까지 이동하는데, 혈액 속의 적혈구를 먹고 성장한다. 6~8주가 지나면 발육이 끝나 자웅동체의 성충이 되어 장간막Mesentery 정맥에 자리를 잡고 수천 개의 충란을 배출한다. 충란은 배설물과 뒤섞여 몸 밖으로 나가 새로운 생명의 순환을 시작한다. 이것이 바로 기생충의 전형적인 생존 방식인 '흡충–척추동물–무척추동물'의 순환사다. 이런 순환 생활사야말로 주혈흡충이 잔혹한 생존경쟁의 세계에서 수천 년을 버틸 수 있었던 이유다.

흡충류 기생충의 생활사는 이처럼 복잡하다. 의과 대학생들은 반드시 기생충학을 배워야 하는데, 기생충의 생활사를 알아야 고고학자들이 앞에서 말한 것처럼 사료도 부족하고 신분이 높은 고대의 시체가 이창의 부인 신추라는 사실을 추측할 수 있다. 신추부인은 호수가 있는 지역 출신이고, 수소언은 강릉 지역 사람으로 그곳에서 태어나고 자랐다. 주혈흡충과 접촉할 가능성이 매우 크다.

담관이 막히고 췌장에 염증이 생긴다 ―

주혈흡충에 감염된 인체에 나타나는 질병은 간 병변으로, 전기 증상은 간농양이고 후기로 갈수록 간경화, 복수 발생, 소화관 출혈, 간 기능 쇠약, 혼수상태 등의 증상이 나타난다. 주혈흡충에 감염된 어린아이는 발육 부진 혹은 왜소증, 비장이 부어올라 배만 불룩하게 튀어나오는 증상 등을 보인다. 주혈흡충은 해당 지역 주민에게는 큰 재앙이었다. 지난 세기만 해도 상하이, 후난성 등지에서 주혈흡충 감염으로 사망한 사람이 적잖다.

흡충으로 인한 질병은 무척 다양하다. 주혈흡충증 외에 간흡충증 Clonorchiasis sinensis, 폐흡충증Paragonimiasis, 비대흡충증Fasciolopsiasis, 간질증 Fascioliasis 등이다. 이런 종류의 흡충은 비슷하게 복잡한 생활사를 거치며, 모두 달팽이류 같은 무척추동물을 숙주로 삼는다. 그런 다음 어류, 갑각류, 마름이나 올방개 같은 수상식물을 두 번째 숙주로 삼아 다시 인체로 되돌아오는 것이다.

이 가운데 간흡충증은 식습관과 관련이 있다. 유충이 있는 생선을 익히지 않고 먹으면 간흡충 유충이 인체로 쉽게 들어오게 된다. 유충은 간담관 내에 기생하면서 일정 시간이 지나면 충란을 배출한다. 이는 일련의 질병 증상을 유발하는데, 예를 들면 급성 담낭염, 담석증 등이다. 많은 사람들이 감염된 지 10년이 넘도록 아무런 증상이 없어 감염 사실조차 모르는 경우가 많다. 증상이 나타나기 시작하면 대부분 담관이 막히고 담낭, 췌장에 염증이 생긴 뒤다. 심지어는 간경화, 간암이 되기도 한다.

2006년 통계에 따르면, 광둥성의 간흡충증 발병률은 중국 최고였다. 63개 현과 시에서 간흡충증이 유행해 발병률이 평균 5.36퍼센트에 달했고, 지역별로 높은 곳은 16.42퍼센트나 됐다. 광둥성 전역에서 감염자가 500만 명이 넘었다. 그래서 광둥성 위생국과 감염관리기구는 농촌의 공동식당 등을 상대로 전면적인 위생검사를 실시하고, 민물고기를 완전히 익혀 먹도록 홍보했다. 민물고기와 새우 등을 날것으로 먹지 않는 것 외에도 생산지가 확실하지 않은 것은 먹지 않아야 한다. 물론 달팽이류의 번식을 억제해 흡충의 생존 순환 고리를 끊는 것도 방안이다.

질병은 입을 통해 들어온다는 사실을 명심해야 한다.

제6장

황제들의 정신 건강

변태 황제

한 성제는 우연히 문틈으로 조합덕이 목욕하는 것을 훔쳐보게 되었는데,
그 광경을 보고 성적인 충동을 느꼈다.

관음증의 정확한 의학명은 'Voyeurism'이며, '피핑 톰Peeping tom'이라고도
부른다. 관음증은 성도착증의 하나로, 환자는 성적 환상과 성욕망, 성
충동 등에 더해 이상성性행동을 보인다. 환자는 타인의 어떤 행동을 훔
쳐보는 것으로 성적인 자극을 추구하며, 그 과정에서 성적 흥분과 만
족을 얻는다. 이들은 상대방이 인지하지 못했거나 합의되지 않은 상황
에서 몰래 나체 혹은 개인적인 행동을 훔쳐보려고 한다. 예를 들면 목
욕, 옷 갈아입기, 자위, 성교 등이다.

관음증, 노출증, 접촉도착증… —
뉴스에 가끔 이런 '성도착증'의

이상성행동이 보도되거나 고소당해 법정에 서는 사람들의 이야기가 나온다. 그들은 해변에서 연인들의 성행위를 훔쳐보거나 여자 화장실에 몰래카메라를 설치하거나 여성의 치마 속을 촬영하기도 한다.

이런 행동을 예전에는 '변태 행위'라고 불렀다. 사실 관음증은 여러 성도착증 혹은 이상성행동 중 하나일 뿐이다. 이런 성도착증, 심리 병태를 가진 사람들은 훔쳐보는 것을 통해 자극과 성적 흥분을 얻는다. 이처럼 각종 상황이나 행동에서 성충동을 일으키는 병태病態를 가리키는 의학 용어는 100여 종에 달한다.

노출증Exhibitionism, 접촉도착증Frotteurism 범죄자는 사람들이 붐비는 장소에서 강렬하고 반복적인 성적 환상을 경험하며, 성적 행위에 대한 합의 없이 상대방에게 아랫도리를 접촉 혹은 마찰하여 성적 만족을 얻으려 한다.

전화외설증Telephone scatologia 환자는 낯선 사람에게 전화를 걸어 음담패설을 늘어놓는 것으로 성적 자극을 받는다. 클렙토필리아Kleptophilia는 물건을 훔치는 데서 성적 쾌락을 느끼며, 페도필리아Pedophilia는 어린아이에게 성적 흥분을 느끼는 것을 의미한다. 그 밖에 모발, 이성의 속옷, 발, 체취 등에서 성적 흥분을 얻는 경우도 있으며, 심지어 개나 고양이 등을 학대함으로써 성적 충동을 해소하기도 한다.

황음무도한 황제들

사실 관음증은 현대의 문명병이 아니라 천 년의 역사를 지닌 오래된 병이다. 오늘날 긴장되고 빠른 속도의 생활에 정신적 스트레스를 많이 받아 관음증과 같은 질병이 나타난다고 생각하는 사람들이 많지만, 역사적으로 살펴보면 2천 년도 넘게 전에 이미 관음증이라는 병태가 기록된 바 있다.

그 사람은 역사에 황음무도한 황제로 이름을 날린 한나라의 성제(기원전 51~기원전 7) 유오劉驁다. 그는 여성의 목욕 장면을 훔쳐보는 습관이 있었다. 한 성제가 누구인지 잘 모르겠다고? 한 성제보다는 그의 황후인 조비연趙飛燕이 더 유명할 것이다. 조비연은 중국 역사에서 미인을 꼽을 때 빠짐없이 등장하는 유명한 미녀로, 특히 가느다란 허리가 아름다웠다고 한다. 그녀의 쌍둥이 여동생 조합덕趙合德은 조비연보다 더 아름다웠다고 하는데, 나중에 역시 성제의 후궁이 된다.

한 성제는 우연히 문틈으로 조합덕이 목욕하는 것을 훔쳐보게 되었는데, 그 광경을 보고 성적인 충동을 느꼈다. 그때부터 한 성제는 훔쳐보는 것을 즐기게 되었다. 그와 조비연, 조합덕 자매는 밤낮없이 방탕한 성행위에 몰두했으며 최음제인 '신휼교愼恤膠'를 과도하게 복용해, 성제는 조합덕의 침대에서 삶을 마감하게 된다. 그의 나이 44세였다.

황제는 원하는 것은 뭐든지 할 수 있는 권력을 가진 존재였다. 여인이 목욕하는 장면이나 벌거벗은 모습, 옷을 갈아입는 모습 등을 보고 싶으면 명령만 내리면 되었다. 누가 감히 황제의 명을 거역하겠는가?

옛날 상나라 주왕紂王의 흉내를 내어 연못에 술을 채우고 나뭇가지에 고깃덩이를 걸어 놓고 '주지육림酒池肉林'을 재현한 다음 벌거벗은 남녀가 그곳에서 음란한 행위를 하는 것을 구경할 수도 있고, 남조 송나라에서 폐위된 황제(전폐제) 유자업劉子業(449~465)이나 그를 죽이고 황제가 된 숙부인 명제 유욱劉彧(439~472), 혹은 명제의 아들로 역시 폐위되어 후폐제로 불리는 유욱劉昱(463~477)이 그랬던 것처럼 궁녀와 호위무사를 여럿 불러 모아 난교를 벌이도록 명령할 수도 있다.

그런데 왜 하필 훔쳐보는 일이었을까? 훔쳐보는 것이 심리적 변태의 성적 흥분을 일으키는 것이라면, 벌거벗은 남녀의 집단 성행위는 어린 황제의 미친 성 유희라고 해야 할 것이다.

관음증을 유발하는 원인은 지금까지도 명확히 밝혀진 바가 없다. 관음증은 사회에서 받아들여질 수 없는 이상행동으로 많은 국가에서 관음 행위를 범법 행위로 규정하고 성범죄로 취급하고 있다.

한 연구 결과에 따르면, 관음증 환자의 20퍼센트는 증상이 점차 심해져 성범죄를 저지른다. 전문가들은 중추신경 장애를 그 원인으로 본다. 어렸을 때 일반적이지 않은 성폭력 혹은 학대를 받은 경험이 있거나 정신병의 가족력이 있는 경우가 많다. 관음증 환자는 대부분 남성이다.

어떤 전문가는 포르노 영화나 외설적인 사진 혹은 그림을 좋아하거나 타인의 나체를 보고 성적으로 흥분하는 것은 병도 아니고, 관음증도 아니라고 말한다. 호기심 때문에 이런 행위를 하는 경우도 있다는 것이다. 적어도 6개월 이상 계속적으로 이런 이상행위를 함으로써 성적 쾌락을 얻는다면 '픽토필리아Pictophilia'(음란물 중독)라고 볼 수 있다.

어쨌거나 많은 사람들이 이런 행위를 비도덕적이며 사회적 윤리를 어긴 행동이라고 여긴다. 이런 이상행위를 하는 사람이 있다면, 정신과 의사를 찾아 상담이나 치료를 받을 것을 권한다.

2

송 황실을 괴롭힌 유전병

송 태조 조광윤의 동생 조정미趙廷美, 큰아들 조덕소趙德昭를 비롯해
조카 조원좌趙元佐, 조원악趙元偓이 모두 정신병 발병 기록이 있다.
태종의 뒤를 이은 송 진종 조항趙恒 역시 간헐적으로 실성하곤 했다.

정신착란 증세가 발생하는 원인은 아주 많다. 정신병의 원인을 알아내
고 치료하는 것은 정신과 전문의의 영역이다. 정신착란의 원인에는 유
전, 대사장애, 뇌종양, 노년성 치매, 뇌혈관 색전, 뇌경색성 치매, 알츠
하이머Alzheimer병, 간부전 혹은 신부전(요독증), 약물중독, 중금속 중독
등이 있다.

  행동이 괴이한 사람을 만났을 때 우리는 흔히 정신병자, 변태, 미치
광이, 인성 상실자라고 말한다. 그 사람이 정말로 정신병이 있는지는
정신과 의사에게 물어봐야 알겠지만, 중국 역사 속에도 괴이한 황제들
이 여럿 있었다.

동서양의 미친 왕들

중국 역사에는 아들이 아버지를 죽이고 형제가 골육상쟁하는 비극이 수도 없이 많다. 형제자매 31명을 살해한 진나라 제2대 황제 호해胡亥(기원전 230~기원전 207)은 춘추시대 형을 살해하고 왕위에 오른 위나라 왕 주우州籲를 비롯하여, 남조시대 송나라 문제 유의륭劉義隆(407~453)은 아들 유소劉劭(생몰년 미상)에게 살해됐다. 유소는 3개월간 황제의 자리에 앉았다가 곧 동생인 송 효무제 유준劉駿(430~464)에게 목이 잘렸다.

유준은 도덕과 인륜을 저버린 자여서 사촌 누이 4명을 후궁으로 삼아 총애했고, 그들 중 한 명이 유준의 아들 유자란劉子鸞을 낳기도 했다. 유준은 친어머니인 태후 노혜남路惠男마저 그냥 놔 두지 않았다고 하니, 짐승이나 다를 바 없었다. 《위서》에는 이렇게 기록돼 있다. "유준은 황음무도하여 그 어머니인 노씨와도 관계하고 더러운 소리가 구월歐越 지역에 가득하였다." 수 양제 양광楊廣(569~618)도 아버지를 죽이고 어머니를 범했다는 기록이 있다.

이런 행동을 하는 이유가 도대체 무엇일까? 권력욕에 눈이 어두워졌거나 태생이 음란하고 잔인했기 때문일까? 아니면 정신착란 혹은 정신분열증으로 인한 것일까? 가장 흔히 볼 수 있는 정신분열증Schizophrenia에 대해 이야기해 보자. 정신병 환자의 절반 정도가 정신분열증을 앓고 있다. 정신병자 혹은 이상행위자가 반드시 정신분열증인 것은 아닌 것이다.

유럽 역사를 살펴보면, 영국 왕 조지 3세(1738~1820)가 정신착란을 일으켰다고 한다. 그는 가장 오래 재위한 영국 왕이기도 하다. 50세가 넘어서 병이 발작했는데, 처음 병이 시작됐을 때는 정신착란 상황이 산발적으로 나타났다 사라지곤 했다. 이로 인해 조지 3세는 정치적 위기를 겪었고, 어쩔 수 없이 아들(훗날의 조지 4세)을 섭정으로 삼아야 했다. 가련한 '미친 왕' 조지는 남은 생애를 눈멀고 귀먹은 채 고독한 왕으로 살았다.

조지 3세의 병은 희귀한 선천적 유전병인 포르피린증Porphyria이었다. 포르피린증은 피로감, 피부 발진, 복통, 근육무력증 및 경련, 홍자색이나 호박색의 소변 등의 증상을 보인다. 훗날 과학자들이 조지 3세의 남겨진 머리카락을 분석한 결과 다량의 비소가 검출되었다. 이와 같은 화학물질은 대뇌에 문제를 일으키며 병증을 악화시킨다.

조지 3세의 유전병은 그의 자식들에게도 이어졌다. 그들 역시 산발적으로 정신착란을 일으켰고, 그때마다 색깔이 있는 소변을 보았다. 1783년 왕실 의사인 치머만Zimmerman이 왕가의 구성원 중 여러 명이 비슷한 증상의 병을 앓고 있음을 발견했다.

유럽 역사에는 정신착란을 일으킨 국왕이 적잖게 기록돼 있다. 멀리 1세기 로마제국의 가이우스 칼리굴라(12~41)도 정신분열증을 앓았다. 프랑스의 샤를 6세(1368~1422)도 심각한 정신분열증을 앓았다고 여겨진다. 프러시아의 프리드리히 빌헬름 4세(1795~1861) 역시 실성했다.

느리게 진행되지만 발병은 갑자기

미국에서는 매년 200만 명 이상의 성인이 다양한 수준의 정신분열증을 앓는다고 한다. 그중 10퍼센트는 자살을 시도한다. 정신분열증은 흔히 볼 수 있고 병인이 불명확하지만 유전적 영향은 확실한 정신병이다.

대부분 청장년 시절에 처음 병증이 나타난다. 정신분열증의 특징은 증상이 갑작스럽게 나타난다는 점이다. 논리력, 연상력, 감지력, 지능, 정서, 인격, 자아 정체성 등 사고 체계의 여러 방면에서 장애를 일으키고 이상행동을 보인다. 그러나 환자는 자신이 병을 앓고 있다는 것을 인식하지 못하거나 인정하지 않으려 한다.

병은 느리게 진행되며, 쉽게 재발한다. 환자는 정신 활동에 문제를 일으키고 사고가 산만해져 외부 환경에 집중하지 못한다. 또한 시간과 공간 등도 제대로 이해하지 못하게 된다. 환자의 사고 과정과 정서적 표현이 '분열'을 일으키는데, 말하자면 슬픈 생각을 할 때 즐거운 정서를 표현하는 식이다. 반대로 기분이 좋고 기쁜데 구슬프게 울기도 한다. 병증이 나타난 뒤, 많은 경우 만성 정신분열증으로 변해 간다.

증세가 심하면 망상을 현실이라고 믿거나 환청을 듣는다. 머릿속이나 몸속 어딘가에서 실제로는 존재하지 않는 목소리가 들려온다고 느끼는 것이다. 누군가 자신을 해치려 하거나 조종한다고 생각하기도 한다. 다른 사람이 자신을 꿰뚫어 본다고 여기거나 비밀을 폭로당할 거라고 생각해 공포와 분노를 느끼기도 한다. 적대적인 태도를 보이는 환자가 많으며, 공격, 자해, 심지어 자살까지 시도하는 경우가 있다.

가족 중에 정신분열증 병력이 있는 경우가 많고, 발병 전에도 분열적 인격의 특징을 많이 보인다. 말수가 적고 내성적이며 외곬수인 성격, 예민하고 집착이 심하며 의심이 많은 성격, 의존성이 강하고 환상에 빠져드는 성격 등이다. 혹은 정신분열증 발병 전에 이런 질병을 유발하게 하는 다른 요인이 있는 경우도 많다. 가정불화, 실연, 직업적 좌절, 인간관계 형성 실패, 사회적 고립 등이 요인이 될 수 있다.

정신분열증이라는 질병의 존재를 몰랐던 때에는, 이상행동을 하는 환자에게 악마가 씌었다고 여겨 신에게 빌거나 점을 치고 무당을 찾아갔다. 중국 고대 황제들이 정신분열증을 앓았는지 알아보는 것은 어렵지 않다. 몇 가지 기록을 통해 추측할 수 있다.

송나라 황실의 정신병력

정신분열증의 여러 병증을 생각할 때, 북송의 영종 조서趙曙(1032~1067)는 정신분열증을 앓은 것이 분명하다. 그는 역사에서 보기 드물게 태자의 자리를 거절하고도 큰아버지인 인종 조정趙楨(1010~1063)의 뒤를 이어 황제가 된 사람이다. 송 영종은 황제가 된 지 며칠 되지 않아 정신병이 발작했다(정신병은 갑작스럽게 나타난다).

그는 자신을 죽이라고 외치는 목소리가 들린다고 호소했고(망상증),

선황 인종의 영구 앞에서 장례를 제대로 치르지 못할 정도로 소리를 질러 댔다.(정서적 격동으로 인한 이상행동) 인종의 발인식에 참석하지 않고 제사에서도 눈물을 보이지 않는 등, 궁중의 예의를 전혀 개의치 않는 모습을 보였다.(냉담하고 무반응인 태도를 보이며, 생각과 정서의 표현이 일치하지 않는 증상) 그 후 영종은 조정에 나가지 않았고, 태자를 책봉할 때도 말이 분명치 못했다.

이런 정신 상태로 어떻게 국정을 돌볼 수 있겠는가? 송나라 황실의 유전병력에 대한 자료를 찾아보면, 송나라 황제 중에는 정신장애를 가진 사람이 여럿 있었다. 송 태조 조광윤의 동생 조정미趙廷美, 큰아들 조덕소趙德昭를 비롯해 조카 조원좌趙元佐, 조원악趙元偓이 모두 정신병 발병 기록이 있다. 태종의 뒤를 이은 송 진종 조항趙恒(968~1022) 역시 간헐적으로 실성하곤 했다.

송나라 18명의 황제 가운데(북송과 남송 각각 9명) 정신이상 혹은 정신 장애를 일으킨 미치광이 황제가 여럿 있었다. 송 태조 이후로 황위를 이은 것은 주로 태종의 후손이었는데, 앞서 살펴본 송 영종 외에 제6대 황제인 신종 조욱趙頊(1048~1085)도 '미혹되어 말이 없었다'는 기록이 있다. 신종은 열네 명의 아들을 두었는데 그중 여덟이 요절했고, 살아서 성인이 된 여섯 황자 중 조후趙煦(1076~1100)가 나중에 송 철종이 된다. 철종의 동생이자 신종의 아홉째 아들인 조필趙佖은 갑자기 병에 걸려 두 눈이 멀었고, 철종이 일찍 붕어하자 신종의 열한 번째 황자인 조길趙佶(1082~1135)이 운명적으로 황위에 오르게 된다. 그가 바로 송나라 제8대 황제인 휘종이다. 철종은 감기가 심해져 붕어했다고 하는데, 《원부유제元符遺制》에는 극도로 방종한 성생활로 인해 사망했다고 기록돼 있다. 그는 "정액을 참지 못하고 사출했다"고 한다.

송 휘종은 9년간 연금되었다가 1135년 오국성五國城에서 심리적 고통을 이기지 못하고 사망했다. 그의 정신 상태에 대한 기록은 남아 있지 않다.

몇 대가 지난 후, 송나라 제11대 황제인(이때는 이미 남송 시대다) 효종부터 마지막 황제까지는 다시 송 태조 조광윤의 직계 후손이 황위를 이었다. 효종 조신趙眘은 조광윤의 7세손이었다. 그의 아들인 제12대 황제 광종 조돈趙惇(1147~1200)은 즉위 2년 만에 정신병이 발병했다. 그는 "정신이 맑을 때가 적고 흐릴 때가 많았다." 아버지 효종이 위독한데도 광종은 병문안을 거절했고, 나중에는 장례도 주관하지 않으려 하는 등 괴이하고 인륜에 어긋나는 짓을 거듭했다. 제13대 황제 영종 조확趙擴(1168~1224)의 정신 상태에 대한 기록은 남아 있지 않다. 다만, 줄곧 몸이 좋지 않았다고 한다. 체질적으로 허약하여 내궁 깊이 칩거하면서 조정에 모습을 잘 드러내지 않았다. 또한 구토하거나 복통이 생길까 두려워했다(《송사宋史》에는 영종이 금단金丹을 복용하다가 살해됐다고 되어 있다).

영종 이후로는 혈연관계가 먼 이종(1205~1264)이 황위를 계승했고, 그 다음은 그 조카인 도종 조기趙禥(1240~1274)로 이어졌으며, 그 이후

진시황은 열사병으로 죽었다

의 세 황제는 도종의 세 아들이었다. 이들은 정신이 이상했다는 기록은 없다. 만약 비정상 혹은 정신병 발병 유전인자가 있었더라도 점점 유전이 약해졌는지 모른다.

송나라 때 이후로 여성의 이름이 역사서에 공개적으로 기록되지 않은 것이 안타깝다. 만약 송나라 공주들의 정신 상태에 대한 기록이 있다면, 송 황실의 유전병에 대한 더 강력한 증거가 될 수 있을 텐데 말이다.

상염색체 유전 질환의 가능성 —

송나라 역대 황제의 정신이상 및 정신착란, 정신분열증 증상을 기록한 내용을 정리해 보면, 조씨 황실이 상염색체 유전 질환을 갖고 있지 않았는지 의심된다.

정신병의 증상은 매우 복잡하며, 신경 기능 장애의 히스테리로 오진하는 등 정확히 진단하기도 쉽지 않다. 그렇다면 대담하게 가설을 세워 보자. 조씨 황실에는 상염색체 유전 질환(우성 또는 열성)이 있을 가능성이 높다! 이는 단순히 '가족적 경향성이 있다'는 정도가 아니다. 이 유전병은 비정상 질병유전자가 선천성대사이상Inborn errors of metabolism을 일으켰을 가능성이 매우 높다.

역대 송나라 황제들은 여러 가지의 이상행동과 증세를 보였다. 간헐적 실성, 정신분열, 실명, 구토, 복통, 근육 무력증, 정신 혼란, 환각 등이 시시때때로 호전과 악화를 반복했다. 다만 질병유전자의 발현도에 따라 증세와 증상이 다르게 나타났을 수 있다.

사료에 기록된 증상을 보면, 송나라 황실의 구성원들이 혈액 색소 성분인 포르피린이 혈액과 조직에 쌓여 대사이상을 유발하는 포르피린증 혹은 그와 유사한 대사 관련 유전 질환을 앓았으리라는 의심을 지울 수 없다. 그러나 안타깝게도 증상을 상세히 기록한 사료가 없어 포르피린증의 증상인 피부병, 변비, 색이 있는 소변 등의 증상을 보였는지 확인할 길이 없다.

과거의 황제들이 선천성 유전병을 갖고 있었는지를 확인하는 것이 불가능한 일은 아니지만, 그러려면 첨단 과학기술의 도움이 필요하다. 유전자 진단법을 이용해 죽은 지 오래된 사람의 사망 원인을 새롭게 진단할 수도 있다. 유해에서 DNA를 얻어 가족 구성원의 DNA 특징을 연구한다면, 1번과 11번 염색체에 존재하는 포르피린증 유전자 유무를 알아낼 수도 있을 것이다.

송나라 황제들은 정말로 정신병 유전자를 갖고 있었을까? 이 문제는 앞으로 과학자들이 답을 찾아야 할 부분이다. 어쨌든 이처럼 정신이 정상적이지 않은 황제가 많았으니 후대의 역사가들이 송나라가 중국 역사상 가장 허약한 왕조이고 내우외환에 시달리다 나라가 부강해지지 못했다고 평가하는지도 모른다. 960년부터 1279년까지 319년간이나 이어진 것이 놀랍다고나 할까.

다정이 병이었던 만력제

만력제가 어린 내관들을 희롱했다는 주장도 다르게 볼 여지가 있다.
동성 친구와 한 침대에서 잤다고 그것이 동성애인가?

명나라의 만력제는 중국 역사상 가장 욕을 많이 먹는 황제로 꼽힌다. 술, 여색, 재물, 분노라는 위정자가 경계해야 할 네 가지를 모두 탐했던 황제로 불리며, 타이완의 문필가 쑤퉁빙은 만력제가 토굴에 재물을 쌓아 두었다면서 가장 재물을 탐했던 황제라고도 평가했다. 그가 비판받는 이유는 여러 가지인데, 특히 그는 호색했던 황제 명단에 빠짐없이 등장한다. 호색하다는 건 도대체 무슨 뜻일까?

만력제는 무절제한 욕망의 화신? ─

그러나 역사학자 가오양은 "만력제가 퇴폐적인 생활에 빠져 살았다는 말은 들은 바 없다"고 했고,

쑤퉁빙도 "정귀비 외에 만력제 초년부터 말년까지 더는 총애한 여인이 없고 후궁의 수도 아주 많다고 할 수는 없다"고 했다. 사실 만력제가 성욕에 탐닉한 적은 없다. 다만, 역사서에 신하들 몇 명이 말한 내용이 남아서 그것이 근거로 제시되곤 한다. 《명사明史》〈열전列傳〉 권122에는 사제사 노홍춘이 상소를 올린 내용이 나온다.

"폐하께서 9월 보름 이후로 연일 조회를 거르시고 얼마 전에는 또 조서를 내려 머리가 어지럽고 몸이 허하다 하시며 조강朝講을 잠시 폐한다고 하십니다."

노홍춘은 이 상소문에서 만력제가 "기혈이 허하고 간과 신장이 약한" 이유를 "잠자리의 즐거움에 빠져 몸을 지키는 법을 잊었으니 그로 인해 병이 깊어졌다"고 분석했다. 함부로 단정 지어 말해 버린 것이다. 만력제가 노홍춘의 상소문을 보고 신하들이 자신의 개인적인 잠자리 사정까지 관여한다며 크게 화를 낸 것도 당연하다. 만력제는 노홍춘을 태형 60대에 처했다. 수보 신시행申時行이 나서서 상황을 수습했다.

"구중심처 비밀스러운 궁중의 일은 알기 어렵습니다. 게다가 보잘것없는 말단 관리가 아닙니까. 그저 가볍고 황당무계한 말일 뿐이니 시시콜콜 따질 것도 없습니다."

먼 옛날 명나라 때부터 파파라치가 있어서 황제의 사생활, 심지어 잠자리 사정까지 감시했단 말인가? 노홍춘 같은 신하들은 황제의 언행을 기록한 《내기거주內起居注》라도 손에 넣었던 것일까? 명나라 역사 연구자로 《만력 15년萬曆十五年》을 쓴 레이 황은 독특한 견해를 제시한 적이 있다. "만력제는 자신의 사생활에 간섭하는 것을 참을 수 없어 했다."

만력제가 호색했다는 말이 나온 것은 만력 10년(1582) 3월, 할아버지인 명 세종 주후총朱厚熜의 전례를 따라 민간에서 후궁을 대거 선발했기 때문이다. 만력제는 하루 사이에 아홉 명의 빈을 맞이했다고 하며, 여색을 즐기는 동시에 어린 내관들도 희롱했다고 한다. 당시 황제의 승은을 입어 같은 침상에서 눕고 일어난다는 잘생긴 내관 10명이 있었고 그들을 '십준十俊'이라고 불렀다는 것이다. 만력제가 채 열아홉도 되기 전에!

그런데 이상하다. 그때는 아직 수보 장거정이 살아 있던 시절이다. 만약 비빈을 대거 선발하거나 내관을 희롱하는 등의 궁중 기율을 무시하는 황당한 일이 벌어졌다면 당장 엄격한 황태후와 장거정이 알게 되었을 것이고, 황제는 벌을 받았을 것이다.

민간에서 대거 비빈을 선발했다는 것도 석연치가 않다. 하루 사이에 아홉 명의 빈을 맞이했다고 하는데, 세심하게 문헌을 살펴보면, 만력제는 만력 6년인 1578년 황후 왕씨와 혼인을 했다. 혼인 당시에 두 사람은 아직 다 자라지도 않은 14~15세의 어린 나이였다. 그런데 만력

9년인 1581년이 될 때까지 왕황후가 임신을 했다는 소식이 들려오지 않았다. 얼른 손자를 보고 싶었던 황태후는 교지를 내려서 각지에서 여인을 선발해 입궁시키도록 했다. 만력 10년에 여러 명의 비빈들을 선발한 것은 황태후의 명령이었던 것이다. 그렇다면 하루 사이에 아홉 명의 빈을 맞이했다는 것은 어떻게 된 일일까?

사실 이 일은 수보 장거정의 노회한 계략이었다. 그는 힘들게 키운 딸을 입궁시키는데 아무런 명분도 주지 않고 영원히 황궁 깊숙한 곳에서 갇혀 살다 죽게 만든다면 누구도 이를 원하지 않을 것이라고 생각했다. 사실 황태후의 교지가 내려오기 전부터 다들 딸을 숨기고 명령을 피하려고만 했다. 그 결과 황제의 후궁으로 뽑을 만한 아가씨가 없었다. 이 사실을 알게 된 장거정은 황태후의 교지 선포를 잠시 미루고 얼마간 시간이 지난 뒤에 '입궁한다'라는 말 뒤에다 '빈비로 책봉한다'는 말을 덧붙였다. 이렇게 하여 딸을 가진 부모들이 황궁에 입궁하면 '빈비'로 책봉된다고 여기게 만들었다.(당녠밍웨가 쓴 《명나라 그때 그 일》 제6권 참조) 내 딸이 선발된다면 외손자가 다음 대 황제가 될 수도 있는 것이다.

그러나 역사를 쓰는 사람들은 모두 만력제가 호색한이라고 욕을 해댔다. 하룻밤에 아홉 명의 빈을 책봉했다면서 말이다. 만력제는 어머니인 황태후의 명령대로 했을 뿐인데 그가 호색했다고 할 수 있을까?

궁녀에게서 얻은 아들, 광종

만력제가 어린 내관들을 희롱했다는 주장도 다르게 볼 여지가 있다. 사실 어린 황제나 태자들은 언제나 황궁에 갇혀 있었기 때문에 아침저녁으로 함께 하는 환관들이 친구이자 놀이 상대였다. 동성 친구와 한 침대에서 잤다고 그것이 동성애인가? 만력제가 환관과 같은 침상에 눕고 일어났다는 사실만으로 그의 동성애를 주장하는 것은 비약이란 말이다(쉬원지, 천스룽이 쓴《정설 명나라 16황제》참조).

만력제가 황당무계한 일을 벌이기는 했다. 당시 만력제의 어머니인 황태후 이씨는 막 열여덟이 된 귀한 아들을 위해 후궁을 간택하느라 노심초사하고 있었다. 만력 9년인 1581년의 어느 날, 만력제가 황태후의 궁에 문안을 왔다가 황태후 곁의 궁녀 왕씨를 보게 되었다. 만력제는 황태후가 자리를 비운 틈을 타 그녀와 관계를 맺었다. 그 일로 궁녀 왕씨는 아이를 갖게 되었다. 만력제는 이름도 알지 못하는 궁녀가 자신의 아이를 가졌다는 것에 깜짝 놀랐다.

만력제는 입을 꽉 다물었다. 그러나 그런 일을 어떻게 숨길 수 있겠는가? 황태후는 얼마 지나지 않아 이 사실을 알고 황제를 불러 물었다. "왕씨 궁녀의 배가 불러 오는데 복중의 아이가 누구의 씨냐?" 430년 전에는 DNA 친자 검사가 없었지만, 황제의 생활을 기록한《내기거주內起居注》와 성관계 후 궁녀에게 하사한 장신구(당시의 명문화된 규정이었으리라고 믿어진다)를 통해 그녀가 황제가 아이를 가진 것이 확실해졌다. 곧

할머니가 될 황태후는 무척 기뻤을 것이다. 황제는 궁녀 왕씨를 공비로 책봉했다. 궁녀에서 순식간에 몇 단계나 신분 상승을 한 것이었다. 만력 10년 공비는 남자아이를 순산했고 주상락朱常洛이라는 이름을 받았다. 이 아이가 바로 명나라 제14대 황제인 광종이다. 주상락이 태어난 해는 만력제가 민간에서 후궁을 선발해 입궁시킨 해이기도 하다.

역사는 반복된다. 만력제는 고조부인 헌종 주견심朱見深(1447~1487)의 일을 역사라는 무대 위에서 다시 상연한 것이었다. 성화 5년(1469)에 주견심은 황궁에 붙잡혀 내정의 장서각을 지키는 기紀씨 성의 궁녀와 하룻밤 관계를 가졌는데, 그 궁녀가 아들 주우탱朱祐樘(1470~1505)을 낳았다. 바로 효종 홍치제弘治帝다. 황제와 궁녀 사이의 하룻밤 관계는 흔한 일이었다. 다만 그런 관계에서 다음 대 황제가 태어나는 것은 드문 편이라고 하겠다.

만력제는 여덟 명의 황자와 열 명의 공주를 두었다. 그러나 이는 그의 선조인 명 태조 주원장에 대면 아무것도 아니다. 주원장은 스물여섯 명의 아들과 열여섯 명의 딸을 두었으니 말이다. 기록에 따르면 만력제의 막내아들은 대략 만력 27년(1599) 이후에 태어난 것으로 보인다. 그 후의 20년 동안, 만력제가 붕어할 때까지 만력제의 아이가 태어났다는 기록이 없다. 그래서 만력제의 건강 혹은 생식능력에 문제가 생긴 것이 아니냐는 말도 나온다. 그렇지 않다면 호색한 황제가 매일 밤마다 계속해서 더 많은 황자와 공주를 만들었을 게 아닌가.

진시황은 열사병으로 죽었다

만력제가 사랑한 여인, 정귀비 ─

만력제가 진정으로 사랑한 여인은 정귀비鄭貴妃(1565~1630)다. 그녀는 만력제와 마찬가지로 중국 역사의 온갖 악평을 받고 있다. 정귀비는 아홉 명의 빈 가운데 특히 만력제의 사랑을 받았던 여인이다. 그녀는 만력 13년인 1583년 덕비로 책봉됐다.

수많은 기록에서 정귀비를 "외모는 요염하나 음흉하고 악독하다", "나라와 백성에게 재앙을 가져온 요물", "조정을 농단하고 투기가 심하다", "황후의 자리를 탐냈다", "권력을 목숨처럼 사랑하고 야심이 많아 수단을 가리지 않고 온갖 계략을 꾸몄다" 등으로 표현하고 있다. 명나라 때의 유명한 학자 하윤이夏允彝도 만력제가 정사에 태만한 원인을 정귀비에게서 찾았다. 어떤 사람은 정귀비에 대해 "머리가 나빠 시장에서도 욕을 먹을 정도였다"고 평했다. 거의 모든 역사가들이 이구동성으로 그녀를 폄하했다. 어째서 역사를 쓰는 사람들이 객관적으로 사안을 분석하고 진실을 추구하지 않았는지 모르겠다. 왜 편견과 오류에 근거한 몇몇 기록만으로 사람들이 욕하는 대로 욕하고 떠드는 대로 떠드는 것일까?

역사책을 읽다 보면 많은 사람들이 왕조의 부패와 몰락, 멸망의 책임을 여성에게 뒤집어씌우는 것을 볼 수 있다. 왕조를 멸망시켰다고 욕을 먹는 여자들을 꼽아 보면 하나라 걸왕의 말희, 상나라 주왕의 달기, 주나라 유왕의 포사, 당나라 현종의 양귀비, 명나라 때의 유모 객씨 및 청나라 때의 서태후 등이 있다. 망국의 책임은 다 이 여자들 탓이다. 남성 중심의 사회에서 여성들은 손쉽게 희생양이 되곤 했다.

하지만 어떤 사람은 정귀비를 '폐월수화閉月羞花'(달이 숨고 꽃이 부끄러워한다는 뜻으로, 절세 미인을 비유하는 말)의 미모라고 묘사하거나 '귀엽고 영리하게 생겼다', '총명하고 기민하며, 책 읽기를 좋아하고 시문에 정통했다'고 평하기도 했다. 긍정적으로 보려 하면 얼마든지 다르게 볼 수 있는 것이다.

만약 만력제가 궁녀 왕씨와 하룻밤 관계를 갖지 않았더라면, 황태후가 왕씨 궁녀를 혼자 두지 않았더라면, 정귀비가 입궁한 후에 모두의 바람대로 만력제의 첫아들을 낳았더라면, 그랬다면 정귀비는 순리대로 황귀비에 책봉되고 나아가 황후의 자리에 올라 천하의 어머니가 될 수 있었을 것이다. 그랬다면 정귀비와 만력제의 운명도 달라지지 않았을까? 하지만 안타깝게도 역사에는 '만약'이라는 것이 없다.

그러나 만력제가 사랑했던 여인, '총애를 한 몸에 받았던' 그 여인은 그런 행운을 갖지 못했다. 우선 만력제의 신하들에게 용납되지 못했다. 그들은 정귀비를 만력제가 총애할 만한 여자가 아니라고 생각했다. 신하들은 세속적인 시각과 봉건적인 사상의 잣대로 황제가 사랑에 빠진 여자를 바라봤다. 대신들은 만력제가 한 여자에게 홀려 '나라와 백성을 망치는 짓'을 할까 봐 걱정했다. 당시 대신들의 마음은 어떤 것이었을까? 선조의 유훈을 지켜야 한다는 마음이었을까? 출신이 비천하고 힘도 없는 후궁에게서 황실을 지켜야 한다는 사명감?

만력제는 자기 마음을 알아주고 잘 통하고 정신적으로 의지할 수 있는 친구 같은 정귀비를 사랑하게 됐다. 하지만 무례한 대신 낙우인雒于仁은 상소를 올려 황제를 야단치듯 말했다.

"정씨만을 너무 귀애하고 충언을 듣지 않으시니 … 그 병은 여색을 그리워하는 데서 나옵니다."

이 상소를 본 후 만력제는 육덕궁毓德宮으로 수보 신시행申時行을 비롯한 여러 대신을 불러 모으고 상세하게 변호를 하기에 이른다. 만력제는 내각 대학사들에게 말했다.

"짐이 호색하며 정귀비를 편애한다고 말한다. 그저 정씨가 부지런하여 짐이 어디를 가든 따르는 것이다. 아침저녁으로 그녀가 신중히 시중을 들며 일하는 것인데 어찌 편애라고 할 수 있는가?"

이 일을 처리하면서 만력제는 평정을 유지하려 애썼다. 자신이 정귀비를 총애하는 이유는 입 밖에 내지 않았다. 그러나 역사가들은 만력제를 '능력 없고 여색에 빠졌다'고 비판한다.

만력제와 정귀비의 관계를 다르게 말하는 사람도 있다. "마흔이 넘어 미모가 쇠한 뒤에도 그 여인으로 인해 황제가 후궁에 모인 삼천 미녀의 유혹을 뿌리친다면, 이유는 단 하나뿐이다. 황제가 그녀를 사랑했기 때문이다!" 중국의 봉건적 예교禮敎 사상에 비추어 보면 정귀비는 확실히 좋은 여자, 좋은 후궁은 아니었다. 그러나 그녀는 만력제가 진정으로 사랑했던 여자였고, 누구보다 만력제를 이해해 준 여자였다.

만력제가 수십 년간 황궁 깊숙이 숨어서 성애에 탐닉하고 술에 취해 살았는지 그 진실이야 누가 알겠는가? 어쩌면 만력제는 자욱한 흰 연기 속에서 신선이 되는 꿈을 꾸었을지도 모른다(어떤 기록에는 만력제가 아편을 복용했다고 한다). 아니면 하루 종일 정귀비와 다정한 시간을 보냈는지도 모른다. 어쨌거나 만력제가 호색한이었다는 말은 액면 그대로 믿기 어렵다.

만력제는 사랑하는 여인에 대해 죽을 때까지도 걱정을 놓지 못했다. 마지막 순간까지도 자신이 죽은 뒤 정귀비의 처지를 걱정했다. 그는 유언으로 정귀비를 황후로 책봉하고 그녀가 정릉에 묻힐 수 있는 명분을 주려고 했다. 살아서 그랬듯이 죽어서도 함께하고자 했던 것이다. 그러나 300년이 지난 후 정릉을 열었을 때 안치된 세 개의 관 어디에도 정귀비의 유해는 없었다. 능의 안쪽 방에 나란히 놓인 세 개의 관 가운데 가운데 것은 만력제, 왼쪽 것은 효단황후 왕씨, 오른쪽 것은 효정황후 왕씨(나중에 광종이 된 황태자 주상락을 낳은 왕씨 궁녀)의 관이었다. 대신들이 고집스럽게 만력제의 유언조차 지키지 않은 것이다.

명 왕조에는 두 명의 귀비가 있다. 헌종 주견심의 만귀비와 만력제의 정귀비다. 똑같이 황제의 깊은 사랑을 받았던 여인들이다. 만귀비는 헌종보다 먼저 죽었고, 헌종은 그녀의 죽음을 애도하며 7일이나 조정에 나가지 않았다. 상심한 채 "만귀비가 떠났으니 나도 따라가련다!"

진시황은 열사병으로 죽었다

하고 말하기도 했다. 몇 달 후, 헌종은 정말로 그녀의 뒤를 따라갔다. 그러나 정귀비는 만력제가 죽은 뒤 아무도 보호해 주지 않는 삶을 살아야 했다. 건청궁에서 쫓겨나 10년이나 외롭고 고통스럽게 세상과 단절된 삶을 살았다.

두 명의 귀비 모두 사랑하는 남자의 곁에 묻히지 못했다. 만귀비는 헌종과 같은 무덤 속에 들어가지는 못했어도 명십삼릉의 경내에는 묻힐 수 있었다. 그러나 정귀비는 홀로 쓸쓸하게 서쪽 교외 지역에 있는 후궁들의 묘지에 묻혔다. 은천산銀泉山 아래에 외로운 무덤에 누가 신경이나 써 주었겠는가?

세상 사람들에게 묻노니, 사랑이란 무엇인가? 천하의 주인이라는 황제이면서도 죽은 후에 사랑하는 여인과 함께 묻히지 못했으니, 이 얼마나 슬픈 일인가!

유약하고 귀여운 황제

유명한 평론가이자 문학과 역사학 연구자인 자오옌趙炎은 '역사상 가장 귀여운 황제는 누구일까?'라는 글에서 "명나라 만력제에게 한 표를 던지겠다"고 했다. 만력제를 날카롭게 분석한 그 글에서, 자오옌은 만력제에 대한 수많은 평가들은 대부분 믿기 어렵다면서, 만력제를 웃어른을 존경하고 외롭고 고단한 사람들에게는 부드럽고 성격이 좋았으며 무슨 일이든 허허 웃고 넘어가는 사람이었다고 평가했다. 또한 사랑하는 여인에게는 일편단심이었고 모범적인 남편이었다고 했다.

명나라 때의 언관들은 만력제가 친정을 할 때쯤에 이르러서는 오만방자하고 제멋대로 날뛰었다. 만력제 앞에서 대놓고 그를 옛날 나라를 망친 주왕이나 유왕에 비유하며 고금제일의 폭군이라고 말한 신하도 있었다.

대신들이 황제에게 간언을 하고 쓴소리를 하는 일은 항상 있었다. 그러나 만력제의 치세 기간에는 간언의 본질이 변질되었고, 조정 대신들은 서로 경쟁하듯 황제를 공격하는 데 정신이 팔렸다. 그 거친 언사와 강경한 태도가 중국 역사를 통틀어 전례가 없을 정도였다. 전통적인 중국 사회에서는 생각할 수 없는 수준이었다.

그런 언관들을 대하는 만력제의 태도는 다른 황제들과 확연히 달랐다. 그의 성격 좋고 부드러운 일면이 고스란히 드러난다. 만력제의 신하들은 황제를 괴롭히기 쉬운 대상으로 여겼다. 누가 봐도 그들은 어린 황제를 업신여기고 마치 아두阿鬥(삼국시대 촉나라의 제2대 황제인 유선의 아명으로, 유선은 머리가 모자랐다는 평이 지배적이다)를 대하듯 했다.

우도어사이자 조운총독인 이삼재李三才는 상소를 올려 "병의 근원은 재물에 탐닉하는 데 있다"고 황제를 질책했고, 어사 풍종오馮從吾는 황제가 세상을 만만히 보아서는 안 된다고 경고했으며, 대리사좌평사 낙우인雒于仁은 황제가 술과 여색에 빠져 있고 재물을 탐하며 화를 심하게 낸다고 과격하게 비난했다. 품계도 보잘것없는 사제사 노홍춘盧洪春은 더욱 어이가 없다. 감히 "잠자리의 즐거움으로 병환이 깊다"라는 상소를 올렸다. 호과급사중 전대익田大益도 "천하 백성들은 피부가 갈라지고 골수를 빨리며, 하늘의 재난과 땅의 갈라짐으로 산이 무너질 지경이다"라는 말을 쏟아 냈다. 공과급사중인 왕덕완王德完은 "하늘과 신이 모두 분노하니 곧 대난이 닥칠 것이다"라는 말까지 했다.

조정 대신들이 황제에게 심한 말로 비난을 퍼붓는 것을 영광으로 알았다. 만력제의 선조인 명 태조 주원장이나 성조 주체(영락제)의 시대였다면 절대 참고 넘기지 않았을 일이다. 일찌감치 십족을 멸하는 대량 살육이 시작되고도 남았다.

하지만 만력제는 심리적으로 매우 유약했다. 기세등등하고 입만 열었다 하면 날카로운 언사로 떠들어 대는 대신들을 두려워했다. 그는 주원장이나 주체처럼 아무도 넘보지 못할 강력한 황권을 가진 황제가 아니었다. 만력제는 정도를 넘은 언사로 상소를 올린 대신들이라도 거의 처벌하지 않았다. 죽임을 당한 신하는 아예 없다시피 하고, 가장 무거운 처벌이라야 노홍춘이 태형 60대를 맞은 것과 스스로 문제를 일으켰다는 것을 잘 알고 있는 낙우인이 병을 핑계로 퇴직하여 평민이 된 정도다. 만력제의 관대한 성격을 잘 보여 주는 부분이다.

만력제의 심리 장애, 요나 콤플렉스

만력제는 정말로 신하들을 두려워했을까? 그가 조정에 제대로 나가지 않은 원인은 레이 황 교수가 《만력 15년》에서 말한 것처럼, "문관들의 부패와 낙후에 질려 버린 나머지 소극적인 저항으로 정무에 태만한 태도를 보임으로써 문관들에 대한 자신의 불만과 허무함을 드러낸 것"은 아닐까?

"황권과 문과제도가 격렬한 충돌을 벌이는 시대, 황권에 제약을 받은 만력제는 소극적인 방식으로 대항"하여 현실을 도피해 버렸다. 심리학적 시각으로 볼 때, 만력제가 정무에 태만했던 것은 학습된 무기력 혹은 우울증의 임상 증상으로 여겨진다.

자신감을 잃은 만력제는 황제로서 지고 있는 책임에 두려움을 느꼈으며, 자신이 잘해 내리라고 스스로도 믿지 못했다. 무슨 일이든 망설이고 겁을 냈으며 자아실현 욕구도 계속해서 저지되었다. 이것은 일종의 성장하는 데 대한 공포 심리로, 심리적 장애로 나타난다. 이것이 바로 심리학에서 말하는 '요나 콤플렉스Jonah Complex'[모태 귀소 본능]다. 미국의 심리학자 에이브러햄 매슬로Abraham Maslow가 1966년에 만든 심리학 용어다.

만력제의 '요나 콤플렉스'가 성장 과정에서 형성되었는지 여부는 확실히 알기 어렵다. 그는 엄격한 어머니와 스승의 가르침을 받으며 자랐다. 황태후도 수보 장거정도 만력제에 대한 기대가 컸기에 그에게 큰 책임을 지웠다. 잘못을 할 때마다 무릎을 꿇고 고개를 조아리며 잘못을 시인하고 사죄해야 했다. 이런 일은 만력제의 자존감을 떨어뜨렸다. 만력제는 황제가 된 후에도 여전히 수보인 장거정에게 의지했고, 그가 결정하는 대로 조정의 일을 처리했다. 장거정은 능력도 있고 박력이 넘치며 실제로 세력도 강한 대신이었고, 국가의 일을 아주 잘 처리했다.

그러나 장거정은 언젠가는 자신이 자리에서 물러나 소년 황제를 위해 길을 터 주고 권력을 넘겨 줄 준비를 해야 한다는 데까지는 생각이 미치지 못했다. 만력제도 언젠가는 독립하여 홀로 국정을 처리하면서 직접 실패를 경험하고 문제를 해결하는 방법을 배워야 했다. 실패와 좌절을 통해 어떻게 문제를 극복할지를 배워야 했다. 나는 법을 배우는 어린 새처럼 말이다. 성장에는 대가가 따른다.

앞서 이야기했듯이, 만력제는 자신을 지지해 주었던 스승 장거정이 죽은 지 얼마 되지 않아 그의 영예를 모두 빼앗고 가산을 몰수하고 집안 식구들을 몰살했다. 어떤 사람은 만력제가 장거정의 엄격한 가르침에 구속받으며 자라서 그 권위에 대한 반발심이 그런 배신에 가까운 행위로 표현되었다고 말한다. 하지만 만력제는 장거정의 공로가 아주 크다는 것도 잘 알고 있었고, 그에게 은혜를 입었으며 보답을 하려는 마음도 표현한 바 있다. 만력제의 행동이 정말로 반발심으로 인한 것인지는 탐구해 볼 필요가 있다.

만력제는 모진 사람이 아니었다. 40년 넘게 해로했지만 냉담한 관계였던 첫 황후 왕씨가 먼저 사망하자, 만력제는 크게 상심하여 이렇게 말했다.

"짐의 중궁인 황후는 긴 세월을 짐과 함께했다. 현덕하여 사람들에게 칭찬을 받았고 아름다운 이름이 높았다. 항상 짐을 걱정하다가 갑자기 선계로 돌아가셨구나. … 짐이 생각컨대, 유골을 안치한 재궁梓宮(관)을 수궁壽宮(능묘)의 현궁玄宮(황제의 관을 묻는 무덤방)에 안장하고, 모든 절차를 예에 맞추어 실행하도록 하라."《명신종실록》

이처럼 다감하고 모친에게도 효성스러웠던 만력제가 스승에게는 왜 그리 모질게 굴었을까? 장거정에 대한 만력제의 감정은 왕황후에 비해 훨씬 깊었다. 만력제를 연구하는 사람들은 만력제가 장거정의 죽음 이후에 관련 사안을 어떻게 처리했는지 더 탐구할 필요가 있다. 왜 스승의 집안 사람들을 죽음으로 몰아넣고 가산을 몰수했는지, 그것이 정말로 만력제의 의사였는지 말이다. 만약 그랬다면 만력제의 행위에 깔린 심리적인 요인은 심리학자들이 연구해 볼 만한 아주 훌륭한 주제다.

4

명 헌종의 오이디푸스 콤플렉스

주견심에게 궁녀 만정아는 어머니이자 이모, 누나였고 친구였다.
믿을 수 있는 사람이었고 정신적 지주였다.
줄곧 곁에서 지켜 준 사람이었기 때문에 뗄래야 뗄 수 없는 사이였다.

이번에는 임상의학이 아니라 심리학을 이야기해 보자. 정신의학과 심리학에는 '오이디푸스 콤플렉스'라는 용어가 있다. 아이가 이성의 부모에게 의존하고 애정을 느끼는 심리적 경향을 말한다. 다 자란 아들이 성장하지 않는 아이처럼 심리적으로나 행동 면에서 어머니의 말을 잘 따르고 어머니에게 의존하는 것을 의미한다. 일반적으로 남자아이는 성장하면서 이런 심리적 경향이 사라지고 동성인 아버지를 인정하게 된다.

불우한 황제의 모성에 대한 갈망 —— '오이디푸스 콤플렉스'

라는 말은 오스트리아의 정신분석학자 지그문트 프로이트Sigmund Freud(1856~1939)가 그리스 신화에 나오는 오이디푸스의 이름을 따서 만들었다. 오이디푸스는 왕이 죽은 후 미망인이 된 왕비 이오카스테와 결혼해 두 아들과 두 딸을 두었다. 그런데 이오카스테가 사실은 오이디푸스의 생모였다는 사실이 밝혀진다. 오이디푸스는 괴로움을 견디지 못하고 스스로 두 눈을 파내고 방랑의 길을 떠난다. 이오카스테는 자진한다. 그러고 보면 정작 오이디푸스에게는 오이디푸스 콤플렉스가 없었던 셈이다.

이 신화는 불교에 전해지는 연화색蓮花色이라는 비구니가 여러 차례의 전생에서 저지른 일곱 가지 죄악을 떠올리게 한다. 그중 하나가 딸과 함께 자신의 아들에게 시집가는 패륜을 저지른 것이었다. 이 이야기는 첸원중錢文忠이 쓴 《현장서유기玄奘西遊記》(2007)에 나온다. 프로이트가 오이디푸스 콤플렉스라는 말을 만들어 낸 뒤, 많은 이들이 이를 어머니와 아들 사이의 성관계로 잘못 이해했다.

오이디푸스 콤플렉스는 감정 및 행위의 경향성일 뿐이다. 어린 시절 모성애에 결핍을 느낀 남자가 어른이 된 뒤에도 모성애에 대한 강렬한 욕구와 극도의 의존성을 갖는 것에 불과하다. 이런 남자들은 이성을 쫓아다니지만 단지 모성에 대한 갈망을 그렇게 표현하는 것일 뿐 진정한 연애를 하지 못한다. 갈구하던 이성을 손에 넣은 뒤에는 급격히 흥미를 잃어버리며, 곧 관계에 종지부를 찍는다. 이성을 쫓아다니며 구애하는 것을 멈추지 못하지만, 이 남자들이 사랑하는 사람은 결국 자신의 어머니 혹은 어머니와 가장 닮은 여성이다.

오이디푸스 콤플렉스에서 말하는 대상은 단순히 생물학적 혈연관계가 있는 어머니가 아니다. 오히려 심리적인 의미의 어머니, 자신보다 나이가 많고 모성애를 보여 주는 여성이기 쉽다. 오이디푸스 콤플렉스를 가진 전형적인 남자는 심리적으로 어머니에게 과도하게 의지하고 허약하며 주관이 없거나 자립의식이나 진취적인 면이 부족하다. 어머니의 사랑을 잃을까 두려워하기 때문에 무슨 일이든 어머니의 기분을 살피고 어머니의 보호와 인정을 갈망한다.

다시 말해 오이디푸스 콤플렉스는 심리적·정서적인 것이지 패륜적인 행위가 아니다. 종종 여자가 남자보다 나이가 많은 부부를 보면 젊은 남편이 심리적으로 나이 많은 여성에게 의존하는 경향이 있다고 여기고, 그들이 그다지 어울리지 않는다는 식으로 생각한다. 자신의 관념을 표준이라고 생각하고 다른 사람에게 억지로 끼워 맞추려 해서는 안 된다. 부부 관계는 타인이 쉽게 결론 내릴 수 없다.

중국 역사에도 오이디푸스 콤플렉스를 보인 황제가 있다. 명나라 때에만 두 명이다. 헌종 주견심朱見深(1447~1487)과 만귀비萬貴妃, 희종 주유교朱由校(1605~1627)와 유모 객씨客氏다. 청나라 때의 광서제와 서태후도 있다. 이들 모자 관계는 상당히 복잡해서 심리학·정신의학, 심지어 사회학의 연구 과제로 삼아도 적합할 정도다. 여기서는 만귀비와

헌종의 이야기를 살펴보자. 대체로 부정적인 평가를 받는 두 사람의
애정사를 객관적인 입장에서 살펴보려 한다.

태자를 보호한 선량한 궁녀 ──

명 왕조 제8대 황제 헌종 주견심과
만귀비의 애정을 이야기하려면, 우선 역사책에 '토목土木의 변' 또는 '토
목보土木堡의 변'으로 기록된 1449년의 사건부터 살펴봐야 한다. 당시
의 황제는 헌종의 아버지 영종 주기진朱祁鎭(1427~1464)이었다. 영종은
몽골의 오이라트족을 정벌하러 친히 군대를 일으켰다가 토목보 전투
에서 크게 패해 포로가 되었다.

황제의 자리는 하루라도 비워 놓을 수 없는 법이라 영종의 이복동생
주기옥朱祁鈺(1428~1457)이 급히 황제의 자리에 오른다. 이 사람이 대종
경태제景泰帝다. 대종은 주견심이 성장하더라도 황제의 자리를 돌려줄
생각이 전혀 없었다. 겨우 다섯 살이던 주견심을 태자의 자리에서 끌
어내리고 자기 아들 주견제朱見濟를 태자로 삼았다. 주견심은 기왕沂王
에 책봉되어 사실상 황궁에서 쫓겨났다. 영종이 명나라로 송환되어 다
시 제위에 오를 때까지 말이다.

주견심의 할머니인 손태후는 황궁의 권력투쟁을 누구보다 잘 알았
고, 악랄한 숙부의 마음도 꿰뚫어 보았다. 손태후는 주견심이 두 살 때
황태자로 책봉될 때부터 장손을 해하려는 무리가 있을 것을 예상했다.

그래서 열아홉 살의 궁녀 만정아萬貞兒를 유모이자 보호자로서 황태자 곁에 두었다.

만정아는 손태후의 궁에서 일하던 궁녀로, 네 살에 입궁하여 줄곧 황궁에서 성장했다. 교육을 받았는지에 대해서는 기록이 없지만, 황태자가 머무는 동궁에 머물며 주견심을 돌보는 역할을 맡았다.

만정아도 어린 시절에는 단순하고 선량하며 충성스러웠을 것이다. 성실하고 책임감 있으며 신뢰할 수 있었을 것이다. 그렇지 않다면 손태후가 손자 주견심을 겨우 궁녀에게 맡겼을 리가 없다.

황궁에서 쫓겨난 폐태자 주견심은 아무도 돌봐주는 이가 없었다. 비참한 어린 시절은 나이가 열일곱 살이나 많은 궁녀 만정아가 그의 곁에서 시중을 들게 될 때까지 계속됐다. 명목은 시중을 드는 것이지만 사실상 보호였다. 아침에 깨어나면 그날 저녁까지 살아남는 것을 보장할 수 없는 힘들고 고독한 나날 속에서 두 사람은 서로 의지하고 어려움을 나눴다. 주견심에게 궁녀 만정아는 어머니이자 이모, 누나였고 친구였다. 믿을 수 있는 사람이었고 정신적 지주였다. 줄곧 곁에서 지켜 준 사람이었기 때문에 떼려야 뗄 수 없는 사이였다. 두 사람 사이에 깊고도 절절한 감정이 생겼던 것이다.

5년 뒤, 탈문지변奪門之變이 성공하여 주견심의 아버지 영종이 황제의 자리에 복귀했고 주견심도 다시 황태자가 되었다. 그때 주견심은 열 살이었다. 그 이후의 여러 일들은 단순하고도 선량했던 궁녀를 완전히 바꿔 놓는다. 만정아는 악독하고 흉악한 여인이 되어 버렸는데, 전혀 예상하지 못했던 결과였다.

황궁 바깥에서 5년간 폐태자로 살며 온갖 고초를 겪다 황궁으로 돌아와 태자의 자리로 복귀한 뒤 주견심의 생활에는 큰 변화가 생겼다. 우선 주견심의 신체에 생리적인 변화가 나타났다. 청소년기에 접어든 것이다. 그러자 매일 아침저녁으로 함께하는 여자에게 미묘한 감정을 품게 되었고, 두 사람은 특별하고도 친밀한 관계를 맺게 되었다.

만귀비의 악행

1464년 18세의 주견심은 영종의 뒤를 이어 명 헌종 성화제成化帝가 되었고, 주견심이 즉위한 지 1년여, 1466년 궁녀 만정아는 아들을 낳고 귀비로 책봉된다. 그러나 안타깝게도 그 아이는 그 다음 해 요절했고, 만귀비는 나이가 많은 자신이 더는 임신하기 힘들 것이라 생각했다. 하지만 주견심은 여전히 만귀비를 총애했다.

아이를 잃은 만귀비는 완전히 다른 사람이 되었다. 더 이상 선량하고 순진하며 충성스러운 만정아가 아니었다. 사랑하는 사람을 잃을까 두려워하며 점점 더 잔혹해졌다. 만귀비는 수단과 방법을 가리지 않고 아이를 가진 후궁을 독살했다. 황제의 아이를 가진 여인은 한 사람도 남김없이 없애 버렸다. 자신의 아들이 죽었으니 다른 여인도 황제의 아이를 낳을 수 없다는 것이다. 아이를 낳은 여인에게 황제의 사랑이 옮겨 갈까 두려운 마음도 있었다.

만귀비의 행위는 비열하고 악독하며 이기적이었다. 그러나 《명사明史》에서 말하듯, 만귀비가 아들을 낳아 존귀한 신분이 되려는 욕망을 가졌다고는 생각하지 않는다. 사랑하는 남자와의 사이에 아이를 낳고 싶은 것은 매우 정상적인 심리다. 만귀비가 임신하려 했던 목적이 단지 권력을 향한 욕망 때문이었다고 단정하는 것은 가혹하다.

만귀비는 조정의 일에는 거의 관심이 없었고 적극적으로 간섭하지 않았다. 명 왕조 역대 황제들은 환관 등에 의해 눈과 귀가 가려진 경우가 많았으며, 헌종 역시 예외는 아니었다. 이런 환관들이 만귀비의 지위를 이용해 국정을 농단했을 뿐이다.

만귀비는 그저 사랑하는 남자의 마음을 계속 붙잡아 두고 싶었고, 그 때문에 황궁에서 온갖 악행을 저질렀다. 궁녀였던 만정아는 아주 어렸을 때부터 궁중에서 자랐고, 추측컨대 교육 수준이 높지 않았을 것이다. 멀리 내다보고 음모를 꾸미기에는 지혜가 모자랐고, 일처리 수법도 그다지 뛰어나지 않았다. 만귀비가 미모를 이용할 줄 아는 여자였다거나, 심계가 깊고 야심이 큰 여자라는 말에는 동의하기 힘들다.

《명사》에는 "황제가 순행을 나갈 때 만귀비가 군복을 입고 앞장서서 말을 몰았다"고 기록되어 있다. 군복을 입고 황제 앞에서 말을 몰며 길을 연다거나, 칼을 차고 황제 옆에 시립한다거나 하는 행동이 헌종에게 신선하게 다가갔고, 이것이 만귀비가 계속 총애 받는 이유였다는 것이다. 하지만 만귀비는 폐태자 시절부터 주견심을 보호하고 호위했던 사람이다. 그러니 호위무사처럼 구는 것이 이상할 것도 없고, 그것이 헌종에게 신선함을 느끼게 했다는 해석도 그다지 맞지 않을 듯하다.

후세 사람들은 헌종과 만귀비의 결합을 세속적이고 봉건적인 시각으로 바라봤다. 열일곱 살이라는 나이 차는 극히 드문 편이었고, 그들의 관계를 기형적이고 비윤리적인 일로 여겼다. 어떤 사람은 만귀비가 비대한 몸집에 여성스러움과는 거리가 멀었다며, 계략을 쓰지 않았다면 어떻게 황제의 사랑을 계속 유지했겠느냐고 말하기도 한다. 아름다운 황후와 후궁이 많았던 황제가 열일곱 살 연상의 만귀비를 사랑한 것을 이해하지 못하는 것이다. 이런 기록의 행간에는 만귀비를 멸시하는 느낌이 가득하다. 하지만 조금만 세심히 생각해 보면, 인생에서 가장 어려운 시기를 함께 보낸 두 사람 사이의 단단한 애정을 짐작할 수 있다.

명나라 때 심덕부沈德符가 쓴 《야획편野獲編》에는 58세의 만귀비를 이렇게 기록하고 있다.

궁녀를 채찍질하다가 치솟는 노기에 가래가 올라와 목이 막혔다. 증세가 회복되지 못하여 사망했다.

이때가 1487년이다. 만귀비는 오랫동안 고혈압을 앓았을 것으로 생각된다. 그런데 크게 화를 내자 급성 심장병이 발작했고, 심부전으로 유발된 급성 폐부종으로 사망한 것으로 보인다.

폐위된 황태자를 충성스럽게 돌봤던 궁녀의 일생을 어떻게 평가해야 옳을까? 안타깝게도 만귀비가 전반생에 행했던 여러 선행들은 후반생의 악행들로 묻혀 버리고, 그녀는 수많은 사람들에게 욕을 먹는 악녀가 되었다. 셰익스피어가 《줄리어스 시저》에서 말한 것처럼 말이다.

"악행은 그들이 죽은 후에도 살아남을 것이지만, 선행은 그들의 뼈와 함께 매장될 것이다."

부부의 정이 어찌 그리 얕은가?

만귀비가 죽자, 헌종은 크게 충격을 받고 이레 동안 조회를 멈추고 애달파 했다. 그러고는 "만귀비가 떠났으니 짐도 따라 가야겠다!"고 했다고 한다. 헌종은 만귀비를 후하게 장례 치르고 십삼릉 구역에서도 만력제의 능침인 정릉定陵에서 2킬로미터 떨어진 곳에다 묻었다. 서쪽 교외에 자리한 비빈들의 장지가 아니었다. 이 사실만으로도 만귀비에 대한 애정이 얼마나 깊었는지 알 만하다.

명 헌종 주견심에 대해 역사학자들은 대개 긍정적인 평가를 내린다. 《명사》에도 "제왕답게 넓은 도량과 관대함을 가졌다"고 기록돼 있다. 그는 안정적인 성격과 성실함, 관대함, 후덕함을 갖췄고, 신하들을 신뢰하는 군주였다. 개인적으로는 그가 은혜를 알고 원한은 기억하지 않으며 감정에 충실한 사람이었다고 생각한다.

그런데 타이완의 문필가 쑤퉁빙은 《중국 역사상 가장 특이한 황제》 중 '명 헌종의 용맹한 후궁'이라는 부분에서, 헌종을 겁 많은 황제 중 하나로 꼽으면서 역사상 가장 공처가였던 황제라고 표현했다. 그뿐 아니라 헌종이 공처가였던 것은 그가 성적으로 무능했기 때문이라면서 만귀비의 여러 가지 악행을 그의 탓으로 돌렸다.

쑤퉁빙은 헌종이 10여 세에 처음 만귀비와 육체관계를 한 것을 두고 "성장기에 과도한 성행위를 한 탓에 다 자라지도 못한 소년에게 성 기능 쇠퇴의 징후가 나타났다. 남성 능력이 저하되자 황제는 상대방에게 부끄러움을 느꼈고, 상황이 오래 지속되면서 상대는 정신적 우월감을 갖게 됐다. 자연히 황제는 만귀비를 두려워하게 되었다"고 썼다. 또한 "세상의 모든 남편들은 성적으로 무능할 때 아내에게 죄스러워하고 두려워하는 모습을 보인다. 황제 역시 아내를 두려워하는 남편으로 변했다"고도 했다. 이런 해석은 논리적인 설득력이 떨어진다. 아내를 무서워하는 남편을 성적으로 무능하다고 여기는 것이나, 성적으로 무능한 남편은 아내를 무서워할 거라고 여기는 것 모두 일반화의 오류를 범하는 것이다. 정해진 규칙처럼 무조건 이렇게 되는 것이라면 세상의 모든 남자들이 들고 일어나 항의를 하지 않을까?

쑤퉁빙은 헌종 주견심이 즉위 후 11년 동안 겨우 세 명의 아들만 낳은 것과 그 뒤로 6년간 전혀 아이를 낳지 못한 것을 근거로 대고 있다.

그 다음 해부터 헌종이 다섯 명의 황자를 더 낳은 것은 신선술과 연단술의 대가인 이자성李孜省이 실시한 방술 덕분에 황제의 생식능력이 높아졌기 때문이라고 했다. 사료에는 헌종이 평생 14명의 아들과 5명의 딸을 두었다고 기록되어 있다. 생식능력이 약을 먹고 회복되었다고는 믿기 어렵다. 이자성의 단약은 최음제이거나 플라시보 효과를 내는 위약이었을 것이다. 성욕을 높이는 것과 생식능력, 혹은 정자 수와는 아무런 관계도 없다.

성불능, 발기부전과 생식 및 생육 능력의 관계를 확실히 해두고 넘어가자. 이 둘은 완전히 다르다. 성불능은 불임의 주요한 원인이 아니다. 불임이란 한 남성이(성 기능이 정상적인 남성이라도) 정상적이고 건강한 여성을 임신시킬 수 없는 경우를 말한다. 발기부전 남성이라도 여성을 임신시킬 수는 있다.

발기부전이란 성기가 제대로 발기하지 않거나 발기 상태를 유지하지 못하는 것을 일컫는다. 수많은 남성들이 살면서 우연히 겪는 일이다. 대략 성불능자의 10~20퍼센트가 심리적인 이유 때문이다. 예를 들어 심리적 스트레스(자신이 성적으로 흥분하지 못할까 봐 걱정하는 것), 우울, 초조감, 심지어 인간관계의 문제, 성욕을 너무 억누르는 것, 성적인 터부 등이 그것이다.

프로이트는 많은 경우 남성의 성 문제가 심리적 정신 상태에서 기인한다고 보았다. 사실상 성불능 환자의 80~90퍼센트 정도는 신체기관의 생리적 기능에 문제가 있는 경우다. 만성 질병인 신장병, 간장병, 당뇨병(약 절반의 환자에서 나타남), 동맥경화, 무절제한 음주 및 흡연(생식기의 혈액순환에 문제를 일으킴), 약물(혈압약, 항우울제, 특정 종류의 마약), 척추와 대뇌의 신경 손상(방사선 치료의 부작용), 테스토스테론 감소, 파킨슨병, 중풍, 하반신 불수, 골반과 방광, 전립선의 수술 등이다.

헌종 주견심이 아내를 무서워한 것은 성불능이 아니라 선량한 성격과 덕성 때문이 아니었을까? 명 헌종은 왜 악독한 후궁의 행동을 눈감아 주었을까? 그 실마리는 두 사람의 과거에 있다. 헌종은 어린 시절에 황궁에서 쫓겨나 바깥에서 고독하고 비참하며 살기 어린 삶을 살았다. 그는 언제든지 목숨을 잃을지도 모른다는 공포 속에서 하루하루를 살았다. 이런 경험은 그의 뼛속 깊이까지 새겨져 있었다. 그렇지 않으면 자기보다 열일곱 살이나 많은 궁녀와 사랑에 빠진 일을 설명할 길이 없다. 오래전 보여 준 희생과 헌신을 잊지 못하고 늘 감사하는 마음을 갖고 있었기 때문에 헌종은 평생 변함없이 만귀비를 아끼고 사랑했을 것이다. 이처럼 의리를 지키고 정을 중요시하며 사랑에 충실한 사람이 세상에 몇이나 있겠는가?

대신들은 후사를 걱정하지 않는 황제에게 여러 차례 상주문을 올려 '성은을 널리 베푸시라' 간언했다. 다른 후궁들에게서 아들을 더 얻으라는 것이다. 그러나 헌종은 여전히 만귀비만 총애했다.

헌종의 사랑은 한결같았고 충실했다. 부부의 정을 중시하는 사람이었던 것이다. 이런 일화도 남아 있다. 헌종은 어려서부터 자신을 보좌한 도독 마량馬良을 무척 신임했다. 그런데 마량이 아내를 잃은 지 얼마되지 않아 다시 혼인하자 '부부의 정이 어찌 그리 얕은가?'라며 그를 멀리했다는 것이다.

이렇게 보았을 때 헌종이 대가 약하고 무능하며 자기비하적인 사람이라는 주장은 어불성설이다. 오히려 관대하고 자비로우며 부드럽고 포용력이 있는 사람이라고 평해야 한다. 헌종이 즉위한 직후 여순黎淳이라는 관료가 나서서 상소를 올렸다. 예전에 그를 폐하고 황궁 밖으로 쫓아낸 숙부 경태제(대종)의 일을 처리하라는 것이었다. 헌종은 놀랍게도 이런 답을 내린다. "경태제의 일은 이미 지나간 것이니 짐은 개의치 않노라." 또한 황후 책봉에서 부정하고 불법적인 일을 했다는 혐의를 받은 내관 우옥牛玉 역시 효릉에 보내 밭을 돌보는 가벼운 처벌을 내렸다.

헌종은 자식 교육에 신경 썼던 아버지이기도 했다. 그의 후계자인 효종은 어려서부터 황태자가 받아야 하는 정식 교육을 받았다. 헌종은 천하의 뛰어난 학자를 모아들여 태자를 교육시켰는데, 엄격하게 효종의 학업을 감독하면서 태자가 교양을 쌓을 수 있도록 했다. 만귀비가 그렇게 많은 죄를 지었음에도 (헌종이 사정을 몰랐거나 일이 지난 다음에 알게 되었을지도 모르지만) 헌종은 내내 그녀를 용인해 주었다. 그렇기 때문에 역사가들은 헌종이 유약했다고 표현한다. 어쨌든 헌종이 만귀비를 깊이 사랑한 것은 사실일 것이다. 그렇지 않다면 어떻게 지난 잘못을 다 덮고 만귀비를 용서했겠는가? 앞에서 말한 것처럼 헌종이 성불능이라서 그 자괴감에 만귀비를 두려워했기 때문은 아니라고 생각한다.

이런 관계의 사랑을 두고 많은 사람들이 여자가 출세하려고 남자를 유혹했다고 생각한다. 순수한 사랑이 아니라고 비판하고 멸시하는 것이다. 하지만 모두 알다시피 빈부의 격차, 신분의 차이, 용모, 연령 차이, 학력이나 신앙의 유무, 피부색이나 민족 차이 등은 누군가를 사랑하는 데 아무런 문제가 되지 않는다.

5

유모를 짝사랑한 황제

*"객씨가 아침저녁으로 짐의 곁에서 시중들던 것이 그립다.
출궁한 후에는 음식도 넘어가지 않고,
밤에는 눈물만 나니 계속 가슴이 아프다."*

헌종·만귀비의 관계와 함께 자주 거론되는 사례가 명 희종 주유교와 유모 객씨의 관계이다. 두 사람의 유사 모자 관계는 심리학을 전공하는 사람들에게 아주 좋은 연구 주제다.

열여덟 살 연상의 애인 ─

희종의 유모는 객인월客印月이라는 이름의 여인인데, 사료에서는 대부분 객씨客氏라고 기록하고 있다. 그녀는 어렸을 때 제후 가문으로 시집와 열여덟 살에 아이를 낳았다. 주유교가 태어난 후 황자의 유모로 선발되어 황궁에 들어왔다. 유모란 젖을 먹이는 여인을 가리킨다. 주유교는 객씨의 젖을 먹고 자란 것이다. 주유교에게 객씨는 생모보다 더 가까운 사이였다.

두 사람은 열여덟 살 차이가 났고, 주유교는 어려서부터 객씨에게 심하게 의존하고 어머니처럼 공경했다고 한다. 사실 황자가 젖을 완전히 떼고 대여섯 살이 넘으면 유모가 황궁을 나가야 하는 것이 명나라 황실의 규칙이었다. 그런데 주유교가 객씨를 너무 따르는 바람에 그러지 못했다.

객씨는 황궁에 머무르며 환관 위조魏朝와 내연 관계를 맺었고, 나중에는 또 다른 환관 위충현魏忠賢과 정을 통했다. 《명사》〈환관열전宦官列傳〉 중의 '위충현' 대목에는 이렇게 기록돼 있다.

> 젖어미인 객씨가 (위)조와 사사로이 만났다. … (위)충현을 알게 되자 다시 그와 사통하였다. 객씨는 조를 저버리고 충현을 사랑하게 되었고, 두 사람은 깊이 결합했다.

결국 객씨와 위충현은 위조를 처리해 버리기로 마음먹는다. 객씨는 주유교가 성장하자 성의 기쁨을 가르쳤고, 혈기방장한 젊은 황제는 유혹에 빠져 유모와 관계를 맺었다. 이렇듯 여러 남자와 관계를 가졌으니 사료에서 객씨를 두고 음란하다고 한 것도 근거가 있는 셈이다.

《명사》의 기록을 살펴보면 이런 대목도 있다. 희종은 열일곱이 된 1622년에 황후를 맞이했다. 조정 대신들이 모두 객씨를 출궁시키라고 진언했지만, 희종은 황후가 아직 나이가 어리므로 유모의 도움을 받아야 한다는 핑계를 대며 듣지 않았다는 것이다. 희종은 그 이후로 당당하게 객씨를 가까이 했는데, 그러니 두 사람이 전부터 이미 깊은 관계였으리라고 추측하는 것도 무리가 아니다. 어쨌든 열여섯에 제위에 오른 희종은 황제가 되고 열흘째 되던 날 그녀를 봉성부인奉聖夫人으로 책봉했다.

　처음에는 객씨를 내보내지 않으려 했지만, 조정 대신들이 한 목소리로 간언하자 희종도 어쩔 수 없었다. 그러나 얼마 지나지 않아 희종은 유모 객씨를 생각하느라 병이 날 지경이 되었고, 결국 조정의 반대를 무릅쓰고 객씨를 황궁에 불러들였다. 이 일은 《명사》에 "정신을 차리지 못하고 며칠째 음식도 먹지 못했다"고 기록돼 있다. 희종의 의존심리가 잘 드러나는 일화다. 그는 신하들에게 이렇게 말했다고 한다.

　"객씨가 아침저녁으로 짐의 곁에서 시중들던 것이 그립다. 출궁한 후에는 음식도 넘어가지 않고, 밤에는 눈물만 나니 계속 가슴이 아프다. 쉬어도 편치 않고 머리가 어지럽고 정신이 없다. 이후로는 때때로 입궁하여 시중들게 하고 짐의 마음을 위로하게 하라."

　객씨가 아무리 악독한 짓을 저질러도 희종은 늘 객씨의 악행을 감쌌다. 후궁들은 객씨에게 잘못 보이면 비참한 결말을 맞아야 했다. 객씨는 특히 다른 후궁들이 아이를 갖는 것을 용납하지 못했다. 황자를 낳아 희종의 총애를 빼앗아 갈까 두려워했다. 객씨는 잔인한 방법으로 태중의 아이에게 독수를 썼다. 심지어는 황후도 객씨의 손아귀를 빠져나가지 못했다. 객씨의 악행은 결국 대가를 치르게 된다. 얼마 지나지 않아 겨우 스물두 살이던 희종이 붕어한 것이다. 객씨는 더 이상 황궁에 머무를 이유가 없어 궁 밖으로 쫓겨났다. 나중에는 체포되어 궁녀를 처벌하는 빨래방에 갇혔고, 결국 맞아 죽었다고 한다.

객씨는 희종을 사랑했을까?

      —   여러 가지 면에서 희종과 객씨의 관계는 헌종과 만귀비의 관계와 비교해 볼 만한데, 희종과 객씨는 서로 사랑하는 사이라기보다 희종이 객씨에게 의존하는 관계라고 볼 수 있다. 그렇다면 객씨의 태도는 어땠을까? 많은 역사가들이 만귀비와 객씨 둘 다 악독한 여인이라고 평한다. 과거 남성 중심 사회에서는 여성에게 더욱 엄격한 도덕적 잣대를 들이대곤 한다. 만귀비와 객씨를 비난하는 사람은 대부분 남자였다. 여성의 입장에서 생각해 볼 필요가 있다.

먼저 두 사람의 출신과 배경, 성격을 비교해 보자. 만귀비는 네 살에 입궁해 줄곧 황궁에서 살았고, 열아홉 살에 두 살짜리 태자(주견심)에게 보내졌다. 궁녀는 바깥출입이 금지되고 시집을 갈 수도 없었으니, 어린 시절의 만귀비는 고독한 소녀였을 것이다. 반면 객씨는 열여덟 살에 아이를 낳은 후 유모의 신분으로 입궁해서 태자(주유교)를 길렀다.

주견심은 어렸을 때 황궁 밖으로 쫓겨나 아무도 돌봐 주지 않는 고독하고 적막한 생활을 했다. 곁에는 순진한 궁녀 만정아뿐이었다. 서로 의지하면서 둘만의 생활을 하다 보면 감정이 깊어질 수밖에 없다. 어른이 된 주견심은 만귀비에게 고마움 외에 남녀 간의 애정을 느꼈다. 아마도 두 사람은 서로 첫사랑이었을 테고, 나이 차이 같은 것은 문제가 되지 않았다.

반면 객씨의 경우에는 주유교를 진심으로 사랑했다고 보기 어렵다. 객씨는 여러 남자와 관계를 가졌고, 주유교와도 육욕에 의한 관계였을지 모른다. 게다가 나중에는 위충현과 함께 궁 밖에서 10여 명의 '수양딸'을 데려와 주유교에게 바쳤는데, 정말로 사랑했다면 그런 행동을 할 수 있었을까? 실제로 위충현이 세력을 키워 국정을 마음대로 주무른 것을 보면 객씨가 좋아했던 남자는 아마 위충현이었을 것이다. 위충현과 객씨가 밀회를 즐길 때 주유교가 나무에서 떨어져 옷이 찢어지고 얼굴에서 피가 나는 일이 있었는데, 객씨는 전혀 걱정하지 않고 여전히 위충현과 웃고 떠들었다는 일화도 있다.

만귀비와 객씨는 권력을 갖게 된 다음에 냉혹하고 사악한 면을 드러내어 무고한 사람들을 여럿 죽였다는 공통점이 있다. 만귀비는 자신의 사랑을 위해 황제 주변의 연적들을 해쳤다. 이런 심리 상태에서 살인을 저지르는 것은 지금도 흔히 찾아볼 수 있다. 그러나 객씨가 다른 후궁을 배척한 것은 황제의 사랑을 잃을까 두려워했다기보다 자신의 권력을 지키기 위해 힘을 과시한 측면이 강하다. 헌종과 만귀비는 서로 깊은 애정을 품고 죽어서도 헤어지지 못했으니, 희종과 객씨의 관계는 이 두 사람에 비할 바가 못 된다.

음지에서 국정을 농단한 여인

유모란 자신의 젖을 타인의 아이에게 먹여 키우는 여자를 말한다. 유모가 필요한 이유는 여러 가지가 있다. 친어머니를 여의었거나 어머니가 병에 걸려 수유를 할 수 없는 경우, 세쌍둥이 이상이어서 어머니의 젖이 부족한 경우 등이다. 과거 영어권에서는 유모를 'wet nurse'라고도 했다. 어떤 사회에서는 유모를 고용해 자기 아이에게 젖을 먹일 수 있는 것을 존귀하고 부유한 가문, 즉 황족이나 귀족 등의 사회적 신분을 나타내는 지표로 여겼다.

예전에는 분유가 없었기 때문에 아기에게 젖을 먹이는 '유모'가 필요했다. 유모라는 직업을 비천하고 보잘것없다고 여기기 쉽지만, 사실 그렇지 않았다. 중국 역사에서 유모와 관련된 기록을 확인해 보자.

일찍이 한나라 때 후한 안제 유호劉祜(94~125)도 유모 왕성王聖을 야왕군野王君으로 책봉한 전례가 있다. 왕성은 딸과 함께 조정을 어지럽혔다. 내관 강경江京, 이윤李閏 등과 결탁해 태후 등수鄧綏를 비방하고 등태후의 가족을 공격했다. 조정 내외를 뒤흔들고 제멋대로 굴면서 안제에게 상소를 올려 재상 양진楊震을 비난해 독을 먹고 자살하게 만들기도 했다. 결국에는 훗날 순제가 되는 태자까지 폐위시켰다. 그러나 안제의 외아들인 순제 유보劉保(115~144)는 지난 일을 본보기로 삼기는커녕 또다시 자신의 유모 송아宋娥를 산양군山陽君에 봉했다. 이후 한 영제 유굉劉宏(156~189)도 유모 조요趙嬈를 평씨군平氏君에 봉했다.

그러니 후한의 사대부들이 황제가 유모를 책봉하고 땅을 내리는 것을 반대할 만하다. 그들은 단순히 유모의 출신이 비천한 것을 문제 삼은 게 아니라 남성 관료사회에서 여성이 정치에 참여하는 것을 혐오하고 두려워했다. 그들은 소위 '음지에서 국정을 농단專政在陰'하는 것을 지진이나 산사태 같은 천재지변처럼 여겼는데, 수도에서 지진이 발생해 순제가 3공과 9경을 모아 놓고 대책을 논의할 때 대신 이고李固가 황제에게 간언하며 '음지에서 국정을 농단한다'는 말을 썼다. 이고는 선황제 안제가 전통을 깨고 유모 왕성을 제후로 책봉하여 그녀가 전횡을 일삼게 만들었고, 심지어 황위 계승자의 지위까지 위태롭게 했다면서 순제가 위험에 처했던 과거를 상기시키며 올바른 정치를 펴야 한다고 간언했다.

당나라 때에 이르면 황제와 태자의 유모를 책봉하는 것이 제도화되었다. 대부분 '부인夫人'의 칭호와 봉읍을 주었는데, 갈수록 책봉의 대상이 확대됐다. 유모를 책봉하는 것이 제도화되자, 당나라 사람들은 유모를 공경하는 가치관을 갖게 됐다. 유교의 예법이 점점 흐트러지면서 당나라 사람들은 유모를 위해 상복을 입는 것도 자연스럽게 여겼다. (베이징에 있는 중국사회과학원 류친리劉琴麗가 《난주학간蘭州學刊》에 발표한 논문 〈당나라 때 유모의 역할과 지위의 새로운 발전〉에 이 같은 내용이 잘 나와 있다.)

당나라 때 책봉을 받은 유모로는 중종 이현李顯의 유모가 있다. 신룡神龍 원년인 705년 중종의 유모 우씨于氏를 평은군부인平恩郡夫人으로 봉하고, 경룡景龍 4년인 710년에는 유모 고씨高氏를 수국부인修國夫人으로 봉했다. 중종의 뒤를 이은 동생 예종 이단李旦은 그의 아들(뒷날의 당 현종 이융기)의 유모 장씨蔣氏를 오국부인吳國夫人으로, 유모 막씨莫氏를 연국부인燕國夫人으로 봉했다. 《구당서舊唐書》에는 당 왕조 말기의 황제 애제 이축李柷이 천우天祐 2년(905) 9월에 다음과 같이 선포했다고 나온다. "유모 양씨楊氏를 소의昭儀로 봉하고, 유모 왕씨王氏는 군부인郡夫人으로 봉한다. 둘째 유모인 왕씨는 선제께서 이미 군부인으로 봉하셨으나 오늘 양씨의 사례를 따라 다시 책봉한다."(당나라 때 품계제도에 따르면, 소의는 황제의 후궁인 6빈 중 하나이며, 국부인은 1품 이상 관원의 어머니와 아내, 군부인은 3품 이상 관원의 어머니와 아내에 해당하는 작위다.)

원나라 때는 세조 쿠빌라이가 아들인 연왕燕王의 유모 조씨趙氏를 빈국부인豳國夫人에, 조씨의 남편을 성육공性育公에 봉한 바 있다. 성종 테무르는 유모의 남편을 수국공壽國公에 봉했고, 인종仁宗 아유르바르와다는 유모의 남편을 원국공雲國公에 봉했다. 영종 시디발라는 유모를 정양군부인定襄郡夫人에, 그 남편은 정양군왕定襄郡王에 봉했다. 원나라 때는 유모의 남편까지 부부가 함께 존귀해진 것이다. 명나라 때는 성조 주체가 유모인 풍씨馮氏를 보중현순부인保重賢順夫人 등에 봉한 사례가 있다.

청나라 때도 유모에게 '부인'의 봉호를 내리는 것이 관례였다. 순치 제의 유모 박씨樸氏는 봉성부인奉聖夫人, 이규씨李佳氏는 우성부인佑聖夫人, 엽혁륵씨葉赫勒氏는 좌성부인佐聖夫人에 봉해졌다. 강희제의 유모인 과이가씨瓜爾佳氏는 보성부인保聖夫人에 책봉됐다. 이들의 분묘는 각각 그 황제의 침릉 부근에 만들어졌다. 지금의 허베이성 쭌화遵化시에 있는 청동릉 풍수장風水牆(건축물의 정문 앞에 비바람을 막기 위해 세우던 담벼락) 바깥에 유모 네 사람의 묘가 조성되어 있다. 그들의 남편도 역시 시호와 세습 직위를 받았다.

이런 자료를 살펴보면 유모의 지위가 상당히 높음을 알 수 있다. 황제가 유모의 젖을 먹고 자라기 때문에 '기른 은혜'에 보답한 것으로 보인다. 거기에 젖어미도 역시 어머니라, 모자가 오랫동안 함께 지내다 보면 어려서부터 곁에서 보살펴 주는 사람에게 깊은 감정과 유대감을 갖기 마련이다. 황위에 오른 다음에 유모의 길러 준 은혜를 갚기 위해 유모의 지위를 높이고 봉읍을 내려 준 것이 이상한 일은 아닌 셈이다.

오늘날에는 유모라는 직업이 사라져 버렸다. 의학적 관점에서 보자면, 유모의 젖을 통해 에이즈나 B형 간염 바이러스 같은 세균, 혹은 오염 물질이나 농약, 중금속 등이 옮겨지는 것을 경계하게 됐다. 그래서 이제는 유모를 고용하거나 분유를 사 먹이는 것이 사회적 지위를 상징하는 것 같은 일은 사라졌다.

6

서태후의 '영원한 어린애', 광서제

서태후가 화를 내면 광서제는 아무 말도 못하고 그저 꿇어앉아 있었다.
자신의 황후를 정하는 것조차 전부 서태후의 결정에 따를 정도였다.

앞서 명나라 헌종 주견심과 희종 주유교의 오이디푸스 콤플렉스를 살
펴봤다. 이제는 청나라 광서제와 서태후의 복잡한 모자 관계를 이야기
해 보자. 광서제는 서태후 여동생의 아들이니, 서태후는 광서제에게
이모가 된다. 서태후는 1935년에 태어났으므로 1871년에 태어난 광서
제보다 서른여섯 살이나 많았다. 명나라 헌종이나 희종보다 더 복잡한
관계의 오이디푸스 콤플렉스라고 할 수 있다. 서태후와 광서제의 이런
관계는 나중에 벌어지는 비극적 사건의 원인이 된다.

모든 일에 간섭하는 엄한 '이모 어머니' — 서태후는 친아들인 동치

제가 죽은 후 깊은 슬픔에 잠겼다. 서른이 되기 전에 남편을 잃었고 마흔이 되기 전에 아들마저 잃은 것이다. 그러나 이 강인한 여인은 슬픔을 원동력으로 삼아 권력을 장악했다. 청 왕조의 관례대로 다음 대의 황족 중에서 황위 계승자를 고른 것이 아니라 동치제와 같은 대의 황족 중에서 다음 황제를 선택한 것이다. 청나라 역사는 이 일 때문에 완전히 새로운 방향으로 나아가게 된다. 역사학자들은 서태후가 정치적 이유로 겨우 세 살 난 광서제를 다음 황제로 선택했다고 여긴다.

서태후는 광서제의 이모였지만 아주 가까운 사이는 아니었다. 그러나 광서제가 입궁한 후부터는 마치 친아들처럼 그를 돌봤다. 광서제는 갑자기 어머니와 헤어져야 했지만 서태후를 통해 잃어버린 어머니의 사랑을 채웠다. 서태후도 사랑하는 아들 동치제를 여읜 슬픔을 광서제를 키우며 보상받았다. 서태후 역시 광서제를 친아들처럼 생각했다. 심지어 자신을 아버지라는 의미의 '친파파親爸爸'라고 부르게 했다.

광서제의 어린 시절은 분명 행복했을 것이다. 서태후는 광서제를 보호하고 보살폈으며, 교육에도 크게 신경을 써서 학문이 높은 옹동화翁同龢, 하동선夏同善 등의 대신들에게 광서제를 가르치게 했다. 옹동화는 개방적인 사상을 가진 관료로, 서양 인사들과 교분이 적잖아 외부세계의 상황을 잘 알고 있었다. 광서제는 옹동화 등의 영향을 받으며 나라와 백성을 걱정하는 군주로 성장했다.

광서제는 아름답고 행복한 어린 시절을 보낸 뒤 열여섯 살부터 친정을 펼쳤다. 당시 청나라는 내우외환에 시달리며 열강의 침략을 받고 있었기 때문에 광서제의 정치적 여정은 어두울 수밖에 없었다. 게다가 불행하게도 당시 청나라의 국정을 장악한 사람은 병권이나 휘두를 뿐 외교나 끊임없이 뒤바뀌는 세계 정세, 국방 등에는 완전히 무지한 여인이었다.

광서제는 어려서부터 '엄격한 아버지'처럼 모든 일에 간섭하는 서태후의 손에 길러졌기 때문에 유약하고 주관 없이 뭐든지 순종하는 성격이었다. 서태후에게는 심리적인 두려움도 갖고 있었다. 서태후가 화를 내면 광서제는 아무 말도 못하고 그저 꿇어앉아 있었다. 자신의 황후를 정하는 것조차 전부 서태후의 결정에 따를 정도였다. 결국 친정도 오래하지 못하고 대권을 빼앗겼으며, 유신변법으로 나라를 부강하게 하려던 정책도 실패하고 10년간 유폐 생활을 하는 상황에까지 이르게 된다.

광서제의 오이디푸스 콤플렉스는 성적인 욕망과는 전혀 관련이 없고 어머니 역할인 서태후에게 심리적으로 의존하는 유약한 성격으로 나타났다. 이런 성격과 상황 아래서 어떻게 한 나라를 다스리고 백성을 돌볼 수 있었겠는가? 후세 사람들이 광서제를 노예 황제니 꼭두각시 황제니 비판하는 것도 일리가 있다.

물론 이런 평가가 광서제에게 부당한 점도 없지 않다. 광서제는 청나라가 서양 열강에 능욕당하는 현실도 잘 알고 있었고, 유신변법으로

진시황은 열사병으로 죽었다

나라를 부강하게 하려고 했기 때문이다.

머리가 큰 죄로 유폐된 황제

— 광서제는 친정을 시작하고 바로 다음 해인 1888년 서태후에게 만수산에 은거하여 건강을 돌보라는 명령을 내린다. 그러나 지고무상의 권력을 휘두르던 서태후가 가만히 뒷방으로 물러날 리 없었다. 1894년 청일전쟁이 발발하자 광서제는 전쟁을, 서태후는 강화를 주장했다. 광서제는 서태후의 별궁인 이화원의 건축을 멈추고 그 예산으로 군비를 충당하려 했는데, 서태후는 이에 크게 분노했다. 그때부터 두 사람은 충돌하기 시작했다.

광서제는 유신변법을 반포하며 독립자주 정신을 드러냈다. 인재를 등용하고 부국강병책을 실시했으며, 서태후에게 이렇게 말하기도 했다.

"제게 대권을 주지 않으시더라도 이대로 퇴위하여 망국의 황제가 되지 않으렵니다."

그러나 안타깝게도 1898년 광서제의 무술정변과 변법자강운동은 실패로 끝난다. 광서제의 개혁정책을 그저 자신의 권력을 빼앗으려는 시도로만 받아들인 서태후가 반정을 일으켰고, 광서제는 서태후 앞에 끌려와 꿇어앉혀졌다. 집안에는 가법이 있고, 국가에는 국법이 있다고들 한다. 서태후는 집안과 국가를 구분하지 않고 자신이 광서제의 웃어른이라는 점을 내세워 국가의 수장인 황제를 유폐시켰다. 광서제는 죽을 때까지 10년이나 영대瀛台에 갇혀 지냈다.

　서태후는 광서제가 이미 성장하여 어른이 되었다는 것을 이해하지 못하고 여전히 자신의 명령을 따르는 어린아이로만 여겼다. 어쩌면 친아들인 동치제가 일찍 죽어 다른 사람이 황제가 된 것도 받아들이기 어려운데, 광서제가 말을 듣지 않고 자기 주장을 내세우자 더욱 용납할 수 없었던 것일지도 모른다. 광서제는 서태후와 대립하면서도 오이디푸스 콤플렉스를 떨치지 못해 서태후를 경외하는 마음을 갖고 있었다. 유신변법을 결정한 뒤에도 강력하게 추진하지 못해 실패하고 말았다.

　17세기 영국 극작가 윌리엄 콩그리브 말대로 "사랑이 변해 만들어진 증오만큼 맹렬한 것이 없고, 경멸받은 여인의 분노처럼 격렬한 것은 지옥에서도 찾을 수 없으니."

제7장

전설의 명의, 기이한 질병

1

관우의 독화살과 화타

화타는 건안 13년(208)에 조조에게 죽임을 당했다.
관우가 화살에 맞은 것은 화타가 죽은 후의 일이다.

화타 얘기를 꺼내면 바로 관우의 팔뼈에서 독을 긁어내 치료했다는 이야기가 떠오를 것이다. 이 이야기는 거의 모르는 사람이 없을 정도로 잘 알려진 내용으로, 아이들이 특히 좋아한다. 많은 사람들이 이 이야기를 들으며 관우의 용맹과 기개, 화타의 신묘한 의술에 감탄하고 감동한다.

관우를 치료한 의원은 화타가 아니다

한번은 여덟 살 아이의 상처를 봉합하면서 관우의 이야기를 들려주었더니, 아이가 놀라운 집중력으로 귀 기울여 듣고는 한 바늘 한 바늘 꿰매는 동안 울거나 아프다고 소리 지르지 않았다. 봉합이 끝나고 관우처럼 용감하다고 아이를 칭찬했다.

노인 환자의 발에 곪은 상처를 소독해 줄 때도 환자의 주의를 끌 요량으로 화타가 관우의 팔뼈에서 독을 긁어낸 이야기를 꺼냈는데, 뜻밖에도 그 노인이 역사에 박식한 분이어서 오히려 나에게 삼국시대에 대한 강의를 하기 시작했다. 그는 신이 나서 나에게 관우에 대해 설명했다. 관우가 몇 번이나 화살을 맞았는지, 누가 그를 쏘아 맞혔는지, 어느쪽 팔에 화살을 맞았는지 등등. 그는 손바닥 들여다보듯 관우에 대해 훤히 알고 있었고, 의기양양하게 설명하느라 상처의 통증마저 잊었다.

그 노인이 들으면 실망하실 테지만, 사실 화타는 관우의 팔뼈에서 독을 긁어내는 치료를 한 적이 없다. 30여 년 전, 타이완 역사학자 뤄룽지羅龍治가 《중국시보》에 발표한 '다시 화타를 논하다'라는 글을 읽은 적이 있다. 그는 역사적 사실을 끌어와 관우의 독을 치료한 의원은 화타가 아니라는 점을 증명했다.

화타가 관우의 팔뼈에서 독을 긁어냈다는 내용은 《삼국지연의》 제75회에 나온다. 《삼국지연의》에 나오는 이야기는 허구이지 역사가 아니다. 이야기는 관우가 번성에 도착해 조조를 공격할 때 오른팔에 독화살을 맞는 것으로 시작한다. 관우는 퇴각하지도 상처를 치료하지도 않았다. 그의 부하는 관우의 상처가 악화될까 걱정하여 사방으로 명의를 수소문했다. 그때 갑자기 한 사람이 강동 쪽에서 배를 타고 진채 앞으로 곧장 다가왔다. 화타가 특별히 관우를 치료하기 위해 온 것이다.

《삼국지연의》의 작가 나관중은 치료 과정도 아주 실감나게 그려 냈다. 어찌나 생생히 묘사했는지, 화타의 외과 수술 광경을 옆에서 지켜보는 듯하다.

화타는 칼을 피부 위에 댄 뒤 그대로 뼈까지 보이도록 갈랐다. 드러난 뼈는 이미 푸른빛이 돌았다. 화타가 칼을 이용해 뼈를 긁어 대자 슥슥 하는 소리가 났다. … 뼈에 스며든 독을 모두 긁어내고 약을 바른 다음 갈라진 상처를 실로 꿰맸다. 치료를 마친 화타는 치료비도 받지 않고 약 한 첩을 남겨 둔 채 작별을 고하고 떠났다.

이 이야기는 대대로 전해져 내려와 이제는 누구나 이 일을 사실이라고 굳게 믿게 되었다. 사실 화타는 그 6년 전인 건안 13년(208)에 조조에게 죽임을 당했다. 관우가 화살에 맞은 것은 화타가 죽은 후의 일이다. 두 사람은 역사라는 길 위에서 그저 스쳐 지나갔을 뿐이다.

'슥슥 소리가 날' 정도로 뼈를 긁었다면

진수의 《삼국지》〈관우전關羽傳〉에 따르면, 관우가 독화살에 맞아 팔뼈에서 독을 긁어낸 일은 대략 동한 헌제 건안 19년(214)에 일어났다(219년의 일이라고 주장하는 사

람도 있다). 당시 어떤 의원이 관우의 상처를 치료한 것은 확실하다. 그
러나 그 의원이 화타는 아니었다. 〈화타전〉에 그의 의료 행위가 여러 건
기록되어 있는데, 관우의 팔을 치료한 일이 왜 **빠졌겠는가**. 그렇다면
〈관우전〉에는 왜 실제로 관우의 팔을 치료한 의원의 이름이 나오지 않
는 것일까? 당시의 상황도 《삼국지연의》의 서술과는 약간 차이가 있다.

빗나간 화살이 관우의 왼팔에 명중했다. 나중에 상처는 다 나았으나 흐
리고 비가 올 때마다 팔이 아팠다. 의원이 말했다. '화살촉에 독이 발라져
있었는데, 독이 뼈에 스며들었습니다. 팔을 가르고 뼈에서 독을 제거하면
통증이 사라질 겁니다.' 관우는 팔을 내밀어 의원이 살을 째도록 했다. …
그때 관우는 사람을 불러 함께 먹고 마셨는데, 팔에서 피가 흐르는데도 한
상 가득 음식을 차려 고기를 구워 먹고 술을 마시면서 태연하게 담소했다.

여기에는 수술 장면이 상세하게 나오지 않는다(물론 **뼈를 긁으니 슥슥**
소리가 났다는 말도 없다). 《삼국지연의》의 작가 나관중이 이미 죽은 화타
를 되살려 관우의 팔을 치료하게 한 것이다. 소설 속 의원은 화타華陀이
지 화타華佗가 아니다. 나관중은 확실히 재능 넘치는 소설가임이 분명
하다.

여기서 눈여겨 볼 점은 《삼국지연의》의 화타는 아직 완치되지 않은
오른팔의 상처를 치료했지만, 《삼국지》의 의원은 이미 완치되었으나

비가 올 때 통증이 있는 왼팔을 치료했다는 것이다. 그렇다면 화살은 어느 팔에 명중한 것일까?

또한 《삼국지》에는 관우가 빗나간 화살에 맞았고 화살촉에 독이 있었다고 되어 있다. 그러나 《삼국지연의》에서는 관우가 촉에 오두독烏頭毒이 있는 화살에 맞았고, 촉이 뼈까지 파고 들었다고 되어 있다. 오두烏頭(혹은 바곳이라고도 한다)는 미나리아재비과 초본식물로 아코티닌Aconitine 등의 알칼로이드를 함유하고 있다. 아코티닌은 심장에 강한 독성을 보여 가슴이 두근거리거나 신경계통 마비, 사지 무력증, 호흡곤란 등의 증상이 나타날 수 있다. 다행히 관우가 맞은 화살촉에 발린 독의 양이 많지 않았던 듯하다. 그렇지 않았다면 관우는 훨씬 빨리 사망했을 것이다. 어쨌든 당시 화타가 아닌 다른 의원도 이미 이와 같은 외과 수술을 치료에 활용하고 있었던 모양이다.

현대 의술의 관점에서 보자면, 팔뼈에서 독을 긁어내거나 《삼국지》에 기록된 것처럼 팔을 가르고 뼈에 스며든 독을 제거했다면, 관우의 상처는 세균에 감염되었을 가능성이 크다. 이로 인해 위팔뼈(상완골)에 골염Osteitis 혹은 골수염Osteomyelitis이 생겼을 수 있다. 분명 만성적인 염증이었을 테니 개방수술Open surgery로 골염 부분의 고름을 빼내고 환부를 씻어 내야 하며, 또한 고름에 잠겼던 부골편Sequestrum을 제거해야 한다. 이를 '부골 적출술Sequestrectomy'이라 한다. 그러나 칼로 뼈 위에 덮인 독을 긁어내는 것은 아니다. '슥슥 소리가 날' 정도로 힘주어 뼈를 긁었다면 뼈 표면을 덮고 있는 얇은 골막Periosteum이 손상되었을 것이다. 요즘 같으면 고름을 빼내고 환부를 세척하고 부골편을 제거하는 동시에, 항생제를 사용해 세균 감염을 막았을 것이다.

고대에는 아직 항생물질이 발견되지 않았기 때문에 세균 감염으로 인한 골염은 종종 치명상이 되었다. 한두 세기 전만 해도 무수한 전장에서 부상당한 군인들이 총과 대포가 아니라 상처 부위의 염증으로 목숨을 잃었다. 1928년 영국의 의사 알렉산더 플레밍Alexander Fleming(1881~1955)이 우연히 페니실린을 발견할 때까지는 말이다. 이런 물질은 세균을 억제하는 작용을 한다. 페니실린은 수많은 인명을 구한 위대한 발견이다.

약 1,800년 전 관우가 감염되지 않고 요행히 살아남은 것은 기본적으로 그가 강한 면역력을 갖고 있었기 때문이고, 또한 그를 치료한 의원이 처치를 잘한 덕이니 또 다른 화타의 공이 아주 크다고 하겠다.

2

편작의 심장이식 수술

심장을 꺼내 바꿔 넣은 다음 상처에 신묘한 약을 발랐다.
두 사람은 사흘간 정신을 잃었다가 깨어나서 각자 집으로 돌아갔다.

어떤 외과 의사가 내게 물은 적이 있다. 중국 고대의 명의 편작(기원전
407~기원전 311)이 심장이식 수술의 창시자라고 하던데 사실이냐는 것
이었다. 정말로 편작이 최초로 심장이식 수술을 한 사람인지에 대해서
는 나도 예전부터 의문을 갖고 있었다. 편작은 기원전의 역사 인물이
다. 2천 년도 더 전에 외과 수술을 할 만큼 의료 기술이 선진화되어 있
었단 말인가?

이후 역사 자료를 뒤적이다가 심장이식에 관한 옛 기록들을 발견했
다. 영문판 '위키피디아'에도 언급되어 있는 《열자列子》에 기록된 심장
이식 이야기다. 《열자》〈탕문편湯問篇〉에는 편작이 환자의 가슴을 열고
심장을 바꾸었다는 내용이 나온다.

심장을 맞바꾼 두 남자 ──

당시 노나라의 공호公扈와 조나라의 제 영齊嬰이 동시에 병에 걸렸다. 두 사람은 모두 편작에게 치료를 부탁했다. 편작은 둘 중 한 사람은 의지력은 강한데 용기가 부족해 지략이 뛰어나지만 우유부단하고, 나머지 한 사람은 의지력은 약한데 용기가 있어 책략은 부족한데 독단적으로 일을 밀어붙인다고 생각했다. 만약 두 사람이 심장을 바꾼다면 그들은 각각 완전해질 것이다. 두 사람은 편작의 제안에 동의했다. 편작은 먼저 마취를 위해 그들에게 약주를 마시게 하고, 가슴을 열어 심장을 꺼냈다. 심장을 꺼내 바꿔 넣은 다음 상처에 신묘한 약을 발랐다. 두 사람은 사흘간 정신을 잃었다가 깨어나서 각자 집으로 돌아갔다.

그런데 심장을 바꾸고 집에 돌아가니 가족들이 그들을 알아보지 못했다. 이로 인해 송사까지 벌어질 지경이 되었다. 나중에 편작이 심장을 바꾼 일에 대해 설명한 뒤에야 사건이 진정되었다. 그리고 편작의 고명한 의술이 더욱 널리 알려졌다. 그러나 전한 경제 때 태어난 사마천이 쓴《사기》에는 편작의 행적에 대한 기록은 있지만 심장을 바꿔 넣은 일은 전혀 나오지 않는다.

2천 년 전의 의학 수준은 어느 정도였을까? 고대에는 미생물학은 물론이고 항생물질도 아직 발견되기 전이었다. 수술 후의 감염에 특효약이 없었던 것이다. 또한 인체해부학, 생리학 지식 수준도 제한적이었으니 당시의 마취약으로 환자를 3일간 마취 상태에 빠지게 하고, 깨어나서 멀쩡히 집으로 가게 했다는 이야기는 사실이 아닐 가능성이 높다. 장기이식의 가장 어려운 점은, 이식한 장기가 다른 신체 조직에 동화되어 살 수 있게 조직적합성을 맞추어야 한다는 것이다. 그래야만 거부반응이 생기지 않는다. 이것은 수술 기법의 문제가 아니다. 면역억제제 없이는 환자가 오래 생존하기 어렵다.

내가 아는 사실은 이렇다. 세계에서 가장 먼저 심장이식 수술을 실행한 의사는 편작이 아니라 그보다 2천 년 뒤에 태어난 남아프리카의 크리스티안 네틀링 바너드Christiaan Neethling Barnard(1922~2001)이다. 그의 자서전《하나의 생명One Life》에 이렇게 기록되어 있다.

1967년 12월 3일, 남아프리카공화국 그루트 슈르 병원에서 말기 심부전 환자 루이스 와슈칸스키Louis Washkansky가 9시간의 수술 끝에 교통사고로 중상을 입은 데니스 다발Denise Darvall의 심장을 이식 받았다. 이 돌발적인 최초의 시도에 대한 소식은 하룻밤 사이에 전 세계로 퍼졌고, 세계를 놀라게 했다. 이는 심각한 심장병으로 고통받던 환자들에게 새 희망이 되었다. 비록 와슈칸스키는 18일밖에 살지 못했지만 그 이후에 심장이식 수술을 받은 사람은 이런 수술 방법을 통해 오랫동안 생존할 수 있었다. 지금은 5년 이상 생존 확률이 70퍼센트가 넘는다.

편작 신화가 탄생한 배경 ─ 편작의 심장이식 수술 같은 신화적인 이야기가 만들어진 원인은 두 가지로 생각해 볼 수 있다.

첫째, 고대인들은 풍부한 상상력을 갖고 있었다. 다른 사람의 영리함과 지혜를 자신의 심장으로(사실은 머리지만) 옮겨 와 자신의 부족한 점을 채우다니, 얼마나 멋진 일인가! 이런 신묘한 의술 이야기가 입에서 입으로 전해지면서 편작이라는 명의를 추앙하게 된 것이다.

심장을 바꿔 장점을 취하고 단점을 보완하여 자신을 더 완벽하게 만든다는 발상은 마치 무협소설에 등장하는 '이혼대법移魂大法'(영혼을 다른 몸으로 옮기는 주술)을 떠올리게 한다. 물론 지금의 우리들은 생각, 기억, 감정 등을 통제하는 기관이 대뇌라는 사실을 알고 있고, 그렇다면 정말 이식해야 하는 것은 심장이 아니라 머리라는 것을 이해한다.

중국에서 대대손손 전승되는 '항아분월嫦娥奔月'(항아가 불사약을 훔쳐 먹고 달로 도망쳤다는 고사성어) 이야기도 하늘을 날아 '광한궁'이나 '옥토끼'가 있는 달에 가 보고 싶은 꿈이 반영된 것이다. 편작에게도 특별한 능력이 있어서 벽 너머에 있는 사람을 볼 수 있었고, 환자를 진료할 때에는 몸 내부의 장기에 어떤 병이 있는지가 한눈에 보였다고 한다. 이역시 고대인의 상상으로, 인체 내의 오장육부를 투시하고자 하는 희망이 반영된 것일 터다. 그런데 이런 이야기들은 우리가 원하고 소망하는 꿈이 있으면 언젠가는 이루어진다는 사실을 알려 주기도 한다. 오늘날 우리는 X선 혹은 CT, MRI 촬영으로 몸 안의 질병을 관찰할 수 있고, 심장을 이식하고 달에도 갈 수 있게 되었으니 말이다.

둘째, 이런 신화적 이야기는 다른 한편으로 당시의 정치 상황을 반영하고 비판하는 의미도 담고 있다. 인간은 누구나 완벽하지 않음을 암시하면서 나라의 지도자들도 처지를 바꾸어 생각하는 태도를 가져야 한다는 주장이 담겨 있는 것이다. 당시는 봉건주의 체제로 통치자를 비판하는 것은 죽임을 당하는 대죄였다. 그래서 사람들은 목숨을 보전하기 위해 직접적으로 말하기보다 우화나 신화 같은 이야기를 통해 은유적으로 표현했다. 그래서 중국 의학 관련 문헌에는 기록되어 있지 않은 이 신기한 이야기가 《열자》에 들어가 있는 것이다.

3

14개월 만에 태어난 황제

한나라 소제는 13년이나 재위했고 업적도 나쁘지 않았다.
만약 그가 지연임신의 후유증을 가진 사람이었다면
정상인과 다름없이 정사를 돌볼 수 있었을까?

어렸을 때 자녀 교육에 관한 옛 경전인 《유학경림幼學瓊林》을 읽었는데 그중 〈노유수탄老幼壽誕〉 편에 이런 내용이 있었다. 불릉 태자는 임신한 지 14개월이 지나서야 태어났고, 태상노군(노자)은 81년간이나 어머니 뱃속에 있었다. 또 나중에 《봉신연의封神演義》에서는 삼태자 나타那咤가 3년 하고도 6개월 만에 태어났는데, 원래 그의 어머니가 품고 있던 것은 커다란 고깃덩어리, 즉 '선체仙體'(신선의 몸)였다는 이야기도 읽었다. 전설 속 삼황오제 가운데 한 사람인 요제堯帝의 어머니도 14개월간 임신했다고 한다.

14개월 임신은 가능한가?

노자나 나타의 임신 기간에 대해서는 굳이 언급하지 않겠다. 생리학 상식이 조금이라도 있다면 그렇게 긴 기간 동안 임신할 수 없다는 것은 잘 알 것이다. 노자와 나타의 이야기는 신화일 뿐이다. 게다가 노자는 옆구리에서 태어났으며 그때 이미 머리가 백발이었다고 하지 않는가! 노자 어머니는 신체 내부 장기가 모두 틀어져 자궁이 겨드랑이나 흉강에 있기라도 하단 말인가? 애초에 인체해부학에 위배되는 이야기다.

그렇다면 임신 14개월 만에 태어났다는 불릉 태자 이야기는 어떤가. 참고로 임신 기간이 가장 긴 포유동물인 아프리카코끼리의 임신 기간은 94주 660일, 그 다음으로 기린과 코뿔소는 64주 450일이며, 인간의 정상적인 임신 기간은 266일이다. 불릉 태자의 사례를 두 가지 관점에서 고찰해 보자.

첫째, 역사서에 정말로 14개월 만에 아이를 낳았다는 기록이 있는가? 그 역사서는 믿을 만한가? 우선 14개월 만에 아이를 낳았다는 역사서의 기록이 맞다고 가정해 보자. 불릉 태자는 전한의 여섯 번째 황제인 소제로, 한 무제와 구익부인 사이에서 태어난 아들이다. 《한서漢書》〈외척열전外戚列傳〉 중 '효무구익조첩여孝武鉤弋趙婕妤' 편에 이렇게 기록되어 있다.

임신한 지 14개월 만에 낳으니 황제께서 이르길, '요 임금을 14개월 만에 낳았다는 이야기를 들은 바 있는데, 지금 구익이 그러하니 그가 해산한 곳의 문을 요모문堯母門이라고 부르라' 하셨다.

둘째, 임신한 지 14개월 만에 아이를 낳는 것이 의학적으로 가능한가? 14개월간 임신했던 아이는 태어나도 정상일 수 없다. 인간의 정상적인 임신 기간은 난자가 수정된 날부터 계산해 대략 266일 정도다. 보통 280일 혹은 40주라고 말하는데, 약 10개월간 열 번의 월경기(월경기를 28일로 본다)를 지난다고 본다. 명나라 때 이정李梃이 쓴 《의학입문醫學入門》〈태전胎前〉 편에서는 "기혈이 충실하면 열 달이 지나 분만한다"고 했고, 《부영신설婦嬰新說》에서는 "분만하는 때는 빠르거나 늦을 수 있는데 … 대략 수태일로부터 세어 280일이며 열 번째 월경기와 들어맞는다"고 했다.

정상적인 임산부는 대부분 37~41주에 분만하며, 37주 넘어 태어난 신생아는 달을 다 채운 것으로 본다. 37~39주에 태어난 아이는 조산아라고 하지 않는다는 뜻이다. 만약 임신 기간이 42주를 넘으면 이를 지연임신Prolonged pregnancy〔연장임신 또는 과숙임신〕이라 하고 태어난 아이를 과숙아Postmature baby라고 부른다.

42주(294일) 넘게 임신하면 많은 문제들이 발생한다. 태아에게 영양과 산소를 공급하는 태반이 점차 노화되고 태반의 기능도 쇠퇴하기 시작한다. 동시에 양수도 감소하므로 태아는 더 이상 체중이 늘지 않으며, 심지어 체중이 줄어들기까지 한다. 분만할 때 산소가 부족하여 태아가 분만 과정에서 외상을 입거나 뇌손상, 저혈당 등을 겪을 위험이 있다. 태아가 태변을 흡인하여 치명적인 태변흡인성 폐렴Meconium pneumonia으로 이어지기도 한다.

요행히 아이가 살아나더라도 산소 부족으로 뇌세포가 심각한 손상을 입어 많은 경우 뇌성마비, 지체장애, 운동실조, 지적장애 등의 후유증이 생긴다. 그러므로 14개월 임신의 결과는 생각하고 싶지도 않다. 한나라 소제는 13년이나 재위했고 업적도 나쁘지 않았다. 만약 그가 지연임신의 후유증을 가진 사람이었다면 정상인과 다름없이 정사를 돌볼 수 있었을까? 임신 14개월 만에 아무 탈 없이 아이를 낳았다는 것부터 불가능하다.

혹 이런 가능성은 없을까. 고대(한나라 이전)에 한 달을 20일로 계산했다면? 그러면 14개월은 곧 280일이 된다. 하지만 이 가능성은 크지 않다. 전문가의 고증도 확인할 수 없다. 한나라의 연호와 역법은 한 무제 재위 시절에 시작되었는데, 한 소제는 무제의 아들로 그 시기에 태어났다. 그렇다면 출산 예정일을 잘못 계산한 것일까?

진시황의 친아버지는 누구인가?

출산 예정일은 계산할 때 마지막 월경의 첫날부터 센다. 배란은 두 번의 월경 사이 혹은 14일째에 이

뤄지기 때문에 40주(280일)의 임신은 실제로 난자가 수정된 때부터 계산한 임신 기간보다 14일(2주)이 더 길다. 만약 여성의 월경이 28일 주기라면 280일의 임신 기간은 딱 열 달이 되는 셈이다. 어쩌면 '열 달간 임신한다'는 말이 예로부터 전해지는 것은 열 번의 월경기를 의미하는 것인지도 모른다. 그러나 출산 예정일이란 대략적인 일자일 뿐, 실제 분만하는 시기는 종종 예정일보다 1~2주 정도 빠르거나 늦다.

출산 예정일 계산 공식은 이렇다. 임신 전 마지막 월경 첫날을 기준으로 달에는 9를 더하고(혹은 3을 뺀다), 날에는 7을 더해서 나온 날짜가 출산 예정일이다. 예정일 전후로 14일 정도는 정상적인 범위로 본다. 예를 들어 보자. 마지막 월경의 첫날이 2009년 4월 16일이라면 출산 예정일은 2010년 1월 23일 전후 1~2주 사이가 된다.

만약 음력을 사용하는 경우라면 마지막 월경 첫날에 아홉 달 15일을 더한다. 예를 들면, 마지막 월경이 음력 2월 1일인 경우 아홉 달을 더하면 11월이 되고, 15일을 더 하면 16일이 된다. 음력 11월 16일이 출산 예정일이다.

출산 예정일을 잘못 계산하는 일은 드물지 않다. 수십 년 전, 내가 산부인과에서 실습을 할 때 임신부들이 음력으로 자신의 월경기를 계산하거나 마지막 월경일을 제대로 기억하지 못하는 경우가 허다했다. 찢어진 달력을 꺼내는 사람, 옆에 있던 남편에게 묻는 사람도 있었다. 그러다 보니 신생아를 검진하는 데 신체 성숙도가 임신 기간과 맞지 않기도 했다. 28주차에 태어나 조산이라고 생각했는데 실제 태어난 신생아를 검진해 보니 32주가 넘었던 적도 있다.

다른 가능성으로 임신 시 자궁경부 충혈로 성관계 후에 출혈이 있거나, 혹은 수정된 배아가 착상될 때(6~12일째) 소량의 출혈이 일어나거나Implantation bleeding, 절박유산Threatened abortion[임신 20주 이전에 질 출혈이 있는 증상을 말하며 절반 정도가 자연유산으로 이어진다], 요로감염증으로 출혈이 일어난 경우를 생각해 볼 수 있다. 이와 같은 출혈은 며칠 후 멈추는데 임신부가 이를 월경으로 잘못 알아 월경기를 몇 주 뒤로 추측할 수 있다. 그러나 "불릉 태자가 임신한 지 14개월 만에 태어났다"는 기록은 출산 예정일을 4개월이나 넘긴 것이어서 가능성이 크지 않다.

역사 연구도 의학적·과학적 지식으로 문제를 해결해야 하는 경우가 있다. 예를 들어 허난대학 문학원의 왕리췬王立群 교수는 중국 중앙방송국 강연 프로그램에서 《사기》를 강의하며 진시황의 친아버지가 누구인지에 대한 의문을 풀어 낸 적이 있다. 진시황의 아버지는 여불위인가 아니면 진나라 장양왕인가? 이 의문을 풀기 위해 왕리췬 교수는 같은 대학의 산부인과 교수에게 도움을 청했다. 임신과 출산 예정일에 대한 여러 사항을 자세히 질문한 다음, 그가 내린 결론은 진시황이 장양왕의 아들이라는 것이었다. 왕리췬 교수의 엄정한 학자적 태도는 본받을 만하다.

4

유비는 거인증이었나

유비는 키가 7척 5촌이고 손이 무릎까지 내려왔으며
자기 귀를 볼 수 있었다.

삼국시대 유비의 키와 얼굴 생김에 관심을 보이는 이들이 많다. 그들
은 대개 사서와 《삼국지연의》에 세 줄 나와 있는 유비의 용모에 관한
기록을 바탕으로 그가 어떤 병을 앓았는지 단언한다. 2006년 타이완
의 의사 장한성江漢聲은 저서 《명인의 질병名人名病》에서 유비가 거인증
Gigantism을 앓았다고 주장했고, 유비가 거인증 외에도 희귀한 선천적 유
전병인 마판 증후군Marfan syndrome(선천성 발육 이상의 일종으로 심혈관계,
눈, 골격계의 이상을 유발)을 앓았다고 주장하는 사람도 있다. 유비는 정
말 이런 질병을 앓았을까? 내 생각에 이런 의견들은 너무 박약한 임상
증거로 진단한 것 같다.

진시황은 열사병으로 죽었다

7척 5촌이 거인?

— 야사나 소설에 나오는 묘사는 제쳐 두고 정사에 나오는 기록만 가지고 살펴보자. 진수의 《삼국지》〈촉서〉에는 이런 대목이 있다.

선주(유비)는 … 키가 7척 5촌이고 손이 무릎까지 내려왔으며 자기 귀를 볼 수 있었다.

후세 사람들은 이 내용만 보고 유비가 거인증을 앓았다고 추측한다. 실제 임상의학에서 어떤 질병을 진단 내리는 데는 '망문문절望聞問切(보고 냄새 맡고 질문하고 만져 보는 한의학의 진단법)의 네 가지 진단법에 더해 체액 검사, X선 등의 조영 검사 등을 거쳐 가능한 많은 임상 증거를 수집하여야 정확한 진단이 가능하다. 그러므로 고대인의 병을 고찰하는 것은 충분한 임상 자료가 없는 데다 현대와 같은 진단 기술도 사용할 수 없으므로 더욱 어려운 일이다. 그 때문에 대담하게 가설을 세우는 경우가 많고 신중하게 증거를 찾는 경우는 적은 듯하다.

만약 유비가 사진을 남겼다면 그것을 바탕으로 좀 더 진실에 가까운 진단을 내릴 수 있을 것이다. 이는 문자로 된 묘사보다는 약간 더 믿을 만하다. 가장 기본적인 진단인 '망望', 즉 눈으로 보는 방법을 통해 진단할 수 있기 때문이다. 사진이 없다면, 초상화는 어떨까? 나는 유비의 초상화를 몇 점 본 적이 있는데, 거인처럼 보이지 않았고 주변에 서 있는 시종보다 특별히 키가 큰 것도 아니었다.

현대 의학에서 거인증의 정의는 골격이 급속히 성장하는 증상인데, 특히 장골의 성장이 확연하며, 키가 정상 범위를 현저하게 초과해야만 한다. 현저하게 초과한다는 말은 보통 사람보다 조금 키가 큰 정도가 아니라 같은 연령, 성별, 종족의 정상적인 키의 표준편차 혹은 백분율, 백분위 수치를 훨씬 넘어서는 것을 의미한다.

거인증은 꽤 희귀한 소아 질병이다. 주요 병인은 뇌하수체가 성장호르몬Growth Hormone('소마토트로핀Somatotrophin'이라고도 부른다)을 과다 분비하는 것이다. 이런 병증은 사춘기 이전, 골격의 골화Ossification〔뼈의 생성을 의미하며 '골 형성'이라고도 부른다〕 시기에 나타난다. 청소년기에 정상 범위를 넘는 키로 성장했다면 분명히 이에 관한 명확한 기록이 남았을 것이다. 그러나 소년 시절의 유비에 대해서는 "집안이 가난하여 돗자리를 짜는 일을 했다"는 것 외에, 그의 키에 관한 특별한 기록이 없다.

만약 사춘기 이후에 성장호르몬 과다분비가 시작된다면, 골단Epiphysis〔긴 뼈의 양 끝부분〕이 이미 닫혔기 때문에 신체는 더 이상 성장기처럼 빠르게 자라지 않는다. 이럴 경우 말단비대증Acromegaly〔성장호르몬의 과다분비로 인하여 손, 발, 코, 턱, 입술 등 신체의 말단이 비대해지는 만성 질환〕이 되는데, 이는 성인 질병에 속하며 발병률은 100만 명 중 약 50명 정도다.

이런 질병은 골격이 거칠고 거대해지며 얼굴형이 변해 이마, 광대뼈, 턱이 튀어나온다. 또한 치아가 드문드문 나거나 코뼈가 넓게 자라고, 귀가 커지고 입술이 두꺼워지며, 혀가 두터워져서 발음이 불분명해진다. 성대도 두꺼워져 목소리가 낮아지고, 귀가 울리거나 막히는 증상이 나타난다. 만약 뇌하수체(전엽)의 기능이 감퇴하면 무력증, 식욕 저하, 정신박약, 발기부전 등이 나타날 수 있다. 성장호르몬 과다 분비는 뇌하수체 종양이나 세포 증식 때문에 일어난다.

유비는 정말로 거인이었을까? 《삼국지》는 유비의 키가 7척 5촌이었다고 했다. 당시의 1척과 지금의 1척은 다르다. 고대의 1척은 오늘날의 23센티미터이므로 유비의 키는 173센티미터가 된다. 그리고 제갈공명은 키가 8척이라고 기록되어 있으니, 유비는 제갈공명보다 작았다 (《삼국지》〈촉서 · 제갈량전〉의 기록). 진한시대의 초패왕 항우의 키와 비교해 보자. 《사기》〈항우본기〉에는 "적籍(항우는 이름이 적, 자가 우羽다)은 키가 8척이 넘고 힘이 세발솥을 들 정도로 세며 재지[재주와 지혜]가 보통 사람을 뛰어넘었다. 이에 오나라 청년들이 모두 적을 두려워하였다"라고 기록돼 있다. 진나라 때의 1척 역시 오늘날의 단위법으로는 23.1센티미터이므로 항우의 키는 약 185센티미터가 된다. 《사기》〈공자세가〉에는 공자의 키가 9척 8촌이라고 했다. 192센티미터다. 사료에서 항우나 공자를 '거인'이라고 표현한 예가 없고, 유비는 이들보다 키가 작은데 왜 거인이라는 말이 나온 걸까?

현대 의학에서 병명을 진단하는 데는 감별진단Differential diagnosis이 필요하다. 유사한 증상을 보이는 여러 질병 가운데서 환자의 모든 정보를 바탕으로 비교, 감별하여 가능성이 낮은 질병을 소거하면서 가장 가능성이 높은 진단에 도달하는 방법이다. 거인증의 유사 병증은 대부분 아주 희귀하고 선천적인 유전병인데, 50여 종이나 된다. 이런 환자들은 키가 보통 사람보다 대략 2.5~7.5센티미터 정도 더 크다.

예를 들어 마판 증후군은 키가 크고 마른 체형인 것 외에 손가락이 확연하게 길어서 거미손가락증Arachnodactyly이라고도 부른다. 그 밖에 머리가 커지는 대뇌성 거인증Cerebral gigantism, 세포성 염색체 이상, 성조숙증Precocious puberty, 성선기능저하증Hypogonadism, 선천성 부신질병 등은 모두 희귀한 종합 질병이다. 에스트라디올Estradiol(에스트로겐의 일종인 여성호르몬)에 반응하지 않는 병증은 특히 희귀하다. 에스트라디올은 남성호르몬 테스토스테론Testosterone의 대사물(부산물)로 골단을 닫아 성장을 멈추는 작용을 한다. 만약 환자의 뼈가 테스토스테론에 반응하면 골단은 20세가 넘을 때까지 성장할 수 있다. 이런 환자의 키는 약 240센티미터에 이른다. 유비가 이런 희귀병을 앓았을까?

100만 명 중 50명 정도가 거인증을 앓는다고 하니, 유비가 거인증을 앓았을 확률은 극히 낮다. 그러니 역사서에 쓰인 내용만 보고 유비가 거인증을 앓았다고 말하는 것은 짐작만으로 진단을 내리는 위험한 일이다. 현대인 중에서 큰 키로 유명한 중국의 농구 선수 야오밍姚明은 약 227센티미터, 또 다른 중국 농구 선수인 이젠롄易建聯은 212센티미터라고 한다. 유비의 키는 7척 5촌, 173센티미터이니 거인이라고 하기는 좀 힘들지 않을까? 그는 다만 키가 크고 체격이 좋은 사람일 뿐이다.

팔이 길어 무릎을 넘으니 최고의 영웅이로다

— 키 외에 유비의 기이한 용모에 대해 살펴보자. 앞서 진수의 《삼국지》에서 "손이 무릎까지 내려왔으며 자기 귀를 볼 수 있었다"고 했고, 나관중의 《삼국지연의》 첫 회에도 "두 귀가 어깨에 닿을 정도로 늘어졌으며 두 팔이 무릎을 넘는다. 눈은 자기 귀를 볼 수 있을 정도였다"고 했다.

도대체 이런 생김새는 정상인가, 아닌가? 이런 문자 기록만으로 유비가 선천적 기형인지 아닌지 진단할 수 있을까? 기형학 관련 자료를 살펴본 결과, 위에 언급된 특징으로 어떤 병증을 귀납해 내는 것은 불가능하다. 앞에서 말했듯이 유비가 거인증을 앓은 것으로 보이지는 않지만, 그가 특별히 길고 큰 귀를 가진 것은 확실한 듯하다. 유비는 귓바퀴가 특별히 발달되어 보통 사람의 귀보다 확실히 컸고, 귓불도 컸다.

옛날 사람들은 큰 귀를 '복귀'라고 여겼고 부귀와 장수를 상징한다고들 했다(유비는 예순둘에 사망했는데, 고대인의 평균수명을 생각하면 장수한 셈이다). 당시 사람들은 황제의 '용안'을 묘사할 때 천자의 상에 부합되도록 글을 썼을 것이다. 하늘이 내린 비범한 관상을 갖고 있으며 보통의 사람과는 다르다고 말하기 위해서 말이다.

유비는 커다랗고 긴 귀를 갖고 있었다. 《삼국지연의》 제19회에서 위나라 조조가 장군 여포를 생포해 참수하려고 할 때 여포는 유비가 자신을 구해 주지 않자 "신의 없는 놈"이라고 비난하고 이렇게 외친다.

"귀 큰 놈아! 내가 원문에서 화극을 맞춰 널 구해 준 일을 잊었단 말이냐?"

《삼국지》와 《삼국지연의》를 대조해 보면, 《삼국지》에는 여포의 두 번째 말은 나와 있지 않다. 나관중이 말한 '귀 큰 놈'은 그가 태어나기 1천 년 전 진수가 쓴 《삼국지》의 '자기 귀를 볼 수 있었다'는 데서 영감을 얻은 것이 아닐까?

사실 귀가 커서 어깨까지 늘어지는 사람은 아주 드물다. 귀가 어깨에 닿는 사람을 본 적이 있는가? 동물원에서 커다란 귀를 축 늘어뜨린 코끼리나, 절에서 귀가 어깨에 닿을 정도로 큰 불상을 본 적은 있다. 《삼국지》〈선주전〉에도 '두 귀가 어깨에 닿았다'는 표현은 없다. 그저 '자신의 귀를 볼 수 있었다'고 했을 뿐이다. 자기 눈으로 자기 귀를 볼 수 있었다는 것은 두 가지 가능성이 있다.

첫째, 유비가 박쥐처럼 크고 곧은 귀(Bat ears)를 가졌을 가능성이다. 귓바퀴가 크고 넓어 바람을 막아 주는 것처럼 보이는 귀다. 이런 귀는 멋진 용모와는 거리가 멀다. 유비가 우리 시대에 태어났다면 분명 성형외과 의사에게 큰돈을 벌게 해 주었을 것이다.

둘째, 자기 귀를 볼 수 있으려면 두 눈이 양쪽 태양혈 쪽에 가깝게 위치해야 한다. 두 눈의 사이가 먼 양안격리증Ocular hypertelorism(혹은 Orbital hypertelorism)이다. 일반적으로 영아의 경우 양안 간격이 2센티미터를 넘지 않고, 성인의 경우 2.5~3센티미터를 넘지 않는다. 양안격리증은 선천성 기형으로 정신발달 장애, 염색체 이상, 골격 및 두부 기형, 식도 기형, 선천농(청각 장애) 등이 나타나는 경우도 있다. 만약 유비가 이와 같은 기형을 가졌다면 중국 대륙을 종횡하면서 전투를 치를 수 있었을까? 내가 접했던 양안격리증은 대부분 선천적인 기형 증후군이었다. 이런 기형 증후군에는 여러 종류가 있으나 여기서 하나하나 열거하지는 않겠다.

해부학 교과서에 따르면, 사람이 똑바로 선 자세로 손을 늘어뜨리면 손가락 끝이 대퇴부의 중앙쯤 온다. 《삼국지연의》에서는 유비의 손이 '무릎을 넘는다過膝'고 했는데, 똑바로 선 자세에서 손끝이 무릎 근처에 이른다는 것인지 무릎 아래로 내려온다는 것인지 불분명하다. 그러나 《삼국지》에서는 손이 '무릎 아래로 내려온다下膝'고 했다. '무릎을 넘는다'와 '무릎 아래로 내려온다'에 어떤 차이가 있는 것인지는 알 수 없다. 어쩌면 나관중이 《삼국지》의 기록을 오해했거나 유비에게 뛰어난 지도자의 능력이 있음을 우의寓意적으로 드러내기 위해 긴 팔을 가졌다고 표현했던 건지도 모른다.

이유는 알 수 없지만, 옛날 사람들은 긴 팔을 존귀한 용모라고 여겼다. "팔이 길어 손이 무릎을 넘으니 최고의 영웅이로다"라는 말도 있으니, 유비가 대단한 영웅이었던 건 팔이 길었기 때문일지도 모른다. 혹시 그의 척추에 장애가 있어서 등이 굽어져 손이 무릎 아래로 내려온 것처럼 보였던 것은 아닐까? 하지만 유비가 등이 굽었다는 기록은 없다. 그런데도 손이 무릎을 넘었다고 하니, 확실하게 논증하기가 매우 까다로운 문제이다.

5

장거정의 치질

부끄럽게도 치질에 걸려 치료하고자 하지만 지금까지 시간을 허비하고 있습니다.
노쇠한 몸이라 치질의 근원이 치료되었어도 원기가 크게 상해
비위가 허약해졌으니 잘 먹지 못하여 일어나지 못하고 있습니다.

근대 중국의 사상가이자 작가, 학자인 량치차오梁啓超(1873~1929)는
"명나라 때의 여러 특징 중 정치가로는 오로지 장거정張居正(1525~1582)
만 꼽을 수 있다"고 했다. 명나라는 1368년부터 1644년까지 276년간
존속하며 약 160여 명의 뛰어난 재상과 능력 있는 관료를 배출했다. 그
러나 량치차오가 보기에는 명나라의 정치가 중에서 오로지 장거정만
이 훌륭하다는 것이다. 도대체 어떤 점 때문에 량치차오가 그토록 높
이 평가했을까?

명나라를 지탱한 재상 ─

명 왕조에는 오랫동안 조정에 모습을 드

러내지 않고 정치에 전혀 관심을 보이지 않은 황제가 여럿 있었는데, 그 대표적인 인물이 앞에서도 살펴보았던 가정제 주후총과 그의 손자 만력제 주익균이다. 그럼에도 명나라가 276년간 중국 전역을 통치하는 '무인비행'을 할 수 있었던 것은 훌륭한 관료가 조정을 지탱해 온 힘이 컸다. 그 덕분에 명나라 황제들은 매일 마음 편히 놀고먹었다.

장거정은 만력제 때 활약한 인물이다. 한미한 집안 출신이었지만 총명하고 성실했고, 포부도 컸으며 이상과 신념으로 가득 차 나라를 위해 온 힘을 바쳐 일했다. 만력제의 스승이었던 장거정은 대단한 끈기로 당시 태자였던 만력제를 가르쳤다. 장거정은 미래의 황제인 태자에게 희망을 걸고 그를 역사에 길이 남을 성군으로 만들기 위해 노력했다. 주익균 역시 장거정을 '선생님'이라고 부르며 공경했다.

장거정은 열 살에 황제가 된 만력제를 보필하여 조정의 대소사를 처리했는데, 사실상의 황제나 다름없었다. 그는 "천하의 일을 나 자신의 책임으로 알며 세상 사람들에게 지탄받는 것도 두려워하지 않고 용감하게 일을 맡으려 한다"고 말했다. 동시대의 대유학자 이지李贽도 장거정을 두고 "재상 가운데서도 걸물"이라고 했으며, 청나라 때는 "명나라에 딱 한 명의 재상이 있는데 그가 바로 장거정"이라고 했다.

장거정이 수보首輔(수석대학사의 다른 이름으로, 명나라 중기의 내각 수반)의 직책에 있었던 10년간은 명나라가 내우외환에 시달리며 모든 국가제도가 몰락하기 시작하던 때였다. 장거정은 '만력신정萬曆新政'이라고 불리는 개혁정치를 펼쳐 경제 회복에 힘쓰며 쇠락하는 명나라를 다시 일으키려 했다. 그로 인해 명나라가 짧지만 중흥기를 새로이 맞기도 했으므로 장거정을 '구원의 재상'이라고 말하는 사람도 있다.

물론 논쟁의 여지도 있다. 수많은 역사학자들이 장거정에게서 긍정적인 면과 부정적인 면을 함께 발견한다. 장거정에 대해 "위대함과 보잘것없음이 공존한다. 의리를 중히 여기는 사람이기도 하지만 무정하기 짝이 없기도 했고, 뇌물을 거절하는 강직함이 있었지만 아첨하는 사람을 가까이 하는 등 반대되는 성향이 한 사람에게서 나타난다"고 말하는 사람도 있다. 그렇기 때문에 이미 오래전에 죽어 관에 들어간 사람인데 지금까지도 많은 역사학자들이 그의 공적과 과실에 대해 또다시 논쟁하고 평가하는 것이다.

다만, 장거정이 죽은 뒤 2년 동안 탄핵당한 것은 안타까운 일이다. 당시 스물한 살이던 만력제는 장거정이 죽기 9일 전에 내린 태사太師라는 명예를 거두고 문충文忠이라는 시호도 폐했다. 그의 집을 수색하고 재산을 몰수하는 바람에 나이 들었거나 아직 어렸던 10여 명의 장거정 집안 식구들이 그대로 굶어죽기도 했다. 장거정의 큰아들 장경수는 자진했고, 둘째 아들 장사수는 유배되었다. 만력제가 스승인 장거정의 집안을 이렇게 풍비박산 내버린 것은 은혜를 원수로 갚는 행위라고 볼 수도 있다.

만력제의 이런 처사는 이성을 잃은 듯한 면도 있어서, 오랫동안 장거정의 엄격한 가르침에 구속받았던 데 대한 반발이 터져 나온 것으로 보는 사람도 있다. 장거정의 업적은 위대했고, 만력제도 그 사실을 잘 알고 있었다. 장거정에게 고마움을 표시한 적도 있었다. 《명신종실록》에는 만력제가 이렇게 말했다는 기록이 있다.

"선생님의 큰 공로는 짐이 다 말로 표현할 수가 없소. 단지 앞으로 선생님의 자손을 돌보아 드리는 수밖에는."

그러나 만력제는 무정하기 짝이 없었다. 상식적으로 이해하기 힘든 처사였기에 장거정의 반대파까지 나서서 그의 억울함을 호소하기도 했다. 장거정 때문에 관직에서 쫓겨난 조금趙錦 · 우신행于愼行 등이 상소를 올려 장거정을 용서해 달라고 청했고, 장거정에게 잘못 보여 퇴직한 공부우시랑 육광조陸光祖는 장거정 사후에 복권되어 이부시랑이 되었는데 장거정을 옹호하다가 다시 강등되기도 했다. 정견이 다르다는 이유로 장거정에게 태형 80대를 선고받아 결국 제대로 걷지 못하게 된 도어사 추원표鄒元標도 지팡이를 짚고 와서 상소를 올렸다. "장거정의 공로는 사직에 미치고 과실은 집안에 미칠 뿐입니다."

다행히도 장거정은 사후 40년이 되기 전에 치욕을 벗고 복권되었다. 청나라 숭정제 연간에 장거정은 전면적으로 복권되어 시호도 회복되었으며 그 자손도 세습직을 얻었다. 또한 장거정의 옛집은 '문충공 사당'으로 바뀌어 후세 사람들의 참배가 이어졌다. 《명사》에서도 장거정이 내각 수반을 맡았던 때를 일러 "나라가 부강해지고 기강과 법도가 바로섰다. 사직에 공을 세웠으니 세월이 흘러도 기억될 것이다"라고 평가했다. 비로소 장거정도 구천에서 편안히 눈을 감지 않았을까.

최음제를 먹어 치질에 걸렸다?

장거정의 죽음에 관련하여 정사에서는 간단히 기록하고 있다. 《명사》의 〈신종본기神宗本紀〉에서는 그저 '죽었다'고만 되어 있고, 〈장거정전張居正傳〉에서는 '병으로 죽었다'고 하는데 어떤 병인지는 정확히 알 수 없다.

야사는 얼마나 믿을 수 있을까? 전하는 말에 따르면 장거정은 첩이 40여 명이나 되고 최음제를 많이 먹었다고 한다. 다시 말해 무절제한 성행위로 사망했다는 것이다. 장거정이 죽을 때 피부가 쩍쩍 갈라져 물고기 같았는데, 이것이 바로 과도한 성행위의 증거라고도 한다. 장거정에게 반감을 가졌던 명대의 문필가이자 역사학자 왕세정王世貞은 그가 쓴 《가정이래수보전嘉靖以來首輔傳》〈장거정전〉에서 객관적인 척하면서 자신과 같은 해에 진사시에 합격한 장거정에 대해 악의적인 폭로와 공격을 서슴지 않았다.

장거정이 최음제를 자주 복용했고 그 때문에 치질에 걸렸으며, 이로 인해 비장과 위장이 약해져서 음식을 먹지 못했다고 썼다. 이런 기록은 명예훼손의 혐의가 짙다. 장거정의 억울함을 호소했던 대신들과 비교하면 왕세정은 많이 부족한 사람 같다. 왕세정이 역사학자였으므로 사람들은 그가 한 말을 진실이라고 믿어 버리는데, 얼마나 사실이었을까? 왜의 명장이 그에게 강장제인 해구신과 미녀를 바쳐서 그 때문에 치질에 걸렸다는 말도 있는데 이 또한 사실일까? 치질이 있으면 비장과 위장에 영향을 미쳐 음식을 제대로 소화시킬 수 없다는 게 맞는 말일까?

어쨌든 오늘날 최음제를 먹어 치질에 걸렸다는 말은 들어 본 적이 없다. 또한 장거정은 여러 가지 병에 시달렸는데 그 와중에 최음제를 먹고 성행위를 즐길 마음이 들었다는 게 의심스럽다. 그렇다면 장거정은 도대체 어떤 병으로 사망한 것일까?

장거정은 오래 병을 앓았다. 몇 달 혹은 한두 해 정도 길게 갔다는 것으로 보아 치질 같은 간단한 병은 아니었을 것이다. 심각한 장질환 혹은 악성종양(암)이 의심된다. 난징대학의 리鄜 교수는 장거정의 사망 원인을 치질이라고 했는데, 나는 동의하지 않는다.

《명사》 등 정사 사료나 장거정의 문집에는 그가 어떤 병을 앓았는지 분명하게 언급되어 있다. 장거정은 스스로 치질을 앓고 있다고 여겼고, 병의 원인을 이렇게 언급하고 있다.

"입하 이래로 몸이 쇠약해지고 과로하여 기혈이 상하고 더위를 먹은 증세가 있었는데, 이것 때문에 위와 장에 열기가 침범하여 하부에 열병이 생겼습니다. 차게 하는 약을 여러 차례 먹었지만 오히려 비위를 상하게 하여 먹는 양이 줄고 사지에 힘이 없습니다. 이것이 입추 이후로 더욱 심해졌습니다."

장거정이 쓴 〈재상 서존재께 답하다答上師相徐存齋 34〉에는 이런 대목도 나온다.

"부끄럽게도 치질에 걸려 치료하고자 하지만 지금까지 시간을 허비하고 있습니다. 최근 귀댁의 의관 조유趙裕의 치료를 받아 병의 근원을 없앨수 있었습니다. 그러나 노쇠한 몸이라 치질의 근원이 치료되었어도 원기가 크게 상해 비위가 허약해졌으니 잘 먹지 못하여 일어나지 못하고 있습니다. 점차로 회복되고 있지만 이번 가을에는 퇴직을 청해야겠습니다."

장거정이 '의관 조유의 치료를 받아 병의 근원을 없앴다'고 말한 것을보면, 아마도 모종의 수술을 받은 것이 아닐까 한다. 칼을 대어 수술을했다면 치질을 완전히 제거한 것일까? 그것은 알 수 없다. '치료 후에비위가 상했다'고 했으니 감염으로 인한 합병증일지도 모른다. '비위'는비장(지라)과 위장을 가리키며, 전통 의학에서 인체의 소화기 계통을 폭넓게 이르는 용어다. 혈변, 설사, 변비, 구역, 구토, 복부팽만, 불규칙한 배변, 식욕부진 등이 있을 수 있는데, 상세한 증상에 대한 기록은 남아 있지 않다.

장거정은 죽기 전 2~3년간 미친 듯이 일에 매달렸다. 자신의 정책을 관철시키고 실행하여 국고를 채우고 식량을 비축했다. 반면 그의 건강은 점점 나빠졌다. 병이 악화되고 있음을 스스로 알았을 것이다. 남은 날이 많지 않다고 여겼기에 시간과 경쟁하듯 일에 매달린 것 아닐까. '몸이 쇠약해지고 과로했다'고 했으니 스스로 일이 과다함을 인정한 셈이다. '시간을 허비했다'는 것은 병이 있는데도 치료하지 않았다는 뜻인데, 자신의 병에 신경을 쓰지 못했다는 것인지 아니면 치료하기 껄끄러워 미뤘다는 것인지 알 수 없다.

어쨌거나 차일피일 미루다 병을 키웠다. 편지에서는 곧 사직해야겠다고 썼지만, 줄곧 만력제의 허락을 받지 못했다. 만력 9년인 1581년 7월, 장거정은 결국 병으로 쓰러지고 만다. 죽기 11개월 전이었다. 심지어 며칠이나 조정에 나가지 못할 정도였다. 죽기 10여 일 전에 장거정이 다시 상소를 올려 사직을 청했는데, 매우 솔직하게 상황을 토로하는 것이 슬프기까지 하다.

"이미 정력이 다 쇠하였는데도 이렇게 강하게 만류하시니, 이미 걸어 다니는 송장이나 진배없습니다. 이런 자를 어디에 쓰겠습니까."

만력제는 여전히 사직을 허가하지 않았다. 만력 10년인 1582년 6월, 장거정은 기름이 다 닳아 버린 등잔처럼 세상을 떠났다. 향년 57세였다.

대장암의 가능성 ─ 장거정에 관련된 자료를 읽어 보면 그의 사망
원인은 크게 두 가지 가능성으로 압축된다. 첫째는 치질의 치료 시기
를 놓쳐 합병증으로 사망했을 가능성이고, 둘째는 악성종양, 즉 암으
로 사망했을 가능성이다. 오늘날 치질은 치명적인 질병이 아니다. 수
술 후에 감염 등의 심각한 합병증이 발생하지 않는다면 치질 제거 수
술의 성공률은 100퍼센트에 가깝다. 하지만 400년 전에는 무균 수술
Aseptic surgery, 소독 설비, 항생제 등과 거리가 멀었으니 수술 후 세균에
감염되는 일이 드물지 않았다. 치질 제거 수술 후에 세균에 감염되면
문맥성농혈증Portal pyemia이나 패혈증을 일으키기 쉽다. 이런 급성 합병
증은 1~2주 사이에 환자의 목숨을 앗아 가기도 한다.

나도 1960년대에 치질 치료 후에 합병증으로 사망한 사례를 본 적이
있다. 환자는 치루 전문 의사를 찾아 치료를 받았지만, 그 후 비밀스러
운 민간요법에 근거해 부식성 약물을 환부에 발랐다가 조직 괴사와 세
균 감염으로 패혈증에 걸려 사망했다. 장거정이 말한 '병의 근원을 없
애 준' 의원은 칼을 써서 수술을 했을까? 혹시 부식성 약물을 썼던 것은
아닐까? 그래서 장거정이 '수술' 후에 합병증으로 사망했다는 가능성을
제쳐 둘 수가 없다.

그러나 앞서 〈장거정전〉의 기록을 보면, 장거정이 오래 병을 앓았고
몇 달 혹은 한두 해 정도로 길게 갔다는 걸로 보아 치질 같은 간단한 병
이라기보다는 심각한 장 질환 혹은 악성종양(암)이 의심된다. 안타깝게

도 문헌 자료가 부족해 정확한 진단은 불가능하고, 전이성 혹은 확산성 대장암을 앓았으리라는 추측만 할 뿐이다.

오늘날 결장암 혹은 직장암(일반적으로 대장암이라고 통칭)을 앓는 환자가 점점 늘고 있다. 대장암은 이제 가장 흔한 암 질환이 되었다. 대장암 발병률, 사망률은 암 질환 중에서도 상위에 속한다. 환자 수가 꾸준히 늘고 있으며 환자 연령대도 낮아지는 추세다.

대장암 중 60퍼센트가 항문에서 약 6~10센티미터 떨어진 곳에서 발생하고, 3분의 1 정도가 직장암이다. 초기에는 분명한 증상이 없어서 직장암과 치질의 임상적 증세가 많은 부분 비슷하다. 혈변, 대변 횟수 변화, 불완전한 배변감, 복통, 복부팽만 등의 증세를 보이며, 복부에 딱딱한 멍울이 만져지기도 한다. 환부에서 피를 많이 흘리는 경우에는 빈혈, 피로감, 호흡곤란 등이 있을 수 있고, 말기 대장암 환자는 체중이 감소하는 경우도 있다.

대장암은 치질과 표면적 증상이 비슷하기 때문에 초기 발견이 어렵다. 처음에는 큰 증상이 없고 진행도 더디다. 직장암의 80퍼센트가 치질로 오진된다는 연구 결과도 있다. 치료 시기를 놓치고 병을 키우기 십상이다. 암 진단이 나올 때면 이미 늦었다는 것이다. 예전에는 대장암과 치질을 서로 관련 없는 질병으로 여겼지만, 임상 경험을 통해 대장암 환자는 대부분 동시에 치질을 앓고 있으며 치질 환자 역시 대장암을 앓을 가능성이 있는 것이 밝혀졌다.

의학과 과학기술의 발달로 현재는 매우 정밀한 진단 방법이 사용된다. 이전에는 바륨관장Barium enema 방식을 써서 종양을 검사했다. 이 진단법은 그림자 대조를 통해 검사하는 것으로 큰 종양은 쉽게 발견된다. 현재 가장 효과적이고 믿을 만한 방법은 대장 내시경Colonoscopy 검사다. 스크린을 통해 직접적으로 크고 작은 종양을 확인할 수 있다. 대장 용종이 발견되면 의사가 검진과 동시에 용종을 제거하거나 병리조직검사실로 보내 조직 검사를 시행하여 암세포 여부를 판별한다. 대장 용종을 제거하지 않으면 몇 년 내에 악성종양으로 변할 수 있다.

CT 촬영도 대장암을 진단하는 또 다른 방법인데, 0.5센티미터 이상의 종양을 검사할 수 있다. 그러나 CT 촬영은 방사선을 쬐는 것이라 대부분 환자들이 하고 싶어 하지 않고, 용종을 발견해도 즉시 제거할 수 없어 다시 내시경을 해야 하는 번거로움이 있다.

지금은 대장 내시경 검사 및 대변의 잠혈 검사 등 각종 대장 검사를 통해 대장암을 조기에 발견할 수 있게 되었다. 암의 조기 발견은 치료 효율도 크게 높였다.

장거정의 사망 원인은 치질 수술 합병증일까, 아니면 대장암일까? 장거정의 진정한 병명은 알 길이 없다.

진시황은 열사병으로 죽었다

2016년 6월 15일 초판 1쇄 발행

지은이 | 허나이창
옮긴이 | 강초아
펴낸이 | 노경인 · 김주영

With the Support of

NATIONAL ARTS COUNCIL
SINGAPORE

펴낸곳 | 도서출판 앨피
출판등록 | 2004년 11월 23일 제2011−000087호
주소 | 우)120−842 서울시 영등포구 영등포로 5길 19(37−1 동아프라임밸리) 1202−1호
전화 | 02−336−2776 팩스 | 0505−115−0525
전자우편 | lpbook12@naver·com
홈페이지 | www.lpbook·co·kr

ISBN 979−11− 87430−00−1